思想觀念的帶動者

文化現象的觀察者

本土經驗的整理者

生命故事的關懷者

心靈工坊 PsyGarden

Master

對於人類心理現象的描述與詮釋

有著源遠流長的古典主張，有著速簡華麗的現代議題

構築一座探究心靈活動的殿堂

我們在文字與閱讀中，尋找那奠基的源頭

神話與日本人的心

神話と日本人の心

河合隼雄——著
河合俊雄——編
林暉鈞——譯

目錄

【推薦序二】

「雌雄一體」的日本社會結構

陳永峰／東海大學日本區域研究中心主任、京都大學法學博士

很多台灣人認為自己身邊存在過的嚴厲「父親」，其構成的因素與「父親」接受過日本殖民地教育的洗禮有關。而且普遍認為那是具有日本型文化的「父親像」或「男性像」。只是，這種以男性封建文化為主軸的日本觀，在學問的層次上，是一個完美的誤解。

例如，穿越西方與日本文化的哲學家鈴木大拙（1870-1966）就認為歐美人的社會思考核心在於「絕對的」父親；相反地，日本人的社會思考核心則在於「相對的」母親。鈴木強調的是父親的支配性與母親的包容性。

而在本書，日本最著名的榮格派心理學家河合隼雄二〇〇三年所出版的《神話與日本人的心》當中，作者更是直指「日本神話」從來不強調父性的支配，而是注重父性與母性的融合，以及二元平衡的重要性。同時，作者也發現「日本神話」中的主神「天照大神」（同時具有太陽神和巫女性格的女神），一方面會全副武裝地進行戰鬥，另一方面也會溫柔地栽種植物、紡紗縫衣。

也就是說，猶太・基督教世界「父性vs.母性」的兩大矛盾精神象徵，共存於「天照大神」的內在。雖然，「母性」包容一切，但是在無盡追求「雌雄一體」的同時，當然也無可避免地充滿了內在性的矛盾。所以，開創京都學派的哲學家西田幾多郎（1870-1945）就明白指出「絕對矛盾下的自我同一」即是日本人最重要的文化特徵。

這也是日本人特有的「刀與菊花，同構一圖」的文化結構。看似矛盾，但是卻得以在絕對矛盾下開展出無限的調和。文化人類學名著《菊與刀》的作者露絲・潘乃德（1887-1948）也以此斷定日本人的雙重性格。「日本人，將矛盾的氣質詮釋到極致。富有侵略性，卻又毫無威脅；奉行軍國主義，卻也不乏審美情趣；粗野蠻橫，卻又彬彬有禮；頑冥不化，卻又與時俱進；柔順軟弱，卻又不甘受欺；忠誠而又奸詐，英勇而又膽怯，保守而又迎新。」（《菊與刀》）

另外，作家三島由紀夫（1925-1970）可以說是日本人追求「雌雄同體」的代表人物。三島由紀夫的文體被認為比一般女性作家更為纖細寫實，也比女性作家更為柔弱優雅。但是，另一方面，他在以纖細柔弱的女性化文風成名之後，卻又加入警察以及自衛隊的訓練，學習劍道，勤練身體，成了不折不扣的「現代」肌肉男。而三島在一九六八年九月發表的〈文化防衛論〉當中借用露絲・潘乃德的「菊花」與「刀」的意象，並且參照了《古事記》上記載的神話，將菊花當作女神「天照大神」，將刀看成男神「須佐之男」。女神是「菊花」，男神是「刀」，對於庶民讀者而言，確實簡單易懂。

也就是說，戰後日本失去了「刀」，戰前日本失去的則是「菊花」。只要失去任何一邊，日本和日本人都會失去平衡，無法調和。而戰後至今，外來的美國勢力（第三者）的介入與調停，帶來的除了「空」與「無」之外，沒有其他。

同時，圍繞本書的其他主題，不管是「無」或者是日本社會的「中空結構」，事實上都不是河合隼雄的獨創，而是繼承自京都學派的「絕對無」的「場所」（topos）。說不定在潛意識裡，作為戰後京都學派重要繼承者的河合隼雄，就是想要透過日本神話的整理和解說，替西田幾多郎的「絕對無」與「絕對矛盾」，完成「自我同一」以及「開放性自我認同」的時代任務。

神話不是宗教，而是一種社會結構。文化、歷史也都不是宗教，反映的也都是社會結構。毫無疑問，母性特有的柔弱感與現實主義確實是日本文明圈的重要元素。雖然，在學問或者是實證上，日本社會到底是母系社會還是父系社會，依然非常難論斷。

不過，如果與猶太．基督教世界相對照的話，事實就馬上清楚了起來。從《舊約聖經》當中，最早的女人源自於男人的「神話」來看，猶太．基督教社會確實是意圖性地將男性對女性的優越定調為宇宙的根本秩序。或者，再說得更精確一點的話，《舊約聖經》試圖把男人的觀點當成看待整個世界的標準。

但是，日本社會從來都是強調母性與父性的調和，甚至無限地追求「雌雄一體」的實現。不只本書的作者榮格派心理學家河合隼雄透過神話分析，開展此一主張。醫學領域的臨床精神醫師土居健郎也透過臨床實證，在名著《撒嬌的構造》一書中提出了相同的看法，兩者的主張相關性極高，非常值得讀者們參照閱讀。對於讀者們的日本理解，必有助益。

【推薦序二】

在神話之河中找尋自我

蔡怡佳／輔仁大學宗教學系副教授

《神話與日本人的心》是河合隼雄「故事與日本人的心」選輯中最後的集大成之作。河合隼雄從二〇〇二年擔任日本文化廳長時開始寫作，二〇〇三年完成這本書時，已經七十五歲了。這部在生命晚期所完成的作品，回應的其實是河合隼雄三十七歲剛剛完成榮格分析師資格論文時的使命，要將論文中對日本神話的分析傳達給日本人。河合隼雄說，這個「執筆的時機」是由自己身為日本人的種種體驗，以及長期從神話學所得到的知識所造就的。在這之前，河合隼雄也透過日本傳說的分析來探究日本的獨特心靈。在他五十四歲所出版的《日本人的傳說與心靈》中，就是透過深層心理學以及神話比較的方法，指出貿然以適用於西方文化的理論套用在日本可能產生的謬誤，並以比較的手法勾勒日本心靈的獨特性。這個階段的河合隼雄以嚴謹而客觀的書寫風格開展他對日本文化心靈的理解，二十幾年之後的《神話與日本人的心》，則已是融入更多生命觀察與體驗、充滿睿智洞見的深刻之作。

深層心理學的訓練是河合隼雄重新挖掘這些日本神話之深刻意涵的重要基礎。在他之前的心理學先驅，例如佛洛依德與榮格，都在中年開始把運用於個體心靈分析的心理學轉移到時代精神與文化的分析，企圖指出時代的「病徵」，以尋覓治療之道。作為日本榮格學派先驅的河合隼雄也不例外，在《神話與日本人的心》中他思索的是做為一個日本心理學者，如何在世界整體性的關照中思考日本心靈。換言之，他想探尋的日本心靈根源，並不是狹隘的民族主義下的產物，而是從世界整體的角度來尋找日本人「開放的自我認同」。

以心理學的視角理解神話時，大多將神話與個體心靈成長的種種母題連結，指出神話如何成為自我映照的途徑。例如英雄神話這個重要的神話母題，勾勒的就是自我如何從無意識的混沌中獨立、生成與開展的過程。在《日本人的傳說與心靈》中，河合隼雄提出一個有別於西方自我的「女性意識」，以及回歸「無」的日本心靈主軸，強調日本心靈的獨特性。到了《神話與日本人的心》，河合隼雄則提出更具動態性、有別於單一統合意識的平衡觀，來與西方以一神論為背景的文化對照。從「父權意識」與「母權意識」的差異到「統一」與「平衡」的互補，河合隼雄關注的不再只是日本心靈的獨特認同，而是透過理解自己的獨特性來理解其他文化的優點，以找到共生共存的方式。在許多對立的價值仍無法相互理解與對話的今日世界中，河合隼雄在本書所提出的洞見彌足珍貴。

河合隼雄認為神話的意義在於以說故事的方式為社群的成員提供存在的基礎：有別於科學以分析為基礎的世界觀，神話的價值在於創造事物的關連與整體性，以提供安身之所在。以這樣的視角來分析《古事記》，才能還原被日本軍國主義之意識型態所扭曲的神話意涵，重新挖掘出這些日本神話與其他世界神話可以彼此對話的智慧。河合隼雄在書中提出許多很有價值的論點，例如相對於西方「原罪」文化的日本「原悲」文化；相對於基督教文明中耶穌為「救贖」而犧牲，女神神話中的女神則是為了「生命」而犧牲；以及以「空無」為中心所創造的「均衡和諧」來對照由單一體系統合差異的文化結構。這些比較源於河合隼雄透過人類整體來理解自身文化的關懷，這種關懷恰恰與河合隼雄對神話的理解一致，也就是透過連結看見自己所在，而得以安身的過程。從這個角度來看，河合隼雄的神話分析也可以說是當代的神話書寫。

透過河合隼雄的分析所讀到的這些創世神話充滿趣味，諸神創造子女與萬物的方式與時機之豐富也令人驚嘆：女神男神都能生下子女，淨化儀式與產生汙穢的過程都是創造的時機，淚水、血流與屍體也都是創造的材料。這些創造的故事表達了種種對立象徵的連結：男與女、潔淨與汙穢、悲與喜、死與生。對於活著所要經驗的種種衝突與對立來說，這些連結的建立能夠帶來新的認識：我們一直抗拒，或是拼命追求的，原來有密不可分的關係。

河合隼雄在書末特別關注《古事記》中造物神第一次失敗的創造，也就是從眾神行列被流放的水蛭子。他認為如何讓水蛭子回歸是日本當代的重要課題，這也意味著追尋自我的過程中，對與自己相異的立場抱持關心與開放的重要。對現今台灣社會來說，我們正經歷著尋找自我的過程，河合隼雄在本書中所提的一些對日本社會的建議，例如以世界整體為基礎來建立的開放性自我、個體的確立，以及公共概念的創造等，對我們來說也深具啟發。河合隼雄藉著比較神話分析的方式來探索在世界整體視野中的日本自我，台灣雖然沒有像《古事記》這樣的材料，但有在種種艱難處境中走過的歷史軌跡。如果我們能為這些歷史軌跡寫下更多的故事，並從其中探尋做為世界中的台灣人想要共同護守的價值，或許這些故事可以像這些從血淚中進行創造的神話一樣，成為台灣社會找尋自我、書寫自我神話的材料。

河合隼雄在書中有許多開闊又充滿啟發的洞察，讓人覺得《神話與日本人的心》是一本不只屬於日本，也屬於願意聆聽神話智慧的同代人的書。衷心希望這本書在台灣的出版可以遇到更多的知音，一起在神話之河中找尋心靈的根源，以及創造的勇氣。

【推薦序三】

神話中的數理奧妙

魏宏晉／心靈工坊成長學苑講師

河合隼雄先生分析神話的見解常令人耳目一新，本書縝密思考了日本文化的特殊性，提出維持和諧的三元論以及中空結構說，若再以數學邏輯驗證之，也能抽象地概括論點，足見其說法在一定程度上有著跨典範的效度，確有獨到之處。

自古以來，不少哲學家就認定數學藏有宇宙奧祕。在西方，從希臘古老的畢達哥拉斯學派以降，到亞里斯多德，至於英國的牛頓……；甚至來到中國，如北宋邵康節論說易數等等，多少都懷著數學即宇宙根本，可據以推論世界實相的思想。而若將日本文化放進數的結構中分析，以河合先生的神話論述脈絡行之，也能符節合拍地做出可行的解釋嗎？我們試試看吧。

據河合先生的看法，日本神話採自然生成說論述世界源起。代表性的天之御中主神、高御產巢日神、以及神產巢日神等三位原始神，自始就出現在高天原上。至於如何出現？從何而來？並無任何紀錄。這讓一切顯得撲朔迷離，「有」之前的「無」，並未從這個世界消失，無到有是連續的。這與以基督一神宗教為代表的創世論完全不同。對基督徒來說，現象世界不存在「無」的問題，萬物皆出於第一因的唯一創造神。

因此，神是萬有之所出的「1」，實有的存在是依序而來的，自然數列，「0」非自然數，不在問題之列。

神創造的第一個世界原則就是「分別」，根據聖經記載，祂在第一天造天設地，分出光和暗，定義早晨與夜晚。亦即創造了「2」，成為世界根本原則之一，二元對立的原始面貌。之後，為了連結神與世界，必然需要具備1及2性質，結構為「1＋2」；但本質上，卻又具獨特性的質數的「3」為中介，這部分則以三一真神的「奧祕」隱喻。此外，河合先生也舉了許多非基督教的民族神話亦具三元組的例子，做為「3」具平衡性質，以及有連結溝通功用的佐證。但基督教隱晦的「三」與多數民族神話明確的「三」，可能不是同一回事。

至於自然數列中，從5之後的6[1]，結構裡必然同時具備1、2、3[2]，也就是神、二元論、以及中介的三個基本宇宙要素。至於，所有性質為其本身的質數[3]，都可視為神造的萬物實體或法則；非質數則是衍生的法則，如，4＝2×2或者2＋2，或可解釋成「二律背反」（antinomy）。

神造的實體的本質明確，然個個不同，這與萊布尼茲所持每個生物都是單一與獨一無二的實體，但真正的實體是純粹的精神存在體——單子（le monad）的想法類似。萬物有多少，就有多少單子。它只能經由上帝創造，不具廣延性質、不可分割，不為物理性毀損，因此是不滅的。萊布尼茲認為單子就是生物的靈魂，因此靈魂不滅。讓萬物各由一個質數代表，符合單子的論說。

所以，創造論觀點總結歸納出來的1、2、3的意義，可以羅列如下：

第一、1是第一個自然數，性質整然，除本身外，沒有其他因數，亦非質數，卻又是所有數的因數；自然數列之首，卻超然其上，代表萬物本源、第一因，是神、創造者。

第二、二元對立世界的普遍現象為2。結構為2＝1＋1，神造出一個非自己本身，但表象上有兩種意志對立的世界原理。2是第一個質數，唯一一個偶數質數，二元對立性格明確。

第三、既然1≠2，神不是二元對立，也不介入二元對立，為了和世界保持關係，有個在結構上為1＋2，可貫串神和原理、卻又是個特殊的質數的3做連結，就順理成章了。

以創造的觀點來說，1、2、3這個數列，表現出神和世界連結的連續關係。然而，榮格將基督教特有的三一神論與其他大多數民族神話中的三元組結構相提並論的說法，可能有進一步商榷的必要。三一神學一直是個越說越糊塗的事，理論上，聖靈是聖父與聖子之間的連結，但聖三不是「三個」，其「三」非自然數的3，而是「一而三」且「三而一」的存在。1＝1＝1的恆等式不具意義；而不合理的1＝3或3＝1，只可說是超越現世的。因此，它僅能是個基督教義理的「奧祕」，不存在於現象世界，甚至其他大多數文化裡。

而將河合先生所指出的日本神話特色化成數列順序，卻應該是個從0而1再到2的數列，而非1到3的連續自然數。這顯示一神論與日本文化思想有著根本上的差異，其理由如下：

一、如前所述，日本神話的三位最初天神是從無、由0而出，儘管天神有三位，但他們的關係、地位、功能等，似乎沒有高下、主從之分，因此是個抽象的「神」的位格，「三元組」代表一個「神格」。初始三神意象一致，卻出現衝突對立——與世界原理一致的內在矛盾，所以神與萬物共享世界原理。

二、基督教獨一創造真神是1，但榮格也曾論述過，舊約與新約的神就神學而論雖是同一位，表現卻大相逕庭，如同「兩個神」。其實從某種角度看，那確實是「兩位神」，跟一個人的內在會有矛盾與對立衝突一樣，只是神學並不承認，而以「奧祕」或者「神的計畫」帶過。但日本神話的三位神祇，其中兩位經常積極衝突，明確把一神的內在衝突具象化成兩位的外在表現，與現象世界的二元對立一致。

三、一旦產生對立，中間必然出現溝通與連結的管道，河合先生分析日本神話的三元組結構中，有一位是連結的關鍵，祂同屬神格1，與其他二位並無二致。但這位卻常常「什麼也不做」！以世界所出的本來面貌——0以對，這就是「中空結構」吧。解決衝突和連結的原則不是1＋2，而是0，以0去乘任何數，結果必然是0，衝突達到頂點，為了平衡，只能來回擺盪，終究得落幕，又會得到一陣子平靜和諧，如同沒發生過任何事一般。

四、既然世界不全由神創，無始以來的「無」與世界不因神的出現而斷裂，這和基督教所持，「創世前」的「世界」（如果有以前的話）與當今世界無關的觀念完全不同。而在日本文化裡，0從未離開，「無」一直在起作用。

日本神話裡的對立，不經獨一真神的律法裁決，神反而像零般地「什麼也不做」，無事旁觀，或者以趨於零的「刻意避開衝突」最低限行動以對。一旦矛盾張力到極致而表面化，甚至爆發時，那就盡情發揮吧，新的平衡總會到來，隱忍和諧的文化慣性將自然再現。原來，日本神話三元論的關鍵「三」其實是「零」，也就是「無」；三位神祇是受制於世界原理的「二」，神格「一」內在分化，出現表面現象「三」的隱喻。河合先生在《神話與日本人的心》此一總成其日本神話系列的精華之作中，如同一堂精彩的數理哲學課，值得深入品味。

註釋

1 包括5在內之前的自然數，加法結構中必然無法同時出現1、2、3，最少缺損其一，既自由也不自由，我認為5就是「人」，但不在此贅述。

2 以加法分解，即可明白。如，6＝1＋2＋3、7＝1＋2＋3＋1、……

3 質數的定義就是除1和其本身之外，沒有其他因數；而任何數必然為1與其本身的乘積，如8＝1×8、9＝1×9、……，或可表示為萬物中都有神在作用著。

【導讀】

河合隼雄《神話與日本人的心》之深刻啟示

林水福／日本文學研究者、作家

神話的意義

坎伯（Joseph Campbell）認為神話不是謊言，神話以隱喻與象徵方式表達，無法以實證方式理解，或證明其真偽。又說：「神話是社會集體的夢。神話是公開的夢，夢是私人的神話。」夢與神話都以超現實或非現實的語言指涉我們內心潛意識的層次。換言之，神話也是一種存在於我們心靈深處的寓言。另一方面，神話也屬於形上學，是準終極真實（The Penultimate turth），它已超越語言、意象、概念、思想；也因此無法告訴我們超越的事實是什麼？

但是，神話指引我們轉向內在的追尋，我們從神話中接收象徵性符號傳遞出來的訊息，從而引導我們認識自己的生活。這麼一來，神話就與我們身處的時代和環境產生密切的關係和意義。

日本神話主要根據《古事記》、《日本書記》二書記載；然二者差異不小。《古事記》編纂於西元七一二年，由上中下三卷構成，上卷「神代」佔三分之一，記述有關神世代的事物——這是編纂者意圖強調天皇是日神的子孫，日本的原始祖先來自天神。《日本書紀》編纂於西元七二〇年，因為時代已進入歷史時代，記述較為詳細周密，三十卷中，神卷僅卷一、卷二，占十五分之一。然而，在宣示日本是獨立國家，天皇一族的地位是國家中心的意圖，顯然《日本書紀》較為明顯、強烈。

河合隼雄以榮格深層心理學觀點為基礎，透過「從生活中領悟」，以及與其他國家的神話比較來了解日本神話、解讀日本人的心。茲舉與日本傳統文化關係密切者幾例說明。

死亡是再生的開始、恥文化的根源

創造日本的伊邪那岐、伊邪那美二神結婚，伊邪那美生下八大島之後，又生下許多神祇——海神、河神、風神、木神、山神等，日本一切萬物，可說是偉大的母性之神，理應受後人崇拜。但伊邪那美後來的遭遇出人意外，生下火神「迦具土」時陰戶被燒傷而臥病不起；從這女神的嘔吐物及排泄物又生出許多神祇。妻子因火神的誕生而死去，伊邪那岐非常傷心，伏臥在妻子腳下、枕邊哭泣、壓抑不了悲傷與憤怒，拔劍將火神的頭砍下。

伊邪那美死後到黃泉之國，成為地下之神，具有地母神的性格。學者沼澤喜市認為這個故事可視為「天地分離神話」。

伊邪那岐赴黃泉之國要找回妻子，這部分《古事記》這麼描述：伊邪那美告誡伊邪那岐不可窺視自己與黃泉神之交涉情形。然伊邪那岐不耐久等「取左髻上櫛之一齒，點起一道孤火。入內一看，蛆蟲佈滿妻子全身，唷噬之聲哧哧作響。妻子頭頂有大雷，胸口有火雷……合計有八雷神。」

伊邪那岐看到這情形，心生畏懼，落荒而逃。伊邪那美作何反應呢？「怒曰：君令我見辱也！」這部分，《日本書紀》以一書云方式處理：伊邪那美恥恨曰：「汝已見我情，我復見汝情。」伊邪那岐也感到慚愧。

這件事的後續發展，《古事記》：「伊邪那美親自追趕而來，伊邪那岐取千引之石堵住黃泉比良坂。二人隔著巨岩對話……」結果是「生與死從此涇渭分明」。

以「恥」表現伊邪那美的憤怒感情，並無西方基督教的「原罪」意識。

另一個打破禁忌被看到原形而感到羞恥的故事是天孫邇邇藝降臨之後生下三個孩子，其中之一火遠理命造訪海底，與海神之女豐玉毘賣結婚。豐玉毘賣懷孕，認為天神之子不可在海裡生產，於是來到海邊陸地，蓋一屋待產。陣痛時，豐玉毘賣對火遠理命說，我生產時會變回原形，不可偷窺。火遠理命聽了之後反而感到好奇。偷窺之下，看到妻子化為八尋長之鮫魚。豐玉毘賣得知被看到原形，覺得「恥莫此為甚」，生下孩子後「阻斷海與陸的通路」，回到海底。或許這是日本人「恥」文化的根源。

河合隼雄對伊邪那岐「違反禁忌」與基督教亞當與夏娃犯下的「原罪」比較，得到這樣的結論：「原本日本就有許多神明，而不是只有唯一的上帝；而且禁忌並不是發生在神與人之間，而是神與神之間。從日本神話後來的發展也可以看出，日本的神遠比猶太基督教的上帝更接近人類。……日本神話中，神、人與自然之間的界線，並不像猶太基督教那樣涇渭分明。」

再者，伊邪那美死亡之後赴黃泉，丈夫欲迎回，終究雖沒能成功，卻於黃泉國再生。這種觀念普遍存在於日人心中，相當多日人不認為死亡是結束，而是再生的開始。或許這也是較多日人自殺的因素之一吧！

讓國——和諧、均衡的結構

《古事記》的神話世界是垂直三層神話的構造，即天——高天原、國神所住的地上的葦原中國、地下世界的根國（黃泉國）。依河合的看法是先有「讓國」之後才有「天孫降臨」。

那時葦原中國由大國主神掌管。天照大神要自己的兒子天忍穗耳命統治葦原中國，天忍穗耳命覺得那裡喧鬧紛擾，回絕天照大神的命令。高御產巢日神召集八百萬神商討對策，決定派遣天之菩卑能命；然而，天之菩卑能命到了葦原中國，卻歸順大國主神，三年不歸。高御產巢日神於是派天若日子，並授予神器；然而，天若日子卻與大國主神的女兒下照比賣結婚，八年間音訊全無。高御產巢日神為了瞭解情況，再派名為「鳴女」的雉鳥前往探查。不意，鳴女被箭射殺，這箭飛到高天原的天安河岸，落在天照大神與高御產巢日神腳下。高御產巢日神拿起一看，是賜給天若日子的箭，將箭擲回，說：「這箭如果天若日子是依命令射惡神，那麼這一箭就不會射中他；如果他心有邪念，就會射中他。」結果，天若日子中箭而死。高御產巢日神於是又派遣建御雷神前往出雲，並以天鳥船神為其副手。

二神降於出雲國，質問大國主神：「我等乃奉天照大御神、高御產巢日神之命前來傳訊：你視為已物之葦原中國，應為我子統治之國。你意下如何？」大國主神回答，由二個兒子決定。兒子八重言代主神表示願意獻給天神之子。另一兒子建御名方神與建御雷神比力氣，輸了，也表示同意讓國。最後大國主神同意讓國，但提出條件：「若能建我住所，如天神御子之殿，立宮柱於地底深岩，使屋樑聳入高天原，我將遠避幽界。」

大國主神「讓國」，雖將政權讓予天照大神，但仍保有宗教的支配權。不是一方完全抹殺或征服對方。這種和諧、均衡的精神正是《古事記》的特色，日本稱大和民族與此不無關係。

中空均衡結構——外戚掌權、天皇虛位、外來文化的吸收

《日本書紀》記載一開始被派到葦原中國的是天照大神的孫子邇邇藝，且強調他是高御產巢日神的外孫。關於「讓國」事件，《古事記》與《日本書紀》二者記述並無不同；但是如河合隼雄指出的：「《日本書紀》中，在高天原發號司令的是高御產巢日神，天照大神的名字一次也沒出現。」天照大神的孫子保障了邇邇藝的正統地位，但直接向邇邇藝及其他眾神下命令的是外祖父高御產巢日神。

這現象可以拿日本平安朝有能力的貴族無不用盡心機讓女兒嫁給天皇，等到女兒生了兒子，父親當了外祖父，因此掌握實際政權的情形驗證，實在有趣。

其次，天照大神雖然位居中心，卻「無為」，與其他諸神雖非毫無衝突或對立，但整體而言是和諧的。河合隼雄稱這種情形為「中空均衡結構」，面對外來新事物，「它的反應是接受，一開始難免格格不入，但隨著時間的過去，將會被整合到全體的和諧之中。」又說：新事物侵入中空的中心，新的中心統合了整體，但假以時日，這新的中心將被周遭以和諧方式吸收，中心將再度被騰空。這是中空均衡結構變化的方式。

過去，外來文化不斷湧入日本，這些外來文化有時看似位居中心，但隨著時間流逝會逐漸日本化，離開中心，但與整體和諧共存。如眾所周知，日本許多文化源自中國，如跪坐、書道等，如今卻成為日本傳統文化。以河合隼雄的中空均衡結構足以說明其「原因」。

如上所述，日本的「恥」文化、天皇不掌實權，以及對外來文化的吸收、融合，死亡與再生等現象，皆可以從河合隼雄《神話與日本人的心》得到啟示或繼續思考。

序章

太陽女神的光輝國度

1 太陽女神的誕生

日本的神祇數量眾多，據說多達了八百萬位。其中佔有極重要地位的「天照大神」是位太陽女神。在古代日本天空綻放光芒的太陽，日本人賦予了她女性的形象。在全世界無數的神話之中，這一點可以說相當特別。除了北美洲原住民族因紐特人[1]之外，幾乎在所有民族的神話中，太陽神都是男性。在我們開始逐步考察整體日本神話之前，這一點首先值得我們注意。

這位具有強烈特徵的太陽女神，在日本神話中是怎麼描述她的誕生呢？讓我們來看看《古事記》的記載。最早的夫婦——這一點稍後我們還會詳述——「伊邪那岐」與「伊邪那美」，因為伊邪那美突然死去而別離。她的丈夫伊邪那岐下赴黃泉之國想要將她帶回來，但沒有成功。回到人世間之後，為了除去身上的穢氣，伊邪那岐在河中清洗身體。天照大神就在這時候誕生。讓我們看看《古事記》怎麼說[2]：

於是伊邪那岐說了，「上游湍急，下游弱而無力」，遂走進中游，沒入水中淨身。一開始生下的是「八十禍津日神」與「大禍津日神」。

這兩位神是伊邪那岐前往汙穢之國時，身上附著的汙垢所化成的。

接著是端正這場災禍的三位神，「神直毘神」、「大直毘神」、「伊豆能賣神」。

接著是潛入水底淨身時生下來的「底津綿津見神」、「底筒之男命」。

在水中洗滌時生下了「中津綿津見神」、「中筒之男命」。

在水面清洗時生下了「上津綿津見神」、「上筒之男命」。

三位綿津見神，是「阿曇一族」奉為祖先祭拜的神。亦即，阿曇一族乃是綿津見神之子孫「宇都志日金拆命」的後裔。

底筒之男命、中筒之男命、上筒之男命，則是墨江之三神。

接下來伊邪那岐洗左眼，生下了「天照大神」。

洗右眼，生下了「月讀命」。

洗鼻子，生下了「建速須佐之男命」。

身為太陽女神的天照大神，是「父親的女兒」。她是位從父親身上誕生，不認識母親的女性。說到女性，大部分日本人直接聯想到的是「母親」。在這樣的國家裡，古代的人們賦予這位不認識母親的女性光輝太陽的形象，尊崇她是世界的中心，這實在是非常特別的事情。

一般情況下，人總是仰賴二分法以思考這個世界。從電腦的原理——透過二分法的組合解析複雜的現象——我們也可以看出，二分法的力量非常強大。因此，世界上大多數的神話都將事物一分為二來加以描述，也是理所當然的。日本的創世神話（我們將在稍後詳述）中，也隨處可見二分法的痕跡。

世界上有許多神話，都敘述了天與地、光明與黑暗等等分別；其中「男與女」，也是極重要的一種。對從前的人來說，男與女的分類很明確；男與女在人類的思考方式中形成一條兩極對立的軸線，有它的實用性。讓我們暫且跳出神話，觀察一下人類的思考方式：透過男與女的對立軸線來觀察事物，使人們產生所謂的「男兒本色」、「女人味」等等觀念。雖然這些觀念與男、女的存在本質沒有必然的關聯，但是這樣的觀念秩序一旦形成，想要打破它便非常困難。這在人們心中形成了某種思考的「框架」。

人總是被這樣的「框架」束縛著。一個團體的成員所共有的框架，我們便說它是該團體的「文化」。或者也可以換個方式說：不同的文化，都有它固有的思考框架。當某個文化下的人們認為自己的框架「絕對正確」，就會與其他文化發生衝突。這種事情我們早已見怪不怪。

我認為，人如果能夠充分了解自己所屬文化的特性，並藉此理解其他文化、認識其他文化的優點，人類將能找到共生共存的方式，並且經歷文化本身的轉變。

接著讓我們回到神話上來。如果將男與女的分別，和太陽與月亮的分別聯結起來思考，就會出現「男性＝太陽、女性＝月亮」，以及「女性＝太陽、男性＝月亮」這兩種組合方式。太陽相較於月亮擁有壓倒性的光輝與溫暖，如果我們把注意力放在這一點上，那麼認為女性與太陽可以彼此連結的文化，或許就可以看成是一種女性具有優勢的文化。

但事情並不是這麼單純。在酷熱的熱帶地區，居民對於月亮的評價，也可能高於太陽。即使不是那麼炎熱的日本，比方《萬葉集》中歌詠月亮的作品，就壓倒性地多於有關太陽的詩歌。

就算我們認為「女性＝太陽」這樣的連結象徵了女性的優勢，但為什麼日本神話要讓這位女神自父親身上誕生呢？我不禁認為這很類似於「神以亞當的肋骨創造夏娃」的故事。舊約聖經中的這段故事，顯然表示男性相對於女性佔有了優勢地位。

說到「誕生自父親」這一點，希臘神話中的光輝女神「雅典娜」，也是典型的「父親的女兒」。據說她以全副武裝的姿態，自父親宙斯的頭部出生。這位女神的武裝形象，讓人感受到她與武裝形象的天照大神（稍後我們將談到）之間的類似性。於是我們可以知道，放眼世界上的神話，雖然太陽女神天照大神是極為特殊的，但仍然可以在其他神話中找到相當的類似性。

天照大神在日本神話中佔有重要的地位，這一點任何人都會同意才對。但她並不是父親所生下唯一尊貴的神祇；在神話中，她是以「三貴子」之一的身分誕生的。那麼，佔據日本神話中心地位的，是哪一尊神祇呢？

到目前為止的敘述雖然十分簡單扼要，卻已足以讓我們明白，太陽女神誕生的故事中充滿了許多我們無法輕易了解的謎團。我們也可以由此察知天照大神的特性：她一方面具有特異的性格，一方面又與其他神話有很大的共通點。如果把這一點作為前提，再來從頭全面思考日本神話，就可以了解我們為什麼一開始先談論「太陽女神的誕生」。話說回來，神話到底是什麼樣的東西呢？在思索日本神話之前，讓我們從一般論的角度，先來看看這個問題。

2 神話的意義

不管什麼樣的民族，看到照亮天空的太陽，都會為它的不可思議驚嘆不已，同時也必定會感受到它的重要性。人總是想透過語言，將這樣的經驗表現為自己可以「理解接受」的型態，並且與他人共享——這是人的特徵之一。只是透過「太陽」這樣的詞語，讓自己與他人對太陽有共通的認識，對人來說是不夠的。人們更進一步將詞語拼湊成了故事，而故事則成為他們共有的體系。人們以這樣的方式建構起所謂的「世界觀」，同時也產生共有相同世界觀的群體。

一支部族若是要擁有作為一支部族的認同感或凝聚力，其成員必須共有該部族特有的故事。這支部族是怎麼形成的呢？他們又生存在什麼樣的世界裡呢？今後將往哪裡去呢？「神話」以說故事的方式，賦予了部族成員存在的基礎，得以作為一個凝聚的群體繼續生存下去。

法國神話學者杜美季勒（Georges Dumézil）甚至說：「失去神話的民族，將失去其命脈」[3]。也就是說，神話是支持一個民族的基盤。但是，說不定也有人從現代人的角度，認為神話是荒誕無稽的東西。他們或許會說：太陽是男性還是女性呢？我們哪有必要思考這種愚蠢的事呢？太陽就是團灼熱的球體而已，這不是眾所皆知的事實嗎？

即使在古希臘，人們也早就知道太陽是存在於天空中的一團球體。儘管如此，古希臘人仍然相信，太陽是一位乘著黃金四輪馬車的英雄的化身。這是為什麼呢？

為了理解神話發生的過程，分析心理學家榮格（C. G. Jung）在著作《自傳》中提出了一種想法[4]。他造訪東非埃爾貢山（Mount Elgon）的居民時，曾經詢問當地的老酋長：太陽是不是神呢？老酋長說明，當太陽升起的時候，那是神。他的回答打動了榮格的心。榮格說：「我理解到一件事：人的靈魂從起源開始，就憧憬著光亮，我們靈魂中有著一股難以抑制的衝動，想要逃脫原初的黑暗」。接著他指出：「早晨太陽的誕生，對這些黑人們來說，是一種壓倒性的、意義深遠的經驗，打動了他們的心。光到來的瞬間是『神』。這個瞬間帶來救贖與解放。那是瞬間的原始經驗；如果我們因此說太陽就是神，那麼這原始經驗將會消失，將會被遺忘。」

太陽是不是神呢？這種思考方式可說是現代人的特徵。但這並不是埃爾貢山居民的想法。就像榮格所形容的，「光到來的瞬間是神」；他們稱呼這種瞬間的經驗本身為「神」。當人類以「故事」的形式向他人傳達這種原始經驗，我們便把這類故事稱為神話，比方英雄乘著黃金馬車登場——對古希臘人來說，除了這樣的描述以外，沒有別的方式可以表達。

哲學家中村雄二郎在談論神話的意義時，將知識分為「科學知識」與「神話知識」，並且明確指出「神話知識」的必要性[5]。「科學知識」的效用，現代人非常熟悉。拜「科學知識」之賜，現代人得以享受舒適便利的生活。但是，科學知識並不能讓我們理解所有關於這個世界、關於我們自己的事。「我到底是什麼？我從哪裡來，要往哪裡去呢？」這種根源性的問題，科學便無法解答。

中村雄二郎清楚說明了科學知識的特性。「隨著科學知識的發展，其研究對象與其本身，都變得細分化。對象失去了作為整體的意象；而這意象的整體性，是讓對象與我們產生有機聯結的東西。因此，我們對於對象所施加的作用，也必然變成局部性的」。他指出，「神話知識的基礎，來自我們根源性的欲求——我們希望週遭的事物，以及由這些事物所構成的世界，從宇宙論的觀點來看，具有濃密的意義」。當人只倚賴科學知識的時候，將與週遭的事物分離隔絕，陷入完全的孤獨。科學「切割分離」的力量，實在是非常強大。

在許多方面，「故事」具有「聯結」的作用。當我們以科學的角度觀看一棵樹，就算可以看到許多事實上的細節，但它終究只是一棵樹。我們可以「使用」它、「利用」它，我們的心卻無法與它發生關聯。然而，「那是記念爺爺六十大壽所種的樹喲！」這樣的「故事」，卻能讓我們的心頭湧現出一股親近感。經由那棵樹，在我們腦海裡說不定還會因此浮現出關於祖父的回憶，感覺自己和祖父心意相連。也就是說，我們與樹之間會因此產生情感上的連結。

沒有了「故事」，人便無法生存下去。任何人只要經歷過不可思議或是令人感動的事情，都會想要以「故事」的形式告訴別人。經由故事，這樣的經驗不只和自己發生關聯，也將自己和他人聯繫在一起。孩子們總是會嚷嚷著「聽我說！聽我說！」急著要告訴媽媽自己的故事。如果當媽媽的沒有接受孩子的要求，不給他說故事的機會，有些孩子甚至會因此罹患嚴重的精神官能症。大人也喜歡「故事」。這一點，只要我們去人家飲酒作樂的場合看看就會明白。每個人都拼命地大談特談自己的「故事」。當我們醉得恰到好處，進入稍微異於平常的意識狀態時，就會達到說故事的絕佳條件。人們會吹噓豐功偉業、述說慘痛失敗，確認自己不是形單影隻，而是和其他人相繫相連，藉此補充能量，以迎向明日的工作。

有些故事則不是關於個人事蹟。比如說：這顆岩石打哪兒來的呢？那株樹又有什麼典故呢？當這樣的故事為許多人所共有，就形成了「傳說」。透過傳說，人們和特定的事物「產生關聯」；而透過「傳說」的共有，人與人聯繫在一起。那些從合理的觀點看起來荒唐無稽的傳說，之所以歷經漫長的歲月傳承下來，其實就是因為這種故事「聯結」的功能。

原本與特定事物結合在一起的故事，如果脫離了特定的事物或時間，形成像「從前從前，在某個地方，有一對老爺爺和老婆婆」這種不特定時間、不特定人物的故事，就成為了「民間故事」。就算故事中的人物有名字，那名字也是像「從桃子裡出生的桃太郎」一樣，清楚地顯示出故事中的人物並非實際存在。然而，就算人們知道這些人事物並不存在於日常的世界當中，但「民間故事」道出了人們心中的「真實」，因此得以在民眾之間代代相傳、延續生命。

相對於傳說與民間故事，神話處於什麼樣的地位呢？神話對於人類的意義，也是一種「故事」。以這一點來說，它和傳說或民間故事，本質上並沒有太大的不同。但是它經常與部族或國家之類的群體有密切關聯，具有較多的公眾意涵。以日本神話為例，當它被記載成《古事記》或《日本書紀》的時候，清楚地讓日本成為一個獨立存在的國家，同時也為當時的朝廷提供統治的基礎。關於這一點，我們不妨說《日本書紀》比《古事記》更具有這樣的特質。

從人類需要「神話知識」這個角度來看，傳說、民間故事、神話都扮演了這樣的角色。只不過，如前所述，神話與特定群體的意圖息息相關，這一點我們必須留意。我們也可以說，傳說與民間故事是以樸素簡單的方式，呈現人類內心深處的活動。經過漫長的時間，傳說、民間故事、神話的型態相互轉換的情況也經常發生。某個特定地區的傳說，會由於該地區的勢力強大而變得影響深遠，被拉高到神話的層級；反過來說，神話的內容也會隨著時間的流逝，降級成為傳說或民間故事。因此我們不妨認為，從心理的角度來看，這三種故事在本質上並沒有太大的差別。而日本神話因為被完整以書面的方式完整紀錄下來，我們可以將它視為與全體日本人的心性有深切關聯的文獻來閱讀。

3 現代人與神話

我們說，「神話知識」對人類來說是必要的。但是，現代人是怎麼看待它的呢？其實，現代人要獲得「神話知識」非常困難；這件事與現代人「心」的問題有著很深的關係。

從前，不論在什麼樣的社會或文化中，人們都各自擁有其「神話知識」，也以各自不同的方式感受到自在安穩。人們在太陽升起的「瞬間」中體會到神明的存在，每天早上對這個瞬間進行祈禱的人們，應該會感受到自己被偉大的事物所守護著，而擁有一份安心感。但這並不表示這樣的人隨時隨地都能安心，他們因為不可預期的災害或病痛而受苦受難，甚至被奪走生命，以這一點來說，他們的生活遠比現代人有更多的不安。也就是說，在神話知識可解釋一切（甚至包括了今日所謂的「科學知識」）的時代，現實生活中是有許多不安與不便的。

相對於此，誕生於近代歐洲的近代科學，劇烈地改變了人們的生活樣貌。在近代科學中，觀察者（研究者）將研究的對象和自己切割開來，以客觀的態度觀察，試圖從中發現因果法則。因此，由此發現的法則具有與該個人（觀察者）無關的普遍性。這真的是一件了不起的事。「科學知識」的普遍性，使它本身成為任何人在任何地方都可以利用的知識。於是人類以這樣的「科學知識」為基礎，發展出科學的技術，在二十世紀的百年之間，得以享有過去無法想像的、便利舒適的生活。然而代價是，「神話知識」一個接著一個被「科學知識」破壞殆盡。而隨著「神話知識」的喪失，產生了許多問題。

「神話知識」的喪失，在現代以「喪失關係症候群」的形式呈現出來。舉例來說，曾經有一段時期，青春期女性的援助交際成為喧騰一時的社會問題。當我取得她們的信任，聽到她們內心真正的想法，才知道原來她們根本的問題，在於沒有「容身之處」。其實她們並不是對「性」或「錢」特別有興趣。不論在學校或家裡，她們遍尋不著「容身之處」；唯一能為她們帶來類似感受的，是在大街上與同伴們的相處來往。而加入同儕團體的條件，就是從事「援助交際」。聽到這裡，任誰都會以為她們的家庭是「缺陷」家庭吧！但出乎意料地，事情並非如此。她們的家庭多半是普通、甚至是條件比普通更好的家庭。父母當然都是健全的市民。她們有自己的家，家裡有她們個人的房間，也有零用錢可以花用。如果我們調查的是這樣的「條件」，那她們的家庭並沒有任何「缺陷」可言。

那麼，她們到底欠缺什麼呢？儘管一個家表面上完美無缺，卻不能讓多愁善感的青春期少女感覺那是她的「容身之處」。那是因為，家人之間真正的「關係」已經喪失。人類的技術與近代科學結合而急速發展，使得人們過度相信，只要知道「好的方法」，就可以隨心所欲「控制」任何事物，以滿足我們期望。這樣的態度甚至擴大到人與人之間的關係中。許多父母認為只要透過「良好的育兒方法」，就可以養育出「優秀的孩子」——也就是符合自己期望的孩子。說得直白一點，在這樣的態度下，「人」被對象化、物化；人與人之間真正的關係消失無蹤。所以，孩子們覺得沒有自己的「容身之處」。

那些為了孩子的問題來找我商談的父母們，很多都表示自己為了孩子已經盡心盡力。相反地，同樣案例中的孩子們卻說，自己的父母「從來沒有為我做過任何一點事情」。這道鴻溝是從哪兒來的呢？父母們發言的時候，想的全是自己為了孩子買了哪些東西、去了哪些地方、耗費多少金錢與勞力——換句話說，都是些可以量化的事情。但孩子們講的，卻是在孩子與父母間作為「人」才會產生的關係——這樣的關係無法被量化。父母們遵循「正確的教育法」，努力不叱責孩子；孩子們卻感嘆：「我的爸爸連為我發脾氣都不願意」。

發生這種情況的背景，便是親子失去了可以活在其中的神話。日本的家庭，現在由什麼樣的神話支撐著呢？過去「家」的神話幾乎已經完全幻滅，而新的神話卻還沒有產生。

現代人之中，有多少人擁有關於「死」的神話呢？當一個人年輕、有活力，可以操縱別人、支配別人（或是相信自己正在這麼做）的時候，應該不太會感到不安。然而當一個人年華老去、氣力盡失，突然為了孤獨而煩惱，更不知道如何看待逐步接近的死亡時，年老與死亡除了痛苦以外，什麼也不是。失智症說不定和這一點有所關聯——除了變得癡呆以外，人們無法從這樣的折磨痛苦中逃脫。

不管什麼樣的民族都擁有關於死亡的神話。透過這樣的神話，生與死之間「產生了關聯性」，生者與死者也可以有所聯繫。當人們相信神話的時候，便可以安心地迎接死亡。

話雖如此，我們也不能不加任何思索，一逕地讚揚神話。舉例來說，現在那些以自殺式攻擊威脅世界的人，自己或許因為神話而得到救贖，但是對別人卻造成莫大的危害。過去的日本也是如此，上位者強加在一般人身上的神話，讓許多人陷入不幸當中。現代人過度地意識到神話所帶來的這種負面價值，所以全面予以否定，然而卻也因此遭遇前述的那些困難。

那麼，我們該怎麼做才好呢？難道我們找不到一種可以支持現代人生活方式的神話嗎？美國神話學家約瑟夫·坎伯（Joseph Campbell, 1904-1987）思考了神話與人類生存的關聯，並且透過電視向美國人述說他的想法，因此博得了高人氣。在一次電視節目的談話中，坎伯這麼說[6]：

「今後將會有很長很長的時間，我們無法擁有神話。因為事物的變化實在太快了，來不及化為神話。」坎伯明白斷言，我們無法擁有神話。過去日本的家庭中有所謂的「三種神器」，也就是冰箱、洗衣機、吸塵器。但是，這「三種神器」所受到的重視只不過是曇花一現，現在已經沒有人這麼說了。真的就像坎伯所說的，「事物的變化實在太快，來不及化為神話」。

沒有神話的我們，該怎麼活下去呢？坎伯說：「每個人都必須找出有關自己生活的、神話的面相」。也就是說，他把解決問題的責任交付在每一個個人身上。在群體共有神話的時代，雖然群體可以保證其中的成員獲得神話的支持，其代價卻是犧牲了個人的自由。在歷史當中，人類不斷為了追求自由而努力，個人的自由因此急速擴大，但同時也加重了個人的責任，這是理所當然的。身為個人的義務之一，就是「發掘出與自己生活相關的神話面相」，這一點我們必須有所自覺。如果輕忽這件事，要不是會讓自己陷入不幸、遭受不安襲擊，就是對別人造成傷害。簡單來說，每個人都必須找出適合自己的「個人神話」。

4 閱讀日本神話

處於現在這個時代，每個人必須努力找出適合自己的個人神話。但這並不是說，我們應該找出「神話」，遵循著神話生活。這句話真正的意思是，活著本身就是對神話的探求；尋找神話，與生存息息相關。在這段過程中，去認識從前人類曾有過的種種神話，將給予我們許許多多的啟示。在這個意義下，閱讀日本神話對日本人來說，是一件必要的事。然而這麼說，並不是主張因為我們是日本人，所以應該依循日本的神話而生活。這一點從本書先前的論述，應該已經看得很明白。即使如此，對於生存在現代的我們而言，這些神話——日本的祖先就是憑藉著它們存活下來的——將能夠提供我們許多參考。

眾所周知，日本的神話主要是透過《古事記》與《日本書紀》流傳到現在的。《古事記》編纂於西元七一二年（和銅五年），《日本書紀》則成書於西元七二〇年（養老四年）。這些神話的內容能夠完整地傳承到現在，真的是一件可喜可賀的事。當時之所以將這些神話記錄下來，可以想像有兩個理由。一方面，因為與其他國家接觸，日本試圖向其他國家證明，自己是一個統一的國家；同時，作為政治中心的天皇一族，也感覺到迫切需要為自己尋找存在的基礎。編纂的當時，這兩本書當然都是被視為「歷史」；但是從現在的角度來看，既然它們談的是「神代」的事情，把它們當作眾神的故事——也就是神話——來看待，會比較恰當一些。

過去，日本神話曾經有過一段不幸的歷史。軍閥們為了個人利益任意加以曲解，並且把自己的解釋強加在國民身上。我在童年便親身經歷了那個時代，因此曾經對日本神話感到強烈的憎惡。之後我留學美國與瑞士，為了成為榮格派心理分析師，一頭栽進自己的內在探索當中。就在那時候，有機會重新認識了日本神話，結果讓我非常驚訝。後來我便以日本神話作為題材，撰寫了心理分析師的資格論文。

一九六五年我從瑞士回到日本的時候，國內對日本神話的研究並不發達，關心這個領域的人很少。值得慶幸的是，不久之後以吉田敦彥、大林太良兩位研究者為中心，日本神話的研究逐漸興盛了起來。我在本書當中也將引用他們的研究成果。

雖然我概括地說「神話研究」，其實它可以有各式各樣的角度。我們可以從宗教學、民族學、文化人類學、歷史學等等各自不同的立場來進行研究。我們可以考察神話傳播的路徑，也可以藉由神話的類似性假定某種文化圈的存在。或者，我們也可以推測神話本身形成的過程。相對於這些做法，我的立場相當不同。我採取的是深層心理學的立場。換句話說，我以神話對人類的必要性、以及它與人類心靈的深切關聯為前提，以這樣的觀點在神話的內部探索人心深層的樣貌，同時試圖從神話中，擷取出對我們實際生活的啟示。而本書既然以日本神話為對象，從中思考日本人的心理樣貌，就成了其重要焦點。

有一件事我必須事先聲明：雖然我說，我採取的是深層心理學的立場，但我並不是要將自己所屬的榮格派心理學的思想，套用到日本神話來導出結論。深層心理學並不是將研究對象客觀化，而是一種深入對象之中的生命態度，並且以這種態度對照自己內心深層的體驗來深化自己的研究。因此，我並不是套用某種知識體系來解釋對象，而是透過親自生活在這樣的現象當中，試圖尋找某種領悟。這可說是一份極為危險的工作。若是我們赤手空拳從事這樣的工作，不但容易變得漫無目標、無法可循，研究者更可能失去自我，因此非得暫時借助過去獲得的知識體系不可——以我的情況來說，就是榮格心理學。但如果因此固執於知識體系，將無法把握現象的意義。

所謂「閱讀日本神話」，對我來說，就真的是持續性的專注閱讀。而我賴以理解的憑藉，則是以榮格派心理分析師的身分，長期與各式各樣的人接觸見面的經驗。長久以來從事與日本人內心深層相關的工作，形塑了「我」這個人。本書敘述的，就是這樣的「我」沉浸在日本神話的世界中所擷取的心得。雖然它和常見的、既有的「研究」不同，但我想，這樣的「研究」自有其存在價值吧。至於本書的評價，就交由讀者們參照個人自己的生存方式來主觀判斷。

比起本書能不能獲得好評，對我來說更重要的是，讀者們在尋找屬於自己個人的神話時，這本書能不能——在任何意義下——提供任何助益。我在青年時期一度全面否定的日本神話，在經過漫長歲月的一再閱讀後，已經不知不覺在我心中形成了自己的「解讀」。這本書接下來要敘述的，就是這樣的「解讀」。在這個時代，「日本神話=自己的神話」這種事已經不可能了。我期盼自己的「解讀」與讀者們各自不同的「解讀」，能夠在交錯中迸出火花，並且從這四散的火花中，誕生出一部又一部個人的神話。

註釋

1 譯註：因紐特人（Inuit）是居住在加拿大北部的愛斯基摩人的一支。近年來他們拒絕被稱為「愛斯基摩」，因為那是北美其他原住民族對他們的貶稱，意思是「吃生肉的野蠻人」。他們自稱為「因紐特」，在因紐特語中的意思是「人」（複數）。

2 原註：本書引用《古事記》與《日本書紀》的時候，根據的是岩波文庫的版本。我們將舊字體改為新字體，但日文假名則保持原作的用法。因為訓讀方式不同的關係，《古事記》與《日本書紀》中，神的名字有不一樣的漢字寫法。引文我們忠於原作，除此之外，原則上以《古事記》的用法為本。

3 原註：吉田敦彥在《如何閱讀世界的神話？》（大林太良、吉田敦彥『世界の神話をどう読むか』青土社、一九九八年）中，引述其老師杜美季勒的話。

4 原註：榮格《榮格自傳——回憶、夢、省思》。

5 原註：中村雄二郎『哲学の現在』岩波新書、一九七七年。

6 原註：Joseph Campbell & Bill Moyers, *The Power of Myth*, 1988.

| 第一章 |

世界的起源

想像一下，誕生在這世上享有生命的人類，突然在日常生活中停下腳步，開始沉思「我為什麼會在這裡？」「我所在的世界，是在什麼時候、又是如何形成的呢？」毫無疑問地，這種事情在相當遠古的時代就已發生過。人類是會去思考「為什麼」、「如何」的一種生物；神話之所以誕生，就是為了解答這些疑問。神話所提供的答案讓人們得以釋懷，給予了人們一份安心感。

世界上幾乎所有的神話都談到了「世界的起源」。既然神話的存在是為了解答人類最單純質樸的疑問，那麼神話中包含了這類故事也可說是理所當然。但仔細想想，要談論「起源」這一點其實非常困難。假設我們說：「這就是起源」；但要是有人問：「在那之前又是什麼呢？」我們該怎麼回答呢？只要我們以「說理」的方式去思考，就無法迴避這道難題。只要有人主張萬事萬物是從某個時間點開始，自然會產生「在那之前呢？」這樣的疑問。因此，當神話描述「世界的起源」時，說出來的故事必須有足夠的力道讓人不再追根究柢，直接相信「這就是開始，在那之前的一切我們無從想像」。

這種態度，現代人應該是做不到吧！但是，在一支民族的當中，只要神話還具有活生生的影響力，它便能讓該民族信服，這一點應該無庸置疑。不管我們閱讀哪一個民族的神話，都不可以忘記這一點。接下來讓我們看看，古代的日本人是如何談論世界的起源呢？

1 天地肇始

日本的神話經由《古事記》與《日本書紀》傳述至今。《古事記》成書於西元七一二年，《日本書紀》成書於西元七二〇年。為什麼前後只差了八年，竟然會讓這兩本書內容天差地別呢？這兩者之間有著什麼樣的關係？談到這些問題，即使專家之間也有許多不同的看法，彼此意見並不一致。我不是專攻這領域的研究者，無意加入這些議論中，我只希望自己單純地接納它們是記載日本神話的兩份史料。

雖然專家們有各式各樣不同的主張，但至少有一點他們的看法大致相同。那就是，在這兩本書成書的時代，日本人的國家意識要比以往高漲。面對其他各國，他們意圖顯示日本是一個獨立的國家，展現日本立國的根本，並且明確宣示天皇一族作為國家中心的地位。我認為，即使我們想要思考的是「神話」本身，這一點始終必須放在心上，作為前提。還有一點我們得牢牢記住，在《日本書紀》當中，這樣的意圖遠比在《古事記》中來得更強烈而露骨。

如果要針對上述這點進行討論，那可會沒完沒了，因此我們就此打住。首先讓我們來看看，在《古事記》中是如何描述世界的起源。

> 天地初開之時，生於高天原者，乃「天之御中主神」、「高御產巢日神」、以及「神產巢日神」。此三者皆為獨身神，不見形影。
>
> 其時國土未成形[1]，如浮於水上之油脂，亦如水母漂蕩。此時如葦草萌芽般誕生之神，乃「宇摩志阿斯訶備比古遲神」，次為「天之常立神」。此二位亦為獨身神，形影亦不可見。
>
> 上述五神，乃別具一格之天神（別天神）。

這一段文字直接從「天地初開之時」開始，並沒有描述這個世界是怎麼形成的，反而是記載了出現在「高天原」的三位神的名字。而且，「高天原」這個「地名」是什麼意思，也不清楚。不僅如此，書上還說這幾位神的特徵是「皆為獨身神，不見形影」；整體來看，意義愈發不明確。

關於這些我們稍後再詳細討論，讓我們先來看看《日本書紀》怎麼寫吧！我首先引用該書開頭的描述：

> 古天地未剖、陰陽不分、渾沌如鷄子、溟涬而含牙。及其清陽者、薄靡而為天、重濁者、淹滯而為地、精妙之合搏易、重濁之凝竭難。故天先成而地後定。然後、神聖生其中焉。故曰、開闢之初、洲壤浮漂、譬猶游魚之浮水上也。于時、天地之中生一物。狀如葦牙。便化為神。號国常立尊。至貴曰尊。自餘曰命。並訓美舉等也。下皆效此。次国狹槌尊。次豊斟渟尊。凡三神

矣。乾道獨化。所以、成此純男。

在一開頭，《日本書紀》描述了天地與陰陽尚未分離的狀態，以及當時一團渾沌的模樣。接下來一直到「神聖生其中焉」為止的這一段當中，所描述的是天地起源的一般論。而從「故曰」——也就是「所以」——開始這段，所提到的才是日本的神話。以神話中的記述方式來說，這樣的開頭非常罕見。我讀過非常多世界各地的神話，但是像這樣的描述筆法，從未在別的地方看到過。

關於這一點，如果考慮到《日本書紀》成書的經緯，也就不難了解。如前所述，當時的日本，和中國與朝鮮都有國交，必須證明自己是以天皇家族為中心的獨立國家，《日本書紀》的編纂就是這種意圖的表現。因此，為了說明日本這個國家的成立，必須從根源，也就是世界的起始說起。《日本書紀》一開始並未提及日本，而是說明了天地起源的一般論，再用「所以」接到日本，這種敘述方式非常有趣。而很早以前就有先學指出，這段開頭的一般論是從中國的《三五歷紀》與《淮南子》中借用過來的。

這證明了一個事實：在當時日本人的心中，中國是個先進的國家。一個國家在敘述自己的神話時，向其他國家借來一般論以強化自己的故事，這種想法可說是很稀奇的。而且事實上，這樣的思維一直傳承到了現代的日本人身上。

《日本書紀》還有一個很特別的地方，就是在先前的引文之後，用「一書云」（意思是：某本書上提到）的說法記載下各式各樣的「類話」（類似的故事）。事實上，在這裡記載了六種類話；在第四個故事中，以「又曰」記錄了《古事記》所提及的誕生在高天原的三神。

這些「一書云」的內容，我們將在下一個章節談論。這裡我首先要強調一件事：雖然編纂《日本書紀》的意圖，是為了保證國家與天皇家的正統性，但是它沒有從眾多故事中選擇、決定一個「正統」的說法，反而是將各式各樣的類話並排記錄下來。這實在是不可思議的態度。一般來說，應該都會認定其中的某種說法是「正統」，並且無視其他的故事，甚至予以排除、抹殺才是。

《日本書紀》記錄下了各式各樣的類話，這對於後世的研究者來說是值得高興的事。但是如果從它原本編纂時的意圖來說，這樣的做法可說是非常特異。恐怕當時的日本人，並沒有歐洲那種所謂「正統」的概念；也可能他們並沒有沒有透過主張嚴格的正統性，來鞏固統治基礎的想法。或許他們尊重全體的安定平衡，因而容許某種程度的分歧。這一點，我們在現代日本人的心性中，也可以看到相同的傾向。

2 生成與創造

雖然我們只呈現了日本神話開頭的部分，但已經可以很明顯地發現它的特色。現在讓我們以更廣闊的視野來比較日本神話與世界其他地區的神話，看看它還有哪些其他特徵。

這個世界是由「神」創造的呢？還是自然生成的呢？神話中對於世界起源的描述，有著這兩種截然不同的類型。雖然日本神話中也有著孕育世界的偉大女神，但再怎麼看，應該都是屬於後者這類。

日本神話中的世界起源屬於自然生成型，與它明確對立的，應該就是神明創造大地萬物的故事了。雖然我們將舊約聖經的故事稱為「神話」，或許會招致基督徒的反感，但讓我們暫且將這個議題擱置一旁，來比較舊約聖經與日本神話中關於世界起源的不同說法。在舊約聖經是這麼描述的：

起初上帝創造天地。地是空虛混沌，淵面黑暗，上帝的靈運行在水面上。上帝說，要有光、就有了光。上帝看光是好的、就把光暗分開了。上帝稱光為晝、稱暗為夜，有晚上、有早晨、這是頭一日。

這是猶太教、基督教、伊斯蘭教——這三大宗教被通稱為閃族一神教——的信徒所共有的世界起源說。這樣的故事和自然生成型是不同的；創造者與被創造者清楚地區分開來，並且以創造一切的主體——神——為大前提。這一點極為根本的不同，也是文化差異的根源。

近代歐洲興起的文明勢力非常強大，加上由歐洲移民出去而建立的美利堅共和國，如果說歐美文化席捲了全世界也不為過。現在的G8（八大工業國組織）[2]除了日本以外，全部屬於基督教文化圈；日本在其中占有極為特殊的位置。這樣的世界是如何形成的？若是要了解這一點，首先我們必須認清一項事實：相對於其他七個會員國都擁有共通的創世傳說，只有日本的故事非常不同。對於「神創造萬物」的這種思考方式，日本人可以理解到何種程度呢？反過來說，「世界是自然生成」的這種觀點，又能夠讓其他國家的人們接納到什麼地步呢？若是要和歐美列強交流來往，這些事便相當重要。

或許有人會覺得，都什麼時代了，還在說什麼傻話？但是，上述的差異雖然轉變成各種型態樣貌，卻仍然存在於現代當中。神與被造者之間有著明確區別，加上聖經後來談到的，人與其他被造物之間有所區別，由以上兩點作為基礎的世界觀；以及認為人與其他萬物以同樣地位並列出現的世界觀——這兩種世界觀為人類帶來了許多歧異。不過，我們不應該只是意識到這樣的歧異存在，更應該思考生活在不同世界觀之下的民眾該如何相互理解。因此，我們必須對兩者的差異有充分的認識。

先前我們提到，《日本書紀》開頭的部分借用了中國的《三五歷紀》與《淮南子》的內容。

無論如何，日本與中國都沒有「造物主創造世界」這種思考方式，這一點是很明白的。《日本書紀》描述天地初始的狀態，就像一條浮在水上的魚一樣漂蕩著；《古事記》則說像漂浮的水母，諸神就從這裡自然產生。稍後我們會談論到，這些神的名字暗示了天地逐漸轉變為固體的狀態。（《古事記》一開始就說明了三位神祇的名字，這一點我們將在下一節討論。）而《日本書紀》透過「一書云」所描述的其他版本的神話，根本而言並沒有太大差異。

從一望無際的某種物質中，誕生出某種具有形體，或是有著明確稱呼的事物——我們可以在世界上許多神話中，看到類似模式。

舉例來說，古埃及神話認為宇宙被名為「努恩」（Nun）的原始海洋分隔開來。古希臘詩人赫西俄德（Hesiod）的敘事詩《神譜》（*Theogony*，又譯《神統記》）則描述，世界從卡俄斯（Chaos）的誕生開始，接著誕生了大地女神蓋婭（Gaia）。換句話說，一開始是一片混沌（譯按：Chaos有「混沌」之意）。

雖然舊約聖經中描述到「上帝將光與暗分開」，但我們仍然可以由此看出，從混沌之中開始建立某種「區別」，對世界的起源而言非常重要。或許正因為如此，某些類型的神話非常重視「天地的分離」。談到這一點，許多人喜歡舉紐西蘭毛利族淒美的神話作為例子。天神朗吉（Rangi）與大地女神帕帕（Papa）是一對非常恩愛的夫妻，他們生了許多孩子，但因為朗吉與帕帕總是如膠似漆、形影不離，所以這些孩子都沒辦法直立起身體來生活。一番討論之後，他們決定讓父母分開。經過幾次失敗，眾人終於合力將朗吉高高舉起，離開帕帕，成功讓天與地分離開來。朗吉與帕帕都極度哀傷。朗吉的淚成為落下的雨，帕帕則向著天，升起悲傷的霧。

對於天地的分離，在日本神話當中並沒有明確的描述。但是，之後我們將談論到這個主題的變形，因此請讀者們務必將「天地分離」這一點放在心上。

中國的盤古神話是天地創造神話的另一種類型。之後我們也會去思考它與日本神話的關聯性，因此在這裡非提到不可。簡單來說，宇宙的起源是一片混沌，從中誕生了名為盤古的巨人。經過了一萬八千年後，混沌之中清明之物往上升變成了天空，暗濁之物往下降形成了大地，天與地因此被區隔開來。盤古在天地之間日益成長茁壯，完成了天地間的分離。後來盤古死去，屍體化成了世界上的一切萬物。他的氣息化為風雲，聲音化為雷鳴，左眼成了太陽，右眼變為月亮。手足身軀化為高山，流血化為河川，肉變成土壤，髮鬚則變成點點繁星。體毛化為草木，牙齒骨骼化為礦物岩石，他所流的汗，則變成雨，於是這世界上便有了各種事物存在。

像盤古神話這樣，把世界視為龐然巨人的，還有印度的「原人」（purusha，或譯「神我」、「士夫」）神話，以及北歐的「尤彌爾」（Ymir）神話，不過且讓我們略過這些不談。《日本書紀》的一開始，借用了盤古神話的開頭部分作為一般論，但並沒有原封不動地引用它當成日本的神話。不過我們難免會注意到，盤古的雙眼化為太陽與月亮這一點，就和後來日本神話中日月誕生的過程類似。

說到了創世神話，就非談到凱爾特（Celtic）神話不可。在基督教興起之前，凱爾特文化曾經廣布全歐洲。後來雖然因為基督教而幾乎完全滅絕，但某種程度還遺留在愛爾蘭等地區，最近突然開始受到矚目。我自己也深受凱爾特文化吸引，二〇〇一年，我滯留在愛爾蘭一個月進行訪問，認識了他們的神話與民間故事。有趣的是，有些凱爾特神話與民間故事和日本十分相似。其中讓我印象深刻的一件事就是，嚴格來說，凱爾特文化中，並不存在創世神話。

凱爾特人把神話和歷史接在一起敘述，這一點和日本是一樣的。但舉例來說，愛爾蘭的建國神話首先從凱爾特人的祖先入侵愛爾蘭的土地開始講起。儘管接下來的神話可謂多采多姿，但是愛爾蘭的土地是怎麼來的呢？關於這一點在神話中卻隻字未提。

仔細想想，這種做法或許是解決起源問題的一種方式吧！「我們的祖先也不知原本來自何方，總之他們飄洋過海來到了這個國家」——於是把這個國家的存在，以及大海的彼岸某處國家的存在，都當作不證自明的事實。這樣的想法終究與愛爾蘭是島國這一點，有著很大的關係。神話中把自己的國家在大海環繞下存在，當成是既成事實，而「大海的彼岸」則被賦予重要的意象，這樣就已足夠，不需要再追問之前的事。如果對應於日本神話上，那就好像把天孫降臨當作神話的開始一樣。就算要談「世界的起源」，也可以有各式各樣的想像。

3 最初的三元組（Triad）

透過與世界其他神話的比較，我們探討了日本神話關於世界起源的描述。《古事記》最初的敘述，沒有任何解釋說明，就直接舉出了三位神祇的名字，就是「天之御中主神、高御產巢日神、以及神產巢日神。此三者皆為獨身神，不見形影」。

像這樣一開頭就接連說了三位神祇的名字，在神話中是非常罕見的；顯示當時的人認為，這三位神祇是支撐這個國家的地基。聖經中所描述的唯一神是名符其實的造物者；世界上的萬事萬物都是這唯一的神所創造的。相較起來，我們雖然知道《古事記》的這三位神祇很重要（因為開宗明義就提到他們），但他們並不是什麼「造物」的神。那麼，他們是為了什麼而存在的呢？而且，為什麼一定要三位神祇一起登場呢？

雖然在一開頭就列舉三位神祇的名字，這種情形在神話中很少見，但是在全世界的神話中，「三元組」的團體倒是常見的一種思維。一、二、三這些數字，各自有一些象徵性的意涵。「一」象徵開始、唯一。「二」則引起人們對於分離、對立、協調、均衡等等狀態的想像。事實上，「創造者二人組」便是神話中常見的主題之一。「三」則為「二」的狀態加上了相當的動態能量。世界歷史中，偶爾會出現所謂的「三頭政治」。人們喜歡以二元對立的方式思考、處理事物；若是加上第三個要素，則會為二元對立的結構增添一股變動的力量。但「三」的意義不僅如此，也有人認為，比起二元對立的分類法，三項分類讓全體的構成顯得更有立體感。三次元的思考方式，比二次元的思考方式具有更豐富的意象。

我們能夠利用三根支柱將東西支撐起來——就好比三足鼎立——但光靠兩根柱子又就辦不到。因此，「三」這個數字比「二」更能給人某種安定感。這也是「三元組」出現的理由之一。

瑪麗-路薏絲．馮．法蘭茲（Marie-Louise von Franz）以榮格心理學為出發點詮釋創世神話，她特別提出了一段說法來探討所謂的「造物雙元組」[3]。

馮．法蘭茲舉出許多「造物雙元組」的例子，主要是取自非洲與美洲原住民的神話。她認為「在造物雙元組的動機（motif）中，鮮少見到激烈的善惡對立」。兩人之間的對立並不明確，通常只是「其中一人個性較為開朗，另外一人稍微陰沉一些；或是一人略略具有男性特質，另一人則比較女性化。又或者其中一人靈巧能幹，另一人笨拙、迷糊、依賴動物本能」，兩者之間並沒有強烈的倫理對立存在。

讓我們簡單介紹馮．法蘭茲所舉出的「中央加利福尼亞州北部阿克馬維族（Achomawi）」的一段極為有趣的神話。在世界的初始之時，晴朗的天空突然出現了雲朵；這些雲朵凝聚在一起，化為一匹郊狼（coyote）。跟著，從霧裡面生出了一匹銀狐。他們建造了一艘船，船漂在水上，他們就住在船裡。經過了長久的歲月，他們開始感到無聊乏味。在銀狐的提議下，當郊狼睡覺的時候，銀狐用自己的毛造了陸地，並加上木、石和岩塊。當他們的船抵達新世界的時候，銀狐叫醒郊狼，他們上了岸，就在此陸地上定居。

這對造物雙元組的特徵就是，當一方工作的時候，另一方只是睡覺。關於這一點，馮．法蘭茲說，郊狼作為銀狐的朋友，「以睡覺的方式貢獻自己」。這是非常有趣的註解。馮．法蘭茲在同書的另一章舉出了另一個例子，可以讓我們更容易了解她這句話的意思。那是美洲原住民約書亞（Joshua）的神話。

有兩位造物神，一位叫柯拉瓦錫（Collahuasi），另一位沒有確定的名字。柯拉瓦錫試著要創造動物與人類，但兩次都失敗了。他的夥伴什麼也沒做，只是一直抽菸。這時候憑空忽然了出現一間房子，從房子裡走出來一位美女。名字不詳的夥伴和這位女性結婚，生了十六個孩子，這些孩子後來繁衍成美洲原住民所有的種族。

馮．法蘭茲如此解釋這個神話：積極行動的一方，兩次嘗試創造都失敗了；但「名字不詳的夥伴並沒有積極的創造行為，而是透過抽菸間接營造出人類得以存在的環境」。很多人應該都有這樣的經驗——在我們實際從事創作時，往往放空什麼都不做，比起積極進行各種嘗試的成效更好。不過，我們也可以說，這些神話在敘述「創造者二人組」的故事時，同時也在傳達：積極的行動派與無為派之間，需要細膩的協調關係才能合作無間。

說完了「一」與「二」，接下來讓我們就「三元組」來想一想。榮格主張，諸神的「三元組」是宗教史上的一種原型（Archetype）。他在探討基督教三位一體教義的論文中，介紹了一些在基督宗教誕生之前就已存在的「三元組」，他認為在這些例子中顯示出了類似的思維[4]。榮格雖然也談到了埃及與希臘的三元組，不過且讓我們略過不談；在這裡僅簡要引述他所提到的巴比倫尼亞（Babylonia）的例子。

巴比倫尼亞首先有安努（Anu）、貝爾（Bel）與伊阿（Ea）三位神祇所構成的組合。「伊阿是知識的人格化，貝爾（『主』）是實踐活動的人格化。伊阿是貝爾的父親」。接下來，又有欣（Sin）、沙馬士（Shamash）與阿達德（Adad）這三元組登場。阿達德是最高神安努的兒子。這個組合有趣的地方在於，欣是月神，沙馬士是太陽神，阿達德則是暴風雨之神。稍後我們將討論在日本神話中另一組重要的三元組：月讀命、天照大神與須佐之男。有人認為，須佐之男是暴風之神。如果是這樣，那麼巴比倫尼亞與日本就同樣都有月、日、暴風的組合。

基督宗教教義中提到了三位一體，既然是「一體」，就和「三元組」不同。不過榮格在他的研究中表示，「三位一體」呈現出唯一神的三個面向，終究可說是和「三元組」有著深刻關聯的。父、子、聖靈這樣的組合，能夠給予我們許多啟示，有助我們思考日本神話中「三元組」的存在。

在《古事記》最初的「三元組」當中，一開始被舉出的就是「天之御中主神」。從他的名字可以想像，既然是位居天的中心，理所當然應該是非常重要的神。但奇怪的是，不只《古事記》，任何其他日本神話，也都沒有談到關於他的故事。我們可以在日本神話中看到「高御產巢日神」與「神產巢日神」這兩位所扮演的角色，但是關於天之御中主神，卻沒有任何記述。

對於這個難以理解的現象，江戶時代的某些國學者曾經提出解釋。他們盡其所能地稱頌天之御中主神的尊貴，並且主張，由於天之御中主神的靈能過於超絕，因此沒有成為崇拜的對象。對於這個說法，松村武雄批判「這些學者沒有意識到，自己將『地位』抽換成『靈能』的概念」[5]。也就是說，他們被「最初的神」這樣的地位迷惑了，擅自為他加上了神話裡完全沒有提到的靈能。松村武雄還下了這樣的結論：「這位神祇的地位之所以在其他所有靈格之上，原因別無其他，只是因為『編造神話者』的思維方式而已，而且是相較後期的思維。他們將後來才創造出來的靈格，以人為的方式安插至較早誕生的所有靈格（諾冉二尊[6]等等）的最上位」。換句話說，天之御中主神是後代「編造神話者」創造出來的神祇，是原有神話「向上的擴充」。

先前我談論凱爾特神話時，曾經提到他們沒有關於「天地創造」的神話。以這一點來說，很可能最早的日本也沒有「天地創造」的神話，只是後來隨著時代「向上擴充」，才形成今天我們所認識的樣貌。這帶來一個問題：那麼是誰，在什麼時候創造了天之御中主等神祇呢？學術界中比較有力的看法認為，天之御中主神受到中國道教思想的影響。不過，我個人不是很在意神話的起源或系統論。我希望在閱讀與分析的時候，把焦點放在整體的結構，以及這樣的結構所傳達的訊息。

接下來讓我們看看隨著天之御中主神出現的高御產巢日神和神產巢日神。高御產巢日神又稱為「高木神」，在《古事記》裡扮演重要的角色。簡單地說，高御產巢日神甚至可以說是君臨高天原的「天照大神」的監護人。根據記載，後來在許多關鍵時刻，比方「天孫降臨」的時候[7]，天照大神都是在向高御產巢日神請命之後，才受命行事。

高御產巢日神的兒子是「思金神」（又作「思兼神」），這顯示出高御產巢日神的想法對諸神來說有多麼重要。面對重大決定的時候，他們需要思金神，也就是高御產巢日神的意見。舉例來說，天照大神把自己關在「天岩洞」的時候，眾神試圖勸她走出山洞，用的就是思金神想出來的方法。還有，天照大神本來打算指派自己的兒子「天忍穗耳尊」到「水穗國」，但天忍穗耳尊走到天之浮橋往橋下一看，說了聲「如此紛擾喧鬧！」就折回來了。每當出現這種麻煩，高御產巢日神一定會出面盡力幫忙解決問題。

接下來這段插曲則清楚地顯示出高御產巢日神的力量。天照大神希望葦原中國由自己的兒子統治，於是派遣「天之菩卑能命」（又名「天穗日命」）到地上。不料天之菩卑能命竟「歸順了『大國主神』，三年不歸」。於是天照大神與高御產巢日神商量，再派了「天若日子」到地上。沒想到天若日子與大國主神的女兒「下照比賣」結婚，過了八年還不回來。接下來天照大神又派遣了名為「鳴女」的雉鳥。天若日子知道鳴女到來，一箭將它射死。這一箭一直飛到高天原的天安河岸，天照大神與高御產巢日神所在之處。高御產巢日神認出那是當年賜給天若日子的箭，於是拿給眾神看，並且說：「如果天若日子此箭按照命令射的是惡神，那麼這一箭就不會射中天若日子；倘若他心有邪念，那麼就射中他」。接著高御產巢日神便將箭擲回去，命中了天若日子；天若日子隨即喪命。

這個故事清楚地顯示出高御產巢日神以及其話語的力量。在這裡我要強調「話語的力量」是非常有趣的一件事；讓人想起在舊約聖經中，上帝說「要有光」，結果就真的如同上帝的旨意，這世上開始有了光。

那麼，神產巢日神又是怎樣的一位神祇呢？相對於高御產巢日神留在高天原，與天照大神密切合作，神產巢日神則頻頻在須佐之男與大國主的出雲神話中登場。大國主神的八十個兄長（「八十神」）試圖殺死他，設下奸計，燒紅了一塊大石頭，告訴大國主那是一頭紅豬，要他去捕捉。大國主不疑有他，抱住了那塊熾熱的大石頭，就這樣被燒死了。這時候救了大國主神一命的，就是神產日巢神。神產日巢神帶著兩位女神「𧏛貝比賣」與「蛤貝比賣」（都是貝類的名字）前往搭救。她們把「母乳汁」塗在大國主身上，他便因此死裡復活。更重要的是，幫助大國主神建國的「少名毘古那神」（又名「少彥名命」），就是神產巢日神的兒子。

關於神產巢日神，在《出雲國風土記》等書還多有提及，不過這裡且略過不談。但綜觀這些故事，我們可以看出高御產巢日神與神產巢日神之間的明顯差異。前者與天、父性的功能有關，後者則與大地、母性的功能有關。有趣的是，象徵父性的高御產巢日神和女性的天照大神有很深的關聯；相對地，神產巢日神這位象徵母性的神，則與須佐之男、大國主這樣的男性神關係深刻。這在日本神話中產生一種平衡作用；稍後我們會再談及這一點。

在這兩者之間，存在著無為的天之御中主神，三者形成了「三元組」。可以說，這構成了日本神話整體結構的基礎。這裡所謂的「無為」，和我們先前指出「造物雙元組」其中一方「無為」的角色所象徵意涵一致。天之御中主神這個「無為」的中心，成為一切創造的泉源。

非洲與美洲先住民的神話（日本神話也是如此）清楚顯示出，那些與自然共生共存的民族非常了解「無為」——順其自然——的意義。老莊思想就是把「無為」的意涵加以「語言化」的成果。因此，與其說天之御中主神是在老莊思想的影響下創造出來的神祇，還不如說他是日本古來就有的世界觀與宗教觀的體現。當然，在思維上與老莊是相通的。

4 眾神的連鎖

我們考察了《古事記》開頭所說的「三元組」。如引文所述，接著在這三位神之後，有兩位隱而不見的獨身神（「宇摩志阿斯訶備比古遲神」與「天之常立神」）。

我們將隨後出現的眾神的名字，列舉如下。最初兩位是獨身神，接下來的都是兩兩成對。

國之常立神

豐野雲神

宇比地邇神　妹須比智邇神

角杙神　妹活杙神

意富斗能地神　妹大斗乃辨神

於母陀流神　妹阿夜訶志古泥神

伊邪那岐神　妹伊邪那美神[8]

在《日本書紀》記載中，相對應的眾神名字有些微的差異，但是接在獨身神之後連續出現成對的神，這一點是一樣的。我們已經引用了《日本書紀》的開頭，最初出現的是「國常立尊」等連續三代的獨身神，接下來則是四組的男神與女神，其中最後的一組是「伊邪那岐」、「伊邪那美」，這一點和《古事記》雷同（漢字的表記有差異）。在《日本書紀》裡，三代的獨身神與四組成對的男女神合稱為「神代七代」。而在《古事記》中，則是五位「別天神」之後出現的兩位獨身神與四組男女神，合稱「神世七代」[9]。

雖然我們也可以討論這些神祇的名字，以及《古事記》與《日本書紀》的差異，不過我想省略這一點。值得注意的是這個事實：在伊邪那岐和伊邪那美出現之前，不論《古事記》或《日本書紀》，都一連串地發表以上眾神的名字。其實，它們大可以從伊邪那岐、伊邪那美這一對「最初的」夫婦神開始敘述神話的故事，為什麼要列舉出這麼多神祇的名字呢？而且不管在哪一本書裡，後來都再也沒有提到過他們的存在。話說回來，神世七代的眾神到底有什麼意義呢？這一點不禁讓人感到十分困惑。

這個問題可以在先前引用過的馮·法蘭茲著作《創世神話》中，找到很好的答案。她首先指出有些神話以「世代的漫長連鎖」來描述世界的創造，並且舉出薩摩亞（Samoa）的宇宙創造說作為例子。

> 帑尬羅阿（Tangaloa）住在遙遠的宇宙深處。他創造了一切萬物。原本他獨自一人，沒有天也沒有地。他獨自一人在宇宙中徘徊。雖然沒有海，也沒有大地，但他所站立之處有一塊巨岩

「帑尬羅阿—花吐吐葡—努」（Tangaloa-faatutupu-nuu）。一切事物都將從這塊岩石創造出來，但當時所有的事物都還沒有被創造。天也還沒有被創造出來，但位在神站立之處的岩石卻變得越來越巨大。

接著帑尬羅阿命令巨岩裂開。從岩石裡出來的是帕帕塔沃拓（Papa-tao-to）與帕帕颼颼婁（Papa-soso-lo），跟著是帕帕老阿奧（Papa-lau-a-au），跟著是帕帕阿諾阿諾（Papa-ano-ano），跟著是帕帕耶雷（Papa-ele），跟著是帕帕圖（Papa-tu），跟著是帕帕阿姆阿姆（Papa-amu-amu）以及他們的孩子們。

帑尬羅阿就站在那裡，他望向西方對岩石說話。接著他用右手敲了敲巨岩，巨岩再度裂開，從中跑出地上所有部族的父母，接著出現了海洋。海覆蓋了帕帕颼颼婁，帕帕塔沃拓對帕帕颼颼婁說了：「你有福了！大海屬於你……。」

接下來帑尬羅阿轉向右邊，湧出了水來。帑尬羅阿再度對著岩石說話，天空便形成了。他又對岩石說話時，圖伊帖朗基（Tui-tee-langi）出現了。然後象徵無限的伊魯（Ilu）與象徵宇宙的瑪瑪歐（Mamao）也同時以女性的形體跟著現身。接著出現的是尼烏奧（Niu-ao）。帑尬羅阿又對岩石說話，出現了名叫盧阿歐（Luao）的少年。帑尬羅阿又對岩石說話，出現了名叫盧阿珐依（Luavai）的少女。帑尬羅阿將他們兩人安置在一座叫作薩圖阿朗基（Saa-tua-langi）的島上。

跟著帑尬羅阿又說話，誕生了少年歐阿伐利（Oa-vali），然後是少女恩尬歐恩尬歐樂緹（Ngao-ngao-le-tei）。然後世上出現了男人，跟著出現了靈（Anga-nga），心（loto），跟著是意志（fingalo），最後是思考（masalo）。

這就是袢尬羅阿的創世神話，完全是一連串各種神祇的名字。據馮．法蘭茲表示，玻里尼西亞與紐西蘭的宇宙創造神話中，有許多這種名字的連鎖。這些神話有一個特徵，那就是在眾神的連鎖中，諸神的樣貌逐漸變得越來越明確，最後與人類達成連結。雖然日本神話從眾神到人類的出現之間，還有著一段相當的時間區隔，但總之也是經過人神共存的時期，最後演變進入人類的世界。

關於這些神話，馮．法蘭茲的說法很有趣：「這是至今仍未瓦解的未開化文明與半未開化文明特有的現象。而日本的文明，雖然跟我們所謂的未開化文明不同，卻沒有完全斷絕原始的根基，一直保有其連續性」。現在我們已經不用「未開化」這樣的說法了；不過馮．法蘭茲想說的是，在我們的時代，日本雖然被歸類在「先進國」之中，卻仍然保持從古代延續到現代的這種奇妙的連續性。而其他的先進國家則全部屬於基督教文化圈；它們都曾經斬斷自己的「原始根源」，進而與唯一的上帝形成深刻的連結，以作為自己文明的支柱。

關於眾神名字的連鎖，我們的確可以採納馮．法蘭茲的思維。但只要我們改變觀點，同樣的思維也可以形成不同的解釋。如果把伊邪那岐與伊邪那美，視為這個世界的起源，的確「故事」是從這裡開始的。而「起源」之前的狀態則很難化為語言加以說明。在形成確定的概念時，人的「心」便會以某種「概念之前」的方式運作。這種運作方式很難用語言表達。但是難以表達，並不表示沒有進行思考。即使這一點不容易被清楚描述，但這段脫離混沌、朝著某種方向發展的過程，是確實存在的。如果我們硬是要把這段過程語言化，或許就會像這樣變成了一連串神祇的名字。以《古事記》來說，這段過程的基礎就是天之御中主神、高御產巢日神、神產巢日神這「三元組」。

註釋

1 譯註：這裡所謂的「國」，不應以現代人對「國家」的概念來理解。當時的「國」是「人居住之地」的意思。（池澤夏樹之註解）。

2 譯註：二〇一四年俄羅斯的會籍遭到凍結，如今只剩下美、加、英、法、德、義、日七個會員國。

3 原註：Marie-Louis von Franz, *Creation Myths*.

4 原註：C. G. 榮格，《心理學與宗教》（*Psychologie und Religion*）。

5 原註：松村武雄『日本神話の研究』第二卷、培風館、一九五五年。

6 譯註：「諾冉二尊」指的是「天照大神」的父親「伊邪那岐」與母親「伊邪那美」。

7 譯註：「天孫降臨」指的是「天照大神」派其孫子「邇邇藝命」（又名「天津彥彥火瓊瓊杵尊」等）下降到地上世界，平定並治理葦原中國。

8 譯註：這裡所用的「妹」這個字，在古代日本是「妻子」、「女性配偶」的意思。

9 譯註：「神代七代」與「神世七代」日文的唸法、意思都一樣，只是漢字的表記方式不同。

第二章

生育國土的父母

在前述一連串眾神的名字之後，伊邪那岐和伊邪那美這兩位男神與女神出現了；從此神話的敘事有了劇烈的轉變。即使之前也有成對的神，但我們只認識他們的名字，不知道關於他們的任何事蹟。可是伊邪那岐與伊邪那美不但結了婚，更生出日本國土，以及這片土地上的一切萬物。從這一點來看，或許我們可以稱他們是造物神；而在他們之前的眾神，則可以視為造物神的根源。如果和其他文化的神話比較，也可以把神話的這一部分視為最初人類誕生的故事。日本神話中，神與人之間有著很強的連續性，這一點讓人特別有感。

不論在《古事記》或《日本書紀》中，伊邪那岐與伊邪那美都扮演了生育國土的父母角色，但兩本書裡故事的發展卻不一樣，它們的相異之處非常有趣。首先讓我們引用《古事記》：

> 於是天上諸神命伊邪那岐與伊邪那美二神「修理這漂浮之國並使其凝固成形」，並授予天之沼矛。二神依命立於天之浮橋，將沼矛向下插入鹽水中翻攪，鏗鏗作響。沼矛舉起之時，矛尖滴下的鹽水堆積成為島嶼。是為淤能碁呂島。

命令伊邪那岐與伊邪那美的「天上諸神」是誰？我們不得而知。在這部分含糊其辭地帶過，真的是很有趣的敘述方式。可以想像述說者不願意明確指出「最高神」的身分。至於向下插入「天之沼矛」的部分，則顯然具有性交的意象；不僅如此，伊邪那岐對伊邪那美所說的話，更直接具有性的意涵。很早以前就將日本神話翻譯成英文的英國學者張伯倫（Basil Hall Chamberlain,

1850-1935）在翻譯到這一段的時候，認為其內容太過猥褻，於是將它譯為拉丁文。我們可以想像，近代歐洲社會這種對「性」強烈的排斥感，是來自於基督教的強力影響。閱讀聖經就可以察覺其中對「性」的排斥與蔑視。但是觀察全世界的神話我們會發現，大部分都對「性」與男女關係直言不諱。

「性」對人類來說是非常重要的事，在神話中談論它其實很自然。認為「性」卑猥或下流，還不如說是近代人的偏見吧！話說回來，「性」是最能讓人失去理性的東西；當人類想要重視理性的時候，試圖排斥與貶低「性」，這種心理也是可以理解。

1 結婚的儀式

讓我們沿著《古事記》的敘述談下去。伊邪那岐與伊邪那美決定結婚，於是舉行結婚儀式。《古事記》接下來是這麼說的：

（二神）自天上降至該島，覓得好處所，立天之御柱，建八尋殿。（伊邪那岐）問其妹伊邪那美，曰：「你的身體是何模樣？」答：「我的身體自然豐腴，唯有一處不足。」伊邪那岐曰：「我的身體自然雄偉，唯有一處多餘。那麼，將我多餘之處插入妳不足之處，以生國土。妳以為如何？」伊邪那美答曰：「甚善。」伊邪那岐曰：「那麼妳我各自繞行這天之御柱，於對面相逢處性交。妳向右，我往左。」於相約之處重逢時，伊邪那美先開口：「啊！如此美男！」接著伊邪那岐曰：「啊！何等美女！」兩人各自說畢，伊邪那岐告訴妹妹：「女人先開口，不是好事。」果然，性交後所生之子，如水蛭般不成形體。二人將水蛭子放入蘆葦編成的船，放入水中流去。跟著生下的是淡島。亦非健全之子。

這段故事確實有趣。因為結婚儀式的順序錯誤，生下不符期望的孩子，於是將他們放入水中流去。一開始創造失敗，再接再厲才成功，這是世界各地神話中常見的模式。民族學家大林太良（1929-2001）在東南亞與大洋洲，找尋日本「國土誕生神話」的源流。他指出，華南苗族與瑤族的神話中，都描述了最初生下殘缺孩子的事，和這段「水蛭子」的故事相互對應[1]。這部分的意義我們稍後再來探討，先看看《古事記》中，接下來故事如何繼續：

於是二神商議：「此次生下不良之子。當向天神稟報。」遂一同參見天神請命。天神占卜後，曰：「女人先開口不好。當回去重新來過。」二神回到地上，如先前般繞天之御柱而行，伊邪那岐先開口：「啊！如此美女！」跟著伊邪那美曰：「啊！何等美男！」。

生下殘缺的孩子後，伊邪那岐與伊邪那美去和天神——同樣不知道是哪位——商量。天神占卜後說，女性先發言是不好的。值得注意的是，這些話不是天神自己的意見，而是占卜的結果。如果是一神教的神，絕對不會做這種事吧。《日本書紀》的本文並沒有說到占卜的事，而是在「一書云」中提到的。

讓我們稍微偏離主題，思考一下占卜的事。《古事記》中，凡是遇到必須做決定的重大事件，就會進行占卜。比如這次結婚儀式失敗的時候，還有天照大神把自己關在天岩洞裡不肯出來，眾神不知所措的時候，都是如此。到了人類的世代，也有這樣的時候。垂仁天皇因為兒子「本牟智和氣」已經長大卻還是不開口說話，而感到擔憂，在夢中得到某位神明諭示：「將我的神宮也造得如天皇宮殿一般，御子必當開口。」垂仁想知道說話的是哪位神明，也因此進行了占卜。

這種占卜稱為「太占」。天岩洞神話的章節中記載了占卜的方法：「召喚天兒屋命、布刀玉命，取天之香山雄鹿之肩骨，以天之香山天之朱櫻占卜之。」朱櫻就是樺木。以樺木生火燒烤鹿的肩骨，根據骨頭的裂痕來占卜。一般認為，在日本這種占卜方式是從彌生時代開始的；很可能是與稻作技術一起從中國大陸傳來的。

儘管如此，神明竟然用占卜決定事情，這一點很有趣。不過，在《日本書紀》的本文裡，不管是敘述結婚儀式或是天岩洞事件的時候，都沒有提到占卜的事。這一點我們可以想像得到；顯然是因為在談到垂仁天皇與本牟智和氣時描述過占卜，所以在其他地方刻意避開不談吧！比較《古事記》與《日本書紀》對於天岩洞事件的描述，幾乎在所有方面都是一致的，唯獨占卜一事在《日本書紀》當中沒有記載。想必編纂《日本書紀》的動機，是為了在面對其他國家的時候，確定自己的存在根據。因為這種強烈的政治意圖，所以把「神明進行占卜」的段落刪除了吧。

這一點在結婚儀式的部分也有跡可循。在《古事記》的敘述中，天神透過太占判斷，伊邪那美先開口是不好的。但《日本書紀》則記載，伊邪那美先開口以後，伊邪那岐不高興，覺得應該男性先說話，所以重來（這裡沒有提到水蛭子的誕生）。也就是說，在《日本書紀》的說法裡，重新舉行儀式，是出自神自己的判斷，跟占卜沒有關係。《日本書紀》的作者十分用心地注意到所有細節。我認為《古事記》敘述的故事才是自古流傳下來的，《日本書紀》應該是考慮到日本與其他國家的關係，而改寫過的。

在結婚儀式中，「女性先發言」是不對的，必須重新舉行儀式；唯有「男性先發言」，一切才能順利。《日本書紀》更將這一點透過男性神的話語，明確表達出來。在這裡我們可以很清楚看到男尊女卑的思想。

話說回來，關於這個結婚儀式，《日本書紀》的「一書云」記載了多達十種的不同說法。先前我們也說過，《古事記》與《日本書紀》的撰寫方式不同；對於同一事件，《日本書紀》記錄了許多同一類型，但略有差異的故事版本，我們稱之為「類話」。不論是民間故事或神話，「類話」的種類繁多，表示人們對於該故事所探討的主題有各種不一樣的想法。就某種意義而言，也可以說人們對這件事沒有定見，不知道怎麼想才好。我們把這些類話中提到結婚儀式的版本加以擷取出來，整理成表1的表格。

從以上表格可以看出，原本繞柱而行的方式也

表1　伊邪那岐、伊邪那美的結婚

	繞行天之御柱的方式	最初的發言者	結果	第二次儀式
《古事記》	女：右 男：左	女	生下水蛭子、淡島	男性先發言
《日本書紀》本文	女：右 男：左	女	男性抗議	男性先發言
一書云(1)	女：左 男：右	女	生下蛭兒、淡洲	男左女右繞行天之御柱，男性先發言
一書云(5)		女		男性先發言
一書云(10)		女	生下淡路洲、蛭兒	

有所不同。《古事記》與《日本書紀》的本文中記載，女性向右繞行，男性向左繞行；但「一書云」(1)則描述女性向左、男性向右。不過在重新舉行儀式的時候，改變了繞行的方式。我們可以據以推測，當時的人認為「男左女右」才是正確的方式。還有，「一書云」的(5)與(10)，沒有記載繞行天之御柱的事。此外，這些故事版本有的提到水蛭子的誕生，有的沒有。值得注意的是，《日本書紀》本文完全沒有提到水蛭子，直接進行到故事的下一段。

《日本書紀》的本文中，十分明顯地表現出男性的優勢地位。女性首先發言，然後由男性訂正她的錯誤——從這樣的描述我們大可以推測，這是在表示過去女性佔有優勢的社會，從此轉變為男性佔有優勢的社會。但我們也都知道，在神話後來的發展中，天照大神這位女性，以太陽神的身分成為高天原（神的世界）的中心。那麼在日本神話中，到底是男性還是女性佔有優勢呢？我們該怎麼想才對呢？事實上，這是我們必須貫穿日本神話全體來進行探討的問題。不過，接下來讓我們參照其他文化的神話，先從概括的角度來思考神話中男性與女性的問題。

2 男與女

對人類而言，「男女」可以說是一道永恆的難題吧！雖說同樣都是人，但男人與女人顯然是完全不同的存在。男性與女性之間有著什麼樣的關係呢？這是個難以回答的問題。更讓我們混亂的是，人總是用對立的框架來理解男性與女性，作為思考時的判斷基準。人類的意識是從「區別」開始的。如同我們在創世神話中看到的，意識開始於天與地、光明與黑暗等等區別。以此為出發點，人類的意識結構逐步分化、發展，直至今日的樣貌；這個過程以「二分法」為基礎。我們將各種不同的二分法套用到所有的現象上，再將它們組合形成體系。當我們成功地構築出毫無矛盾的體系後，就可以透過這個體系理解、判斷，進而支配現象。這一點看看現在的電腦科技，就可以明白——電腦運用0與1的組合發揮極大的效能。因為二分法思維威力強大，人類將它運用於幾乎所有的領域上。但是當我們將二分法思維套用上男女之分上，卻產生了難題。

舉例來說，許多人硬是把善惡、上下、優劣、強弱等等二分法，套用到男女的區別上，然後——比方說——將男性歸類為善、女性歸類為惡，其實以人這樣的存在來說，原本男女就不適合用二分法予以分類。但因為二分法實在是簡單方便，又具有現實上的效用，再加上男女的區別顯而易見，因此自古以來所有文化與社會，為了保守該文化或社會的「秩序」，對於男性「該有的樣子」與女性「該有的樣子」，都有不成文的規定。這樣的習俗持續一段長時間以後，人們就開始相信，這些「該有的樣子」是男性與女性天生的傾向；甚至認為那是維持社會秩序的「道德」。我們的時代，開始有人想要檢討修正這種刻板的而且具有壓迫性的男女二分法，我認為這是好事。但就算我們解決了這些偏見，男女的差異仍然是存在的；生為男性或女性的個人，該以什麼樣的生活方式度過一生呢？這是我們永遠必須面對的課題。

還有一個造成男女問題混亂的因素，那就是以下這件事實：家族的「父權／母權」或「父系／母系」構造，與人類心理上的「父性原理」與「母性原理」，不必然是一致的。這一點我們稍後會詳細探討，目前請讀者先將這件事放在心上就好。

神話如何看待男性與女性呢？首先讓我們注意，舊約聖經的故事中——先不論稱呼舊約聖經為「神話」是否恰當——女性是從男性身體的一部分製造出來的。

根據舊約聖經的記載，神在七天內完成了創造天地的工作。在第六天的時候，「神就照著自己的形象造人，乃是照著祂的形象造男造女」（創世紀第一章27）。第二章詳細描述了造人的經過。「耶和華神用地上的塵土造人，將生氣吹在他鼻孔裡，他就成了有靈的活人，名叫亞當」。神將所造的人安置在伊甸園，跟著在造了鳥獸之後，「使他沈睡，他就睡了；於是取下他的一條肋骨，又把肉合起來。耶和華神就用那人身上所取的肋骨造成一個女人，領她到那人跟前」。也就是說，女人是用男人的一根骨頭造出來的。

不僅如此。眾所周知，舊約聖經記載，最初的女人受到蛇的誘惑吃了禁果，還讓丈夫也吃了，神因而發怒將他們逐出伊甸園。因此，人類必須背負著「原罪」活著。但說到最根本的原因，是女性接受了蛇的誘惑，而犯下惡事。

在猶太教與基督教中，男女的這種差異，有什麼樣的意義？難道當時的人不知道人是母親懷胎生下的嗎？他們當然知道。在聖經裡，之後所有的人都是母親所生，就連耶穌基督——神——也不例外。但是猶太教、基督教人士說「最初並非如此」。最初女人是用男人身體的一部分所造的，而且從一開始就犯下重罪。

為什麼舊約聖經裡會產生這樣的故事，如此露骨地表現出男尊女卑的態度呢？以下的解釋是我個人的推論。學者們普遍認為，人類約有五百萬年的歷史，到了最近的一萬兩千年左右，才發展出農業與畜牧等等新的謀生方式。人類開始想要支配自然，應該和語言的發展息息相關。人類編造「神話」的目的，在於使用語言為自己的生存方式尋找根據；男性比女性優越的故反映了人類新的生活型態。當人類順應自然生存的時候，生育子女的「母親」理所當然是最重要的角色。以「太母」為中心的神話，應該曾經盛極一時吧！而當謀生方式改變時，神話的重心便從母親移向父親、從女性移向到男性，這一點我們可想而知。男性的形象被選為人類意識的分割力、語言能力與支配自然的力量之象徵，於是神話塑造出男性優於女性的意象。但如前所述，人類這樣的存在本身無法用二分法予以分類；即使在基督教內部也認知到這樣的事實，而強調瑪麗亞這位女性的重要性。不過，關於這一點我們暫且略過。

猶太教和基督教的情況是如此，而那些與自然的關係較為密切的文化，又抱持什麼樣的看法呢？日本神話也是其中之一，稍後我們將逐步探討。在這裡先讓我們來看看其他文化的神話。

大林太良介紹了許多有關人類起源的神話，接下來要轉述的爪哇神話，就是其中之一[2]。雖然篇幅有點長，但除了男性與女性，它還觸及其他重要的問題，且引述如下：

造物神創造了天、太陽、月亮、大地之後，想要創造人類。他以黏土做出人的形體，卻因為太重而不小心掉落，摔個粉碎，每一個碎片都各自變成了惡魔。造物神又重做了一次，這次成功造出了人類。造物神給予這個人男性的外觀，賦予他生命與情意、意志與性格、精神與靈魂三位一體的力量。跟著他想：「單獨一個人無法在地上繁殖，替他做個妻子吧！」，但是黏土卻用完了。

「於是造物神用月亮的圓潤，蛇的扭曲，藤蔓的糾結，小草的顫動，大麥的挺拔，花的香氣，樹葉的輕巧，小鹿的眼神，陽光的愉悅，風的敏捷，雲的淚，棉絨的奢華，小鳥的易受驚嚇，蜂蜜的甘甜，孔雀的虛榮心，燕子的柳腰，鑽石的美與雉雞的啼聲，將這些特性揉合在一起做出了女人，並且賜給男人作妻子。」

接下來的故事更有趣。過了兩三天，男人來到造物神的跟前訴苦，說那女人不斷說話，一刻也不停，只要一點點小事就抱怨。神聽了之後便收回了女人。不久男人又來了，說自己寂寞難耐，於是神把妻子還給他。結果不到三天，男人又來訴苦。但這一次神告訴男人，要他努力和女人一起生活。男人非常悲傷。「啊！可悲啊。我無法和她一起生活，但沒有她，也活不下去」。

爪哇的神話在這裡結束。雖然很有趣，但這與其說是神話，感覺更像是文化臻於成熟後構想出來的寓言。開頭的部分，也就是造物神第一次的創造失敗那一段，讓人聯想起水蛭子的故事，的確有神話的樣子；但後半段則像是父權建立之後，從男人的觀點看到的故事。舊約聖經的故事述說的是男女根源性的存在方式，但爪哇的故事，說的卻是父權社會中——心理上不必然是父性的——男性對女性的印象。

關於男女之間的關係，接下來讓我們簡單介紹美國原住民納瓦荷族（Navajo）的神話——事實上如果要詳細敘述，它的篇幅非常龐大[3]。納瓦荷文化與自然的關係也非常密切。

第一個男人「阿爾則．哈斯汀」（Altsé hastiin），想讓妻子——第一個女人「阿爾則．阿思嘉阿」（Altsé asdzáá）——飽餐一頓，並努力打獵。他帶回一隻鹿，兩個人吃得肚子都撐了。女人對著自己的陰戶說：「啊〜啊〜陰戶西喬絲，真是謝謝妳啊！」男人聽了生氣說，鹿是他帶回來的，要感謝的話，應該是感謝他才對。但女人不慍不火，心平氣和地說，男人這種東西，之所以努力工作，都是為了親近女人的陰戶，所以等於打獵的是陰戶西喬絲。兩個人吵了半天，這第一個男人離家出走了。

第一個男人阿爾則．哈斯汀召集了村裡的男人，告訴他們，女人們宣稱自己沒有男人也可以活得好好的，那我們就來試試看，看她們說的是不是真的。於是全體男人都坐上筏子，渡過了大河。年輕人裡面也有因為和妻子別離而哭泣的，不過所有的男人都聽從第一個男人的話。

雖然男人與女人分開了，剛開始都還過得去。但慢慢地，兩邊都開始覺得不知如何是好。有些女性故意在河邊展現裸體，誘惑對岸的男性。也有很多女性想要游過河去，但還沒到對岸就溺死了。苦惱到後來，男性與女性都有人開始自慰。儘管如此，四年就這樣過去了。

有個名叫「契衣衣德斯狄吉」（K'iideesdizi）的男人。他的名字用白人的語言來解釋，意思就是「包裝起來的男人」。這個男人晚上吃著鹿肉的時候，想起了妻子，終於再也無法自制，決定用鹿的肝臟來解決他的性慾。這時候一隻名叫「內許嘉阿」（Né'éschjaa'）的貓頭鷹「咰！咰！咰！」地高聲叫喚，阻止了他的行為。這樣的事重複了好幾次。終於貓頭鷹告訴契衣衣德斯狄吉，男人與女人應該在一起。契衣衣德斯狄吉聽從貓頭鷹的建言，想要說服第一個男人，但想起他當時暴怒的樣子，於是改變策略。契衣衣德斯狄吉集合了長老們，對他們說，男人與女人應該要住在一起。

男女分開第四年的尾聲，「第一個男人」阿爾則．哈斯汀也開始懷疑自己當初的決定，詢問其他男人的意見。男人們一個接一個，七嘴八舌地說著「女人接二連三投河啦！女人死光了就沒人能生小孩啦！」阿爾則．哈斯汀也開始反省。於是他呼叫河對岸的「第一個女人」，阿爾則．阿斯嘉阿。

「妳還是覺得妳們可以自己活下去嗎？」他問道。「我不這麼想了。我不覺得女人可以自己活。現在我很後悔跟你說了那些話。」女人回答。

男人接著也說：「我也不對，不該對妳說的話生氣。」

於是，男人與女人和解了，真是可喜可賀。他們又住在一起了。

這個神話有兩點特徵：赤裸裸地敘述「性事」，以及男女雙方始終是平起平坐。儘管以上的引述非常簡略，但其實原文篇幅很長，而且有關「性」的描述鉅細靡遺。先前提到的翻譯家張伯倫，光是翻譯日本神話就覺得難為情；他要是知道納瓦荷的神話，不知作何感想？我們不妨這樣說吧！當人類與自然密切生活在一起時，性是自然的一部分，沒有隱藏或排斥的必要。還有一點令人印象深刻的是，男女和解的時候，並沒有提出什麼契約或規則，只是自然而然地回歸原貌。可以說，一切都歸功於自然的智慧。促成和解的是夜行鳥類貓頭鷹，這一點也很有趣。或許在大白天裡讓一切得以黑白分明的睿智，並不能打開和解的道路吧。

3 意識型態

我們在前一節，相當仔細地比較了神話中男性與女性的樣貌。那是因為榮格派分析師在思考人類的意識型態時，經常使用父權意識（patriarchal consciousness）、母權意識（matriarchal consciousness）等形容方式，以及父、母、男、女等形象來象徵意識型態。

榮格派分析師艾利希・諾伊曼（Erich Neumann）認為，人類的意識型態，特別是近代歐洲出現的自我（ego），是人類精神史上極為特殊的存在；他並且探討了自我形成的神話基礎[4]。

明確地與無意識切割、不受無意識影響並試圖支配無意識——具有這種強烈傾向的意識，諾伊曼稱之為父權意識。相對地，處於「無意識與意識之間切割不明確」狀態下的意識，他稱為母權意識。諾伊曼認為，這樣的分類和現實中人類男性與女性的區別，是完全不同的兩回事。在近代的西方世界中，不論男性或女性身上都確立了父權意識；而在非近代社會裡，則不論男性或女性都具有母權意識。

父權意識的特徵，就是會明確地區別事物，將自己與他人、精神與物質清楚分離開來，並且從這樣的態度衍生出近代的自然科學體系。其實在近代歐洲的發展之前，世界上各個文明也曾經擁有相當豐富的知識，但近代科學確立了「以客觀態度觀察現象」這樣的方法論，成功地將所謂自然科學的「知識」體系化，並且和科技緊密結合，達成了飛躍式的發展。以西方為中心的角度來看，人類意識的發展，可說是從母權意識到父權意識的演變。稍後我們將從多方面、各式各樣的角度來觀察，但首先我們不得不對近代歐洲的成就——也就是上述意識的確立——給予高度評價。實際上，世界上所有的國家都為了儘快達成「近代化」（現代化）而持續努力。

父權意識區分事物的力量強大。相對地，母權意識的力量在於一體化與包容。雖然從父權意識的立場來看，母權意識是「曖昧」、「未開化」的；但母權意識也有其自身的價值[5]。

關於這一點，我們將在稍後探討。首先讓我們認知，人類的意識型態有上述的類別存在；當我們在神話的層次檢視意識型態時，必須運用男性形象、女性形象這樣的象徵性表現來討論。因為如同上一節所說，神話中對於男性優先或女性優先的強烈堅持，正反映了該文化的意識型態。

「父權意識」與「母權意識」是極度單純的分類。如果我們不能保持警覺，這樣的分類很容易使我們陷入西方近代中心的二分法思考，以為人的「心」就只有這兩種型態。比較好的做法，或許是將它們當作建立思維用的一道座標軸，就能藉此讀取涵蓋各種微妙差異的狀態，而且話說回來，如果我們不要輕易地做出價值判斷，這兩個概念將能夠成為更具建設性的思考工具。特別是因為神話中的神明總是以男性或女性的形象出現，「父權意識」與「母權意識」能夠提供許多思考上的便利性。

到目前為止，我們對父權意識與母權意識的討論僅僅是在最基本的層次上，但一直到本書的最後，它們都將是我們持續探討的課題，我們對這方面的理解也將會越來越加深入。

4 國土誕生與女神之死

根據《古事記》的記載，在重新舉行結婚儀式之後，伊邪那美接連生下了許多島嶼，構成了日本的國土。緊接著淡路島，她生下了四國、九州等等島嶼，以及大倭豐秋津島，也就是現代日本的本州。這最早生下來的八個島，稱之為「大八島國」。生完諸島之後，她開始接連生下許多神祇。在《古事記》中羅列了他們的名字，他們是海神、河神、風神、木神、山神等等。這表示伊邪那美在生下眾島嶼之後，接著生下了世間萬物。

《日本書紀》也敘述了大八島國的誕生，但是島嶼的順序略有不同。接下來生下大海、河川等等，這些部分與《古事記》相同。不過在《日本書紀》中，跟著伊邪那美生出天照大神、月讀命、水蛭子、須佐之男，這方面的敘述和《古事記》有明顯的差異。這一點我們留到下一章討論，現在先來思考《古事記》與《日本書紀》共通的「國土誕生」這部分。

對古代人類來說，生育子女的女性——也就是母親——的力量十分巨大。特別是對農耕民族來說，「母親」的形象與生產必要穀物的大地有著強烈的關聯，於是「地母神」成為許多民族崇拜的對象。事實上，從世界各地的古代遺跡中，包括日本繩紋時代的遺跡，都挖掘出許多極端強調乳房、臀部和性器官的地母神神像。諾伊曼的《太母》（*The Great Mother*）一書，就登載了許多這樣的照片。

不過，在讀過世界各地的神話之後，我發現，雖然有許多民族都尊崇偉大的女神為豐饒之神，但生育國土的女神並不多見。也可能那只是我孤陋寡聞，畢竟我不是專門的神話學者。可是我閱讀了許多比較研究日本神話與其他文化神話的論文，各種主題、領域都有，唯獨沒見過關於「國土誕生」的論文。我認為如果深入研究這一點，應該可以對伊邪那美的特性，提出更具說服力的論述。不過，儘管我在這方面研究不足，生下日本一切萬物——包括大八島國在內——的伊邪那美，是位偉大的母性之神，這一點毋庸置疑。

生產萬物的偉大女神，最後竟遭遇意想不到的災難。伊邪那美生下火神「迦具土」時「燒傷陰戶而臥病不起」。這時候從女神的嘔吐物與大小便等等排泄物中，又生出了種種神祇。結果伊邪那美就此死去。《日本書紀》第五段中的「一書云5」如此記載：「故葬於紀伊國熊野之有馬村焉。土俗祭此神之魂者，花時亦以花祭。又用鼓吹幡旗，歌舞而祭矣」。

雖說因為生下「火神」而把自己燒死了，但再怎麼說，伊邪那美也生下了這個國家的一切萬物，理應以偉大女神的地位受到日本人高度的尊崇，但事實卻不然。我不清楚前述熊野的有馬村裡有些什麼的神社，但至少在《神道辭典》（堀書店，一九六八年）列舉出的神社中，沒有任何一座神社單獨祭祀伊邪那美。只有滋賀縣的多賀大社，同時祭祀著伊邪那岐與伊邪那美兩位神祇；其他就是作為伊勢神宮別宮的伊佐奈彌宮，與月讀宮和伊佐奈岐宮也祭祀有伊邪那美。這樣的現象雖然有些奇特，不過因為伊邪那美在死後下了黃泉成為死亡女神，所以沒有成為一般崇拜的對象，我們也可以想像得到。總之，和她的居功厥偉比起來，伊邪那美所得到的感謝與崇拜，實在是微不足道。

伊邪那美因為「火神」的誕生而死去時，丈夫伊邪那岐非常傷心，伏臥在伊邪那美屍體的枕頭旁與腳邊哭泣。他抑制不住對「火神」的憤怒，拔出長劍，把剛出生的孩子的頭砍了下來。神明的強烈悲傷與憤怒，令人印象深刻。在喜怒哀樂等各種情感之中，憤怒與悲傷最能夠推動故事進行。在強烈的情感表現之後，伊邪那岐決意前往黃泉之國，將妻子帶回身邊。

沼澤喜市[6]指出，這個故事也可視為「天地分離的神話」。這真是相當卓越的高見。沼澤喜市認為，伊邪那岐具有天父的性格，伊邪那美則具有地母神的性格。他這樣說明[7]：伊邪那岐「在世界創始、吹散瀰漫國土的晨霧時，是風。失去妻子悲傷流淚時，是雨。揮劍怒斬害死妻子的火神時，是閃電。他從黃泉之國歸來，走入河中淨身祛邪，清洗雙眼時誕生了太陽神與月神，清洗鼻子時誕生了暴風之神。與伊邪那美別離後不久，他飛到天上就此永遠定居。具有這種特性的神，若非本身是天神，至少是和天關係密切的神祇」。相對地，伊邪那美「因為生產火神而燒傷臥病在床時，從她的排泄物誕生了主宰豐壤與陶器的土神，主宰灌溉與肥料的水神，以及掌管食物與穀類的女神等等」。而且，她後來更成為支配黃泉之國的神。「許多神話都主張，太陽出現在地面上，是大地分離的結果。而其他的神話則認為，太陽或火，是造成天地分離的原因」[8]。

的確，從這個角度來看，伊邪那美的故事中提到她因為火的誕生而死去，說的其實就是天地的分離。聖經中記載，神的第二件工作就是分離天地（第一件工作是「光」，可以將它對應於

「火」）。而日本神話中的天地分離，則要等到故事已經有相當的進展之後才登場。如果我們同意沼澤喜市的觀點，那麼這個差異就相當有趣。或許是因為，日本文化始終不願意將「分離」放在第一順位吧！

在紐西蘭毛利族人著名的天地分離神話當中，也表現出強烈的悲傷與憤怒。人類要獲得意識並讓意識得以發展，就少不了得要歷經「分離」的體驗；而「分離」總是伴隨著悲傷與憤怒的情感。如果我們能充分理解這一點，就不難明白，在面對人生各階段必然會發生的「分離」時，我們不應該逃避，也不能臣服於隨之而來的強烈哀傷與憤怒。但是，如果我們只意識到「分離」的正面意義，沒有用心處理哀傷與憤怒的部分，問題經常會在之後的階段浮現。

5 火的起源

在所有動物之中，只有人類能夠自在地處理並運用火。火在人類文明中所佔有的重要性，再怎麼強調也不為過。如果要詳細討論火的象徵性、全世界有關火神與火的創造的故事，光是一本書的篇幅恐怕容納不了。我們無法在這裡觸及所有關於火的話題，只能探討理解神話中所需的部分。

火象徵了光與太陽，具有極崇高且多樣的意義。它可以代表造物神本身，或是神的話語，以及陽光、溫暖、生命的泉源。它也具有權威、威嚴與淨化的意義。印度神話中的火神「阿耆尼」（Agni），就是具有強大威力的神。但相反地——阿耆尼就是如此——火也具有破壞性的一面。火可以焚毀一切，破壞力十分驚人。迦具土在誕生的時候燒死了母親伊邪那美，而阿耆尼一生下來，就吃掉了自己的父母。

日本神話中的火或許不是那麼激烈，但卻因為它造成了「天地分離」，可見火和光一樣，具有讓意識萌芽的性格。因為火，確立了一種「區別」（天與地）。為了將這麼重要的火帶到世界上來，偉大女神犧牲了她的生命，這一點意義深遠。

為了闡明這一點，讓我們來對照希臘普羅米修斯（Prometheus）的神話。在希臘神話裡，因為主神宙斯不願意將火給予人類，最初人類是沒有「火」的。普羅米修斯同情沒有火的人類生活困苦，於是思量計謀，決意從天上偷火送到人間。他帶著八角（又名大茴香）空心的草桿登上天，潛入宙斯的宮殿偷火。至於確切的偷火地點則有不同說法；有人說是火神赫菲斯托斯（Hephaestus）工作的地方，也有人說，他用燈芯從太陽神座車燃燒的車輪上引火。總之，他偷偷地把火帶到了人間，為人類帶來莫大的恩惠。宙斯知道這件事之後勃然大怒，就把普羅米修斯釘在高加索山上的巨岩上，令一隻巨大的鷹去啄食他的肝臟。而且，白天被巨鷹吃掉的肝臟到了夜裏又會長回來，普羅米修斯必須日復一日承受這難耐的痛苦。

宙斯看到人類因為得到火而喜出望外，決定降下災禍，讓人類付出代價。他命令火神赫菲斯托斯用黏土捏成一隻女神形狀的人偶，要女戰神雅典娜與美神阿芙蘿黛蒂賦予它女性的魅力，而眾神的使者荷米斯則將不知羞恥的心與狡猾的性格吹入其中。宙斯將這隻人偶命名為「潘朵拉」，將她贈予普羅米修斯的弟弟，艾比米修斯。普羅米修斯忠告弟弟最好小心宙斯的禮物，但艾比米修斯見到潘朵拉開朗的笑容，立刻接納了她（還跟她結婚）。潘朵拉帶來一個裝滿眾神禮物的盒子[9]。這個被緊緊封住的盒子原本是不准被打開來看，但是潘朵拉卻把它打開了。結果從盒子裡竄出一陣煙霧以及各式各樣的怪物，向四面八方散去。那就是所有的災害與邪惡。過去人類從不知災難為何物，從那時候開始，各種疫病與災禍便不斷襲擊人類。

不過，只有「希望」拖拖拉拉地，沒有立刻和那些惡德一起逃竄，還在盒子裡。潘朵拉急忙忙蓋起蓋子，於是只有「希望」被留了下來。於是，今天我們就算遭遇各種災難，但希望並未捨棄我們——這個故事有這樣的寓意。

這個希臘神話給我的第一個感受，就是神對人的刻薄——「火這種好東西，不應該給人類」。不過，普羅米修斯沒有屈服。他策畫了偷火行動而且付諸實行。針對這次行動，神給予他殘酷的懲罰。但是，光是懲罰普羅米修斯，宙斯依然不滿意。他還送了潘朵拉這位女性到人間。在希臘神話裡，過去人類的世界並沒有女性。宙斯創造潘朵拉的故事，讓人聯想到先前我們介紹過的爪哇神話。這段希臘神話也和爪哇神話一樣，描述的是從「男人的觀點」所看到的女性。

從聖經「亞當夏娃嚐禁果」的故事，以及普羅米修斯與潘朵拉的故事，我們可以明白人類要獲得「意識」是多麼艱苦的一件事。可以說，神並不希望人類擁有「意識」，人類一有意識一定會叛逆；或者換個說法，人類經由叛逆構築自己的意識。神所認為的「天國」，是沒有意識的幸福——沒有好惡，不需為自己的喜好受苦。但是夏娃不只違犯禁令吃下果實，還讓丈夫亞當也吃下，於是他們開始意識到自己赤身裸體。在潘朵拉的故事裡也是如此：因為普羅米修斯將火（意識）帶到人間，人類開始有了意識，知道了「惡」的存在。

因此，基督教總是讓人們背負著「原罪」。不過，宙斯的懲罰雖然殘酷，但普羅米修斯還是在三萬年後得到「解放」，而潘朵拉的小盒子裡也保留著「希望」。對於古希臘這樣的多神教文明來說，難以想像會處以徹底的刑罰。

相較起來，「火」出現的方式，在日本神話裡截然不同。大女神伊邪那美犧牲了自己，將火帶到這個世界。當然，這是屬於眾神的故事，當時人類還沒有登場。但是在日本，神與人之間有很強的連續性。眾神的時代所產生的火直接由人類繼承，因此人類不需要為了得到火而「犯罪」。當然，日本神話中還有其他各種有關「火」的情節；在下一章，我們就要來談論伊邪那岐在黃泉國所發生的「一道孤火」的故事。在那一段故事裡，我們可以看到與聖經與希臘神話中的「罪」相近的東西。不過，這點到時候再說。現在重要的是認識以下這點：在日本神話裡，火是透過女神的犧牲來到世界上的，和人類的罪無關。這一點對於思考日本人的心性來說非常重要。

大林太良透過研究東南亞與大洋洲的神話，追溯日本「火的起源」的神話系譜。這些神話的確有某種類似性，有的說火本來是在老女人的陰戶裡，有的說天地分離是太陽、火與樹木造成的，讓人感受到其中存在著某種系譜。不過，因為本書的焦點在於探討日本人的「心」，所以將比較的重點在於來自不同文化體系、而非同一系譜的神話。

為了脫離神而「自立」，需要偷竊——這樣的故事給人很大的啟示。除了希臘神話以外，其他文化的神話中，也有相當多「偷火」的故事，只不過偷火賊所受的懲罰不像希臘神話那麼重。我在臨床心理治療過程中見到許多夢見「偷竊」、甚至是實際偷竊行為的案例，很大一部分與「自立」有關。

關於夢中的「偷竊」行為，我要為讀者們介紹一個曾經發表過的案例。有一位剛過四十歲，個性認真勤奮的男性，進入公司服務後一直努力工作，受到社長的器重，被視為左右手。但這位男性卻得了憂鬱症，開始經常缺勤，甚至考慮自殺。就在這時候，他做了這樣一個夢：

（夢）我到公司，看到以前因為挪用公款被迫離職的職員，又跑來上班。我跟他說：「你已經不是這個公司的職員了，請離開。」但老闆說：「不，那個職員很優秀，就讓他留下來吧！」聽了這話，我非常吃驚。

關於這個夢，當事人說，自己從來沒有偷過東西，也沒有挪用過公款；對他來說，這種壞事是不可原諒的。不過，當治療師指出「但老闆說那是好事喔！」之後，患者終於說出了心聲。其實，他想要離開老闆，經營自己的公司。老闆是位了不起的人，患者很尊敬他，但一直以來，自己只是執行老闆的意志，從來沒有用自己本身的能力完成過什麼事。因此他想要試著獨立。

後來這位先生終於達成這項困難的「自立」任務，不過實際的過程就讓我們省略不談。在這裡值得注意的是，「自立」的意志在夢裡化身為「挪用公款的職員」。法國哲學家加斯東・巴舍拉（Gaston Bachelard, 1884-1962）這樣說：「我們提議用『普羅米修斯情結』來通稱一切驅使我們企圖迎頭趕上父親與老師、甚至超越他們的傾向」[10]。出現在他夢裡的那位「挪用公款的職員」，不妨說是「普羅米修斯情結」的人格化身。

從這裡我們可以得到一個結論：享受著伊邪那美以生命所換來的「火」的日本人，不會產生「普羅米修斯情結」。的確是如此。不過日本神話有趣的地方在於，關於「火」的故事，它還有下一個階段。那不是「偷竊」，而是「打破禁忌」。下一章我們將會來探討這一點。

話說回來，伊邪那美死後去了黃泉國。「黃泉國」這個名字突然出現在神話裡，明確表示有死者的世界存在。過去生育一切的「生命之神」伊邪那美，之後變成了黃泉國之神，也就是「死神」。乍看之下這一點似乎自相矛盾；但是對人類來說，生與死其實是一體兩面。在世界各地的神話當中，大女神或太母身兼生命之神與死神的情況非常多。於是，伊邪那美成為了死亡國度的神明，與後來誕生的、在天上發光的女神天照大神分庭抗禮。在探討天照大神的誕生之前，我們必須先說明重要的前傳，也就是伊邪那岐下黃泉的故事。

註釋

1 原註：大林太良『神話の系譜——日本神話の源流をさぐる』青土社、一九八六年。

2 原註：大林太良『神話学入門』中公新書、一九六六年。

3 原註：Paul G. Zolbrod, *Diné Bahane': The Navajo Creation Story*, 1987.

4 原註：Erich Neumann, *The Origins and History of Consciousness*, 1949.

5 原註：其實我們不妨將「曖昧」視為超越近代父權意識的一種可能性。請參考河合隼雄、中澤新一編輯，《「曖昧」的知識》（『「あいまい」の知』岩波書店、二〇〇三年）一書。

6 譯註：沼澤喜市（1907-1979），日本文化人類學者，曾任南山大學校長。

7 原註：沼澤喜市「南方系文化としての神話」『国文学　解釈と鑑賞』第三〇巻一一号、一九六五年。

8 原註：沼澤喜市「天地分るる神話の文化史的背景」松本信広編『論集　日本文化の起源』第三巻、平凡社、一九七一年、所収。

9 譯註：原本在古希臘詩人赫西俄德的書裡，潘朵拉帶來的是一個「甕」或「壺」（Pithos）。到了文藝復興時代翻譯成拉丁文的時候，才變成「盒子」，流傳至今。

10 原註：加斯東・巴舍拉《火的精神分析》（*La psychanalyse du feu*, 1938）。

｜第三章｜

探訪冥界

意外失去妻子，悲憤交加的伊邪那岐決心前往黃泉國尋找妻子。《古事記》這樣記載：

伊邪那岐思念伊邪那美，直奔黃泉國。伊邪那岐曰：「愛妻！你我共造之國土未竟，且與我同歸。」伊邪那美答：「惜也！夫君未能早一刻到來，我已食黃泉之物。然夫君既不遠千里而來，我將一同歸去。待我與黃泉之神相商。其間，夫君不可望我。

伊邪那岐很快就找到妻子，告訴她他們一起創造的國土還沒有完成，希望她能回去。伊邪那美回答：「可惜！因為你沒有早一點來，我已經吃下黃泉國的食物了」。一旦吃了黃泉國的食物，就無法回到原來的世界了。不過，伊邪那岐千里迢迢為自己而來，她想要跟黃泉之神交涉看看。只是在她交涉成功之前，伊邪那岐不可以窺視她的容貌。說完，伊邪那美消失了蹤影。

這是伊邪那岐探訪冥界的開始。活人造訪冥界的故事，其他國家的神話裡也可見到。說到尋訪亡妻的故事，任誰都會立刻想起希臘的奧菲斯（Orpheus）吧。古代東方的神話中[1]，女神伊絲塔（Ishtar）到陰間尋訪丈夫塔木茲（Tammuz），也是有名的故事。伊絲塔在蘇美神話裡有不一樣的名字，叫做伊南娜（Inanna）。「伊南娜下冥界」的神話是確實存在的，但也有人主張，伊南娜到冥界的目的，並不是為了帶回丈夫。這一點雖然難以確定，但我們在探討伊邪那岐探訪冥界的故事時，還是將與這些神話加以比較思考。總之，讓我們繼續往下看。

1 伊邪那岐的冥界經驗

伊邪那岐在黃泉國的經歷非常重要，甚至影響了現代日本人的生存方式。伊邪那岐才剛決心要與妻子見面，立刻就能夠找到她，似乎「此世」（當時應該是指高天原）和黃泉國之間沒有任何障礙物，他可以輕易就越過界線。相較起來，阿卡德語（Akkadian）版本的《伊絲塔下冥界》則記載[2]，伊絲塔必須通過七道門，才能進入冥界。這一段描述十分優美[3]。

獲准進入第一道門後，他（冥界的守衛）取走了她頭上的大王冠。

「看守者啊！為什麼取走我頭上的大王冠？」

「請進來吧，夫人。這是大地女神的規定。」

獲准進入第二道門後，他取走她耳朵上的飾品。

「看守者啊！為什麼取走我的耳飾？」

「請進來吧，夫人。這是大地女神的規定。」

就這樣，女神伊絲塔的頸環、胸飾、腰帶、腰布、手環與足環，一件一件被取走。當她終於見到冥界女王的時候，已經是全身赤裸。蘇美神話中伊南娜的故事雖然有些不一樣的細節，但同樣在通過七道門的時候，身上的衣物逐一被剝奪，最後也是赤身裸體。

和這段描述比較起來，伊邪那岐簡簡單單地就進入了黃泉國。不過，這裡有一道特別的規定：凡是吃過冥界食物的人，就無法回到原來的世界。而因為伊邪那岐來晚了，伊邪那美已經吃過陰間的東西。即使如此，她還是說，要去和黃泉神交涉看看。從這裡我們才首次知道有黃泉神存在。不過，那是什麼樣的神呢？神話裡並沒有說明。

吃過黃泉國食物之後，就無法重回人世——在希臘神話裡，我們也可以看到這種思維。大地母神狄蜜特（Demeter）的女兒泊瑟芬（Persephone）被地下之神黑帝斯（Hades）綁架——稍後我們將詳細對照比較這段故事與天照大御神自囚在天岩洞的神話，這裡暫且不談——經過宙斯的斡旋，泊瑟芬終於獲准回到地面世界；不料卻在那之前，她受到黑帝斯拐騙而吃下四顆石榴籽。就因為這樣，她不得不留在冥府，成為一段悲劇。日本神話裡的主題竟然也出現在遙遠的希臘，真是不可思議。但仔細想想，現代的情形其實也差不多。有時候我們只不過吃個尋常便飯，就回不了家；有時候只因為一次的聚餐，就和某些人牽扯不清。或許可以說，「人」這種東西不論在什麼時代或地點，都具有某些共通要素吧！

說到了在其他世界吃東西的事，讓我們暫時跳離目前的主題，介紹一下〈宇治橋姬〉的故事[4]。據傳這段故事源自已經佚失的《山城國風土記》，但它原本是否真的被記載在風土記裡，這點已經難以考證。根據推測，這個故事應該是寫作於平安時代末期，內容十分有趣。宇治橋姬害喜嚴重，告訴她丈夫想吃海帶芽，於是她丈夫到了海邊，在那裡吹起笛子來。龍神聽到笛音十分中意，於是把她丈夫擄回去當女婿。橋姫到海邊尋找丈夫，一位老婆婆告訴她，她丈夫已經成了龍神的女婿了；不過他避吃龍宮的火煮出來的食物，都來到這海邊吃飯。橋姫藏起身子觀望，果然看到丈夫坐著龍王的轎子，來到這海邊吃飯。橋姫走出來和丈夫敘舊之後，哭著與他分手，獨自一人回家去。不過，後來她丈夫終於回來，又和橋姫重續夫妻緣。竟然也有這種謹慎行事的男人，真是個有趣的故事。

伊邪那美告誡伊邪那岐，自己和黃泉神交涉的期間，千萬不可窺視她的模樣。人類有許多故事的發展，都是從打破禁忌開始的；這裡也是。伊邪那岐耐不住漫長的等待，打破了伊邪那美對他下達的禁令。《古事記》中是這樣說的：

言畢，伊邪那美還入御殿中。伊邪那岐難耐久候，取左髻上櫛之一齒，點起一道孤火。入內一看，蛆蟲佈滿妻子全身，啃噬之聲咻咻作響。妻子頭頂有大雷，胸口有火雷，腹中有黑雷，陰戶有拆雷，左手有若雷，右手有土雷，左足有鳴雷，右足有伏雷，合計有八雷神。

伊邪那岐心生畏懼，倉皇而逃。伊邪那美怒曰：「君令我見辱也！」即刻派遣黃泉醜女追趕[5]。

伊邪那岐犯禁，點起「一道孤火」。先前「火」的誕生，造成「天地分離」；而伊邪那岐的

「火」，也是一個重要的象徵。很明顯地，它是與黑暗對立的光明。而因為這道火光，原本看不到的事物變得肉眼可見，我們得以擁有「意識」。伊邪那岐看到十分駭人的東西；那是不斷湧出蛆蟲的女神屍體。他看見了母性存在可怕的、黑暗的一面。

不應該看的東西，很多時候是可怕的事物。舉例來說，眾所熟知的故事「藍鬍子」裡[6]，藍鬍子的妻子看到了許多女性的屍體。只要不發現事物的黑暗面，我們在某個時間點之前，是可以享有幸福的。但是，試圖越過界線繼續前進的人就不得不面對那「不該看的真相」。不過，如果我們能積極面對那「不該看的真相」，雖然一時之間會感到苦惱，最終或許能超越痛苦而邁向下一個階段。

伊邪那岐看到的是太母（Great Mother）黑暗的一面。母性以慈愛養育一切。只要依偎在她的膝下，人就是幸福的。但是，那些不想再依賴別人、想要自立於大地上的人們，必須意識到母性本身可怕的一面。伊邪那岐看到伊邪那美的樣貌，「心生畏懼」而逃走。這裡所說的「畏懼」的態度，不只是害怕恐懼，而包含了更深一層的情感。伊邪那岐所經歷的，是對於母性本身的畏怯，以及無論如何都無法留在原地的衝動。

伊邪那岐不顧一切地逃跑。這是世界各地神話與民間故事中常見的「魔幻式逃亡」的典型。伊邪那美的憤怒實在太過驚人，再加上黃泉軍團的追趕，他不得不逃。伊邪那美強烈的怒氣，令人印象深刻。真要說起來，她可以算是被兒子迦具土殺死的，照理說應該生氣的對象是迦具土；但雖然同樣都是「火」，她爆發的對象卻不是迦具土，而是丈夫的「一道孤火」。說不定，她把對兒子的怒氣也都算到丈夫的頭上。伊邪那美會生氣是理所當然的，但憤怒的程度卻不合常理，於是做丈夫的伊邪那岐丟下一切逃走。

身為心理治療師，我不知道見過多少對這樣的現代夫婦。他們不斷反覆上演自眾神時代以來就從未停止過的鬥爭。儘管如此，有時候因為心理治療師的提示，夫婦領悟到，自己面對的不只是個人之間的鬥爭，而是從眾神的時代延續至今的課題，開始感覺夫婦間的相處是一件有價值的工作，兩人之間的緊張也因此緩和了下來。

關於「魔幻式逃亡」，有許許多多的例子可舉，不過在這裡我們且略過不談。總之，最後伊邪那岐與伊邪那美終於在黃泉比良坂有了面對面的交談。不過讓我們思考一下在這之前，伊邪那美追趕伊邪那岐的時候所說的「令我見辱」。所謂「讓我看見恥辱」，意思是「羞辱我」嗎？關於這一點，讓我們參考《日本書紀》第五段的「一書云」⑽，可以看得十分明白。

> 故，伊奘冉尊（譯按：即伊邪那美），恥恨之曰：「汝已見我情。我復見汝情。」時、伊奘諾尊（譯按：即伊邪那岐）亦慙焉。

這段話意義深遠。伊邪那美對伊邪那岐說：「你已經明白我的心意，我也明白你的心意」。這時候，雖然伊邪那美既羞且恨，但伊邪那岐也是一樣。我們沒辦法說這是「罪」；夫婦雙方都感受到的，是「羞恥」。既然看到不應該看的內在真相，這兩人除了分手別無他法。接下來，伊邪那岐說：「分手吧，我不會輸給你的」。讀到這裡，我們幾乎可以看到現代夫婦的樣貌。夫婦分手的時候常常可以聽到「我知道你真正的想法了」；離婚之後，狠狠地丟下一句「我才不會輸給他」的，也大有人在吧！

讓我們回到《古事記》來看看。

最後妻子伊邪那美親自追趕而來。伊邪那岐取千引之石[7]，堵住黃泉比良坂，二人隔著巨岩對話。伊邪那美曰：「夫君！事已至此，我將每日絞殺千名汝國之人」。伊邪那岐則曰：「愛妻！若是如此，我將每日建一千五百產房」。於是此世每日必有千人死亡，一千五百人誕生。

這個「取千引之石堵住黃泉比良坂」的事件非常重要；生與死，從此變得涇渭分明。原本伊邪那岐很輕易地就到了黃泉國；從此之後，生者與死者再也無法簡單越過那條界線。火神迦具土的出現造成天地的分離，伊邪那岐的「一道孤火」則帶來生死的分離。「分離」以這種方式緩緩進行，是日本神話的特徵之一。

交換過離婚宣言之後，伊邪那美對伊邪那岐說：「我將每天殺死一千個你的國家的人」。伊邪那岐則回答：「你要是這樣做，那我每天會讓一千五百個人誕生」。兩人很簡單就取得協議。回想當初率領黃泉軍團追趕而來時伊邪那美的暴怒，這樣的結局總覺得虎頭蛇尾。但是以這種方式達成妥協，正是日本神話的特徵。後來伊邪那美成為黃泉大神，也就是死亡國度之神；但是他們之間，並沒有像基督教的神與惡魔那樣形成永遠的對立，反而是衝突因此平靜下來。這是日本神話很特別的地方。不過再怎麼說，「一千人對一千五百人」這樣的妥協未免過於單純；伊邪那美的怒火真的平息了嗎？令人生疑。

2 破壞禁忌

「破壞禁忌」這件事，在全世界的神話中——因此對人類全體來說——都具有重要的意義。而且不只是「不可窺視的禁忌」，還包含其他所有的禁忌。但這一點我們稍後再討論，先讓我們思考伊邪那美加諸伊邪那岐的「不可窺視的禁忌」，與日本文化之間的關係。

關於「不可窺視的禁忌」，拙著《日本人的傳說與心靈》的第一章〈禁忌的房間〉中曾經詳細論述[8]。我認為這是思考日本人心靈的問題時，一項極為重大的主題。因此儘管重複，我還是要在這裡再談一次，尚請讀者見諒。

說到「不可窺視的禁忌」，誰都會想起「鶴妻」（編按：知名日本童話《白鶴報恩》在民間流傳的多種版本之一）的故事吧！或許也有很多人想到的是《夕鶴》（編按：以《鶴妻》為題材的創作戲曲）這齣戲劇[9]。鶴變身為一名女子，和曾經救助自己的男子結婚，為了報恩而拔下自己的羽毛織成衣物。雖然她告誡丈夫，自己在織布的時候絕對不能偷看，但丈夫破壞了「不可窺視的禁忌」。女子因為被丈夫看見了自己「鶴」的本來面目，於是當場離去，只留下丈夫孤單一人。這個故事不像伊邪那美的神話，沒有直接描述女性的憤怒，但有一點是一樣的——一旦禁忌被破壞後，女性便無法再與丈夫同住一屋簷下，於是拋下丈夫離去。

與歐洲的民間故事比較起來，日本的民間故事對於破壞禁忌者的「懲罰」並不明確，這是一個顯著的特徵。而且很多時候，故事就在這裡結束。相對地，歐洲的民間故事在犯禁者受罰之後，仍然會繼續發展下去，主人翁最後會獲得幸福。已經有許多學者指出，歐洲與日本的民間故事在這一點上的差異極為顯著。上述拙著之中，也仔細探討了這個現象。

不過，有一件事非常有趣。歐洲的「傳說」中，也有和日本民間故事類似的描述。德國詩人海涅在（C. J. Heinrich Heine, 1797-1856）作品〈精靈故事〉中敘述，水精靈和人類談戀愛的時候[10]，不只要求對方不可以向他人洩漏他們的關係，也請求對方不要追問其身世、故鄉或族人的事。海涅介紹了以下這樣的故事：

西元七一一年，克雷維（von Cleve）公爵的獨生女貝翠絲（Beatrix），在父親死後繼位成為城主。有一天，一隻白色的天鵝牽引著一葉小舟，順著萊茵河來到城下。小舟裡坐著一位容貌俊美的男子，身上佩帶著黃金做的刀、獸角做的笛子，手上戴著指環。貝翠絲喜歡上這位男子，兩人論及婚嫁，但男子告訴她，千萬不可探問關於他的部族或出身的事。一旦她提出這些問題，兩人就非分手不可。跟著男人告訴她，自己的名字叫黑里亞斯（Helias）。於是他們結了婚，也生下幾個孩子。有一天，妻子終於忍不住問丈夫來自何方。黑里亞斯聽了之後，立刻拋下妻子乘著天鵝船離開了。妻子因為煩惱與後悔，就在那一年死去。不過，黑里亞斯留給三個孩子三件寶物，就是刀、笛子與指環。他的後裔如今仍然活著，而克雷維城的尖塔頂端，總是有天鵝飛來棲息。於是人們都稱呼這個塔為「天鵝塔」。

這是「傳說」，不是「民間故事」。過去曾經有人主張「民間故事的結局是幸福美滿的，傳說則以悲劇收場」[11]。這應該是歐洲的學者以歐洲的例子為基礎所提出來的看法；看看日本的「民間故事」就可以知道，這個說法並不貼切。儘管如此，值得注意的是，歐洲的「傳說」中有以上這樣的故事。

學者們明確地區分「民間故事」、「傳說」與「神話」。但我們不可忘記，就算這樣的區分在某種程度上有它的道理，但終究是近代歐洲「研究」這些故事、企圖將它們「學術化」的結果。同樣是歐洲，基督教文化之前的凱爾特文化中，神話、傳說、民間故事的區別就非常曖昧；甚至神話與歷史的區別也模糊不清。以這一點來說，凱爾特文化與日本是非常親近類似的。

日本的〈浦島〉（編按：也就是著名的《浦島太郎》）這個故事——在《日本人的傳說與心靈》中也有詳細論述——既是記載在《日本書紀》裡的傳說，後來也成為民間傳述的民間故事。在浦島的故事裡，主人翁「浦島」被禁止打開「寶箱」[12]，但他打破了禁忌，因此被變成了老人。在凱爾特文化中也有類似的故事；其型態難以歸類，既不能說是傳說，也不算是民間故事。那是《歐辛與長青國》的故事[13]。歐辛（Oisin）這位男性造訪「長青國」，在那裡與金髮美女尼阿芙（Niamh）結婚。有一天他和浦島一樣，想要回到這邊的世界。尼阿芙同意了，但是告訴他最後一定要回到長青國來，而且不可以下馬，腳萬萬不可碰觸到凡人世界的土地。但是，歐辛沒有聽她的話，打破禁忌後瞬間變成了老人。

這個故事基本上和浦島的故事非常相似。造訪「長青國」的男子在那裡和美麗的女子結婚並一起生活（在傳說中，「浦島」也和「乙姬」結婚）。之後因為懷念這邊的世界而回來，卻因為違反女子下達的禁令而變成老人。

二〇〇一年夏天我旅行愛爾蘭，有機會親耳聽到當地人講述他們的民間故事。我深切地感覺，即使現在，「歐辛與長青國」的故事聽來仍然充滿生命力，在人們之間不斷傳誦著。愛爾蘭是個島國，由於地形因素削弱了自歐洲大陸傳來的基督教文化的影響力。再加上當初天主教會所採取的傳教策略，是某種程度承認並接受當地人的生活方式，因此愛爾蘭至今仍殘存相當程度的凱爾特文化。在這裡聽到類似〈浦島〉的民間故事，讓我不禁感到親近。儘管這是基督教文化取得優勢之前的事，能夠發現西方世界也曾經存在與日本相通的觀點與感受方式，我認為是非常重要的一點。

讓我們回到日本神話來。我們可以在日本神話中看到一個傾向，那就是重要的主題會不斷重複出現，但每一次都會稍微改變型態。「不可窺視的禁忌」也是如此。眾所周知的「海幸山幸」神話中[14]，「不可窺視的禁忌」也是重要的主題。

天孫「邇邇藝」降臨之後[15]，和「木花之佐久夜毘賣」之間生了三個孩子，其中山幸彥（火遠理命）造訪海底，和「豐玉毘賣」（海神的女兒）結婚。後來雖然火遠理命自己一個人回到陸地上來，但懷了孕的豐玉毘賣來找他。豐玉毘賣告訴他，天神之子不可在海中出生，所以她到陸地上來待產。於是他們在以鵜鳥的羽毛覆蓋屋頂，在海邊蓋了一間產房。不過，屋頂還沒蓋好時，豐玉毘賣就開始陣痛。進入產房前，她告訴火遠理命，海底國的女人在生產的時候，會變回本來面貌，所以禁止火遠理命偷看她。於是，這裡產生了一道「不可窺視的禁忌」。故事接下來的進展，讓我們引用《古事記》的描述：

（火遠理命）聞言感好奇，特意於妻子生產之時偷窺，見妻子化身一尾八尋長之鮫魚，不住在地面扭動。火遠理命既驚且畏，奪門便逃。豐玉毘賣得知丈夫窺見自己原形後，甚感羞辱，留下孩子離去，曰：「妾本欲此後時時由海道往返，然君已見我原形，恥莫此為甚。」言畢，塞海道而歸。所產之子名曰「天津日高日子波限建鵜葺草葺不合命」。

火遠理命立刻就違背了妻子的禁令，窺見妻子變成一尾八丈長的鯊魚。豐玉毘賣被看見自己原本的樣貌，覺得「恥莫此為甚」，於是在生下孩子後，阻斷大海與陸地的通路並回到海底。豐玉毘賣和伊邪那美一樣，都因為被看見自己的真實樣貌而感到「羞恥」；但是她不像伊邪那美那樣表現出「憤怒」，而是默默地離去。以這一點來說，她和民間故事中常出現的女性反應類似。不過，故事還繼續下去，並沒有在這裡結束：

豐玉毘賣怨恨丈夫窺探自己，卻也難耐愛戀之心，遂以養育皇子為由，遣妹妹「玉依毘賣」至人間，並獻歌曰：

赤玉之美
絲繩亦沾其光
然夫君如白玉
更顯高貴
其夫亦答之以歌：
沖鳥鳴啼
同枕之愛人啊
且由世事嬗變
永不忘懷
是故，火遠理命於高千穗之宮殿，享命五百八十。其陵墓建於高千穗山之西。

這裡值得注意的是，豐玉毘賣雖然心有「怨恨」，卻沒有採取報復的行動；兩人交換和歌之後，故事就結束了。這一點可以說極度具有日本文化的特性。接下來讓我們以更廣泛的觀點，比較日本與其他文化在「打破禁忌」方面的異同。

3 原罪與原悲

說到打破禁忌，任誰都會想到舊約聖經裡，亞當與夏娃偷食禁果的故事吧。對基督徒來說，這是段非常重要的故事。而因為西方近代文明產生自基督教文化，所以對於努力學習、吸納西方近代文明的國家與國民來說，這也是絕對不容忽視的故事。因此，雖然篇幅有點長，讓我們引用聖經〈創世紀〉的第三章：

耶和華神所造的，惟有蛇比田野一切的活物更狡猾。蛇對女人說：「神豈是真說不許你們吃園中所有樹上的果子嗎？」女人對蛇說：「園中樹上的果子，我們可以吃，惟有園當中那棵樹上的果子，神曾說『你們不可吃，也不可摸，免得你們死。』」蛇對女人說：「你們不一定死；因為神知道，你們吃的日子眼睛就明亮了，你們便如 神能知道善惡。」於是女人見那棵樹的果子好作食物，也悅人的眼目，且是可喜愛的，能使人有智慧，就摘下果子來吃了，又給她丈夫，她丈夫也吃了。他們二人的眼睛就明亮了，才知道自己是赤身露體，便拿無花果樹的葉子為自己編做裙子。

這是人類違背上帝的禁令的場面。在之前的第二章，上帝「用地上的塵土造人，將生氣吹在他鼻孔裡」，造出了人（男性），將他帶到伊甸園並頒下禁令，吩咐他說：「園中各樣樹上的果子，你可以隨意吃，只是分別善惡樹上的果子，你不可吃，因為你吃的日子必定死！」。之後神「用那人身上所取的肋骨造成一個女人」，接下來就是上面所引述的第三章。

接著上述的第三章的引文之後，上帝出現了，看見人類意識到自己是赤身裸體，就察覺到他們吃了禁果，於是詰問他們。男人回答，那是女人叫他吃的。女人則說，自己被蛇給騙了。知道這一切之後，上帝非常嚴厲地斥責他們。神首先對蛇說：

你既做了這事，就必受詛咒，
比一切的牲畜野獸更甚；
你必用肚子行走，
終身吃土。
我又要叫你和女人彼此為仇；
你的後裔和女人的後裔也彼此為仇。
女人的後裔要上你的頭；
你要傷他的腳跟。

這番話的激烈，充分顯示了上帝的特徵。接下來上帝告訴女人，她生產兒女必多受苦楚；她必戀慕丈夫，卻必須受到丈夫管轄。而神告訴男人，「你必終身勞苦才能從地裡得吃的」，「必汗流滿面才得糊口」。

之後上帝又說：「看吧！那人已經變得像我們的一員，知道善惡；現在恐怕他又要伸手摘生命樹的果子吃，就會永遠活著。」於是將人逐出伊甸園。

這裡可以確定的是，人類犯了罪，並且被處以永遠不得赦免的懲罰。實在是非常嚴厲。這是對基督徒來說極為重要的「原罪」（original sin）。任何人只要誕生為人，就必須有自覺地背負著「罪」活下去。

話說回來，上帝在處罰人類時所說的「看吧！那人已經變得像我們的一員，知道善惡」，我們該怎麼理解才好呢？上帝說「我們」，指的又是什麼呢？既然上帝是唯一的神，為什麼會說「我們」呢？而人被說成「像我們的一員」，理由是他「知道善惡」。我們無法說得非常肯定，但從這裡可以看出來，上帝似乎認為人類和其他被造物，是不同的存在。而加諸於人身上的「原罪」，就是身為特殊存在的代價。「原罪」的思想，同時也將人類定義為「與自然不同，是更接近神的存在」，這點並非只有負面的意義。我們必須認清這項事實。

榮格曾說「人的本質（nature），具有反自然（nature）的傾向」。這句話清楚地說明了人類內在的矛盾。無論誰都會同意，人類是自然的一部分；但同時人類又具有強烈的反自然傾向。該如何處理、平衡這個矛盾，是我們必須面對的重大課題；而各種神話正反映出某種解答。

亞當與夏娃吃了智慧之樹的果實之後，第一個舉動就是對自己自然的面貌感到羞恥，以無花果樹的葉子遮蔽下體。換句話說，他們一開始就產生了明確的反自然傾向。然而對於這一點，上帝除了讓人類背負「原罪」，並且他們逐出伊甸園，什麼也沒做。

相對於此，日本神話的又是什麼情況呢？原本日本就有許多神明，而不是只有唯一的上帝；而且「禁忌」並不是發生在神與人之間，而是神與神之間。從日本神話後來的發展也可以看出，日本的「神」遠比猶太基督教的上帝更接近人類。再看看火遠理命與豐玉毘賣——火遠理命被稱為「山幸」，豐玉毘賣則是從海底出現，他們的故事可以說是發生在山與海這樣的自然之中。日本神話中，神、人與自然之間的界線，並不像猶太基督教那樣涇渭分明。

日本神話裡，「禁忌」是由女性加諸男性身上的。而破壞禁忌的男性們，伊邪那岐所看到的是女性屍體可怕的模樣，火遠理看到的，則是女性回復鯊魚的原貌。我們不妨說，這兩個事件共通之處，在於男性理解到人類畢竟是「自然的一部分」。值得注意的是他們的反應與態度。伊邪那岐「心生畏懼」（見畏みて），火遠理「既驚且畏」（見驚き畏みて），兩人都用了「畏」這個字。換句話說，從他們兩人身上，都可以看到「敬畏的情感」；而「敬畏的情感」可說是宗教經驗的基礎。在猶太基督教裡，神、人與自然很明確地被區分開來；相反地，這個故事清楚地表示神、人與自然融合成一體（關於「敬畏」的行為，我們還會在稍後的章節詳細討論）[16]。

在伊邪那岐與伊邪那美的故事裡，描述了伊邪那美幾近狂怒的「怨恨」。這可以從她追趕逃走的伊邪那岐時的氣勢看出來。但是，他們卻透過協議——此後伊邪那美將每日殺死一千人，而伊邪那岐將每天讓一千五百人誕生——取得了某種解決之道。

但是，我並不覺得這種妥協式的解決方式，可以平息伊邪那美非比尋常的怨恨。事實上，我們可以在人們傳述的許多日本的故事中，找到「怨恨的系譜」。關於「怨恨」我們留待稍後討論，這裡先來看看火遠理命與豐玉毘賣的情形。

《古事記》說豐玉毘賣「怨恨丈夫窺探自己」，明白地寫出她的「怨恨」。儘管如此，她還是難耐對丈夫的愛戀，託妹妹玉依毘賣帶歌送給他，而火遠理命也以歌回贈。這些歌表現出他們相互愛慕的情感，怨恨已經消失了蹤影。

我們可以從這裡看到「以美解決衝突」的方式。也就是說，豐玉毘賣的「怨恨」在男女之間互誦詩歌這種美的形式中獲得解決。而在先前所介紹的《鶴妻》的故事中，悲傷地仰望天空、看著鶴遠遠飛去的男子身影，也讓我們感受到某種淒美，且沒有形成怨恨或報復的主題。

這些讓我們感到「美」的事物其意象背後，流動著深沉的悲傷情感。日本人非常重視這種情感，將它們概括稱為「哀憐」。本居宣長認為《源氏物語》這本書想描述的，就是所謂「物哀」這樣的情感；但是對日本人來說，不僅是《源氏物語》，許多故事都讓他們體會到這種情感。火遠理命與豐玉毘賣的故事亦是如此。分隔兩地，只能將愛意託付於詩歌之中的男女，特別是其中的女性，讓許多人感到「哀憐」。在日本神話的世界裡，就已經存在著「哀憐」的原型。

我們是否可以將這種根源性的「悲傷」稱為「原悲」呢？如果說猶太基督教文化的根基是「原罪」，那麼對於未曾切斷人類與自然間聯繫的文化來說，其根基就可以說是「原悲」吧！如前所述，人類與自然的關係要如何取得協調，是一個重大的問題。當我們像猶太基督教那樣，明確區分開人類與自然時，我們需要的是「原罪」的自覺；而當我們將人類的「本性」回歸自然，重視人類與自然的一體感時，「原悲」的情感就會發揮作用。

我想，所有以泛靈論（animism）宗教為背景的文化，或許相當程度都共有這種「原悲」的情感吧！只不過，每種文化各有其不同的表達方式，或是將其淬煉與轉化。舉例來說，日本文化將「原悲」表現為「哀憐」；而在鄰近的韓國，它轉化為接近怨恨的「恨」受到極大的重視。當然，韓國文化中「恨」這個概念具有十分深刻的意涵，內容遠超過我們所說的怨恨，不是我們應該輕率地品頭論足的[17]。

我們已經看到，聖經故事與日本神話形成了對比；而大量保留凱爾特文化的愛爾蘭，他們的民間故事（如前所述，與「傳說」難以區別）則和日本神話有很高的類似性。我們也看到，海涅所介紹的傳說，與日本的故事有著相同的模式。

從這裡我們可以了解到一點，雖然以現代的狀況而言，比較日本與西方、或是東方與西方，並不是毫無意義；但事實上，兩者之間並不存在決定性的差異。只要我們追溯現代西方人的根源就會發現，其實在他們根基深處，和東方及日本具有共通的元素。這一點極為重要。正因為如此，我們才可能相當程度理解與自己不同的文化。

4 原罪與日本人

前一節我們指出，基督教文化中的「原罪」，是支撐他們世界觀的重要概念。相對地，支撐日本文化的——以及其他眾多以泛靈論為基礎的文化——則是「原悲」。

關於這一點——這樣的說法或許有點矯飾——我們必須思考歷史上一個貴重的「實驗」，一個重大的歷史現象。一五四九年基督教傳來日本並急速蔓延。一六一三年江戶幕府發佈絕對的基督教禁教令，一六四四年，最後一位留在日本的宣教士也殉教了。之後的數百年間，日本的基督教沒有任何指導者，只留下信徒（請參考表2）。但正如眾所週知，他們成為「地下基督徒」，獨力傳承基督教的信仰超過兩百年以上。從這段歷史中，我們可以看到非常耐人尋味的事實：當某種宗教進入另一種不同的文化中，在沒有指導者的狀況下繼續傳承時，會因為當地文化的影響，而產生什麼樣的變化呢？先前我之所以稱呼這種歷史現象為「實驗」，就是這個緣故。而且，日本的基督徒在傳承基督信仰的時候，寫下了相當具有份量的文獻；在基督宗教的禁教令撤銷廢除後，一般人也逐漸可以讀得到這些文獻，並且加以研究。其中有一份一九三一年由研究者公諸於世，題名為《天地肇始之事》的文件，記載的是相當於舊約聖經〈創世紀〉一～三章的故事。這份文件如實地呈現出，原本記載在基督教聖經中的故事，在超過兩百年的歲月中發生了什麼樣的

「文化變貌」。以這一點來說，這實在是極為貴重的資料[20]。

但是，以基督信仰的研究來說，比如基督徒受到過什麼樣的壓迫呢？應有多少人遭到屠殺呢？或是「宗門改」的實情如何呢？儘管許多日本人熱心地研究，但是印象當中，「地下基督徒」所信仰的日本化基督教，經常會呈現出日本人在吸收基督教過程中的偏差以及其造成的問題。作家遠藤周作就曾感嘆這方面的研究實在太少，如他所言，以筆者前述的觀點針對《天地肇始之事》所進行的研究的確是少之又少。關於這一點，我已經在其他場合、在某種程度上發表過

表2　日本基督信仰史簡略年表

<table>
<tr><td>1549</td><td>宣教士沙勿略（San Francisco de Xavier, 1506-1552）來日，基督信仰（天主教）傳入。</td><td>公開認可傳教</td></tr>
<tr><td>1587</td><td>豐臣秀吉頒布宣教士驅逐令。</td><td>默許傳教</td></tr>
<tr><td>1613</td><td>德川家康嚴令禁止天主教。其後，京都、長崎、江戶等地發生大規模殉教。</td><td rowspan="4">鎮壓</td></tr>
<tr><td>1635</td><td>宗門改[18]。</td></tr>
<tr><td>1637</td><td>島原之亂[19]。之後接連發生大規模的教徒告發事件，不斷發現「地下基督徒」。</td></tr>
<tr><td>1858</td><td>幕府繼續壓迫基督徒的同時，開始認可外國人專用的教會。</td></tr>
<tr><td>1865</td><td>宣教士坡提讓（Bernard-Thadée Petitjean, 1829-1884）在長崎的天主堂發現躲藏近三百年的基督徒。</td><td rowspan="2">傳教活動再度開始</td></tr>
<tr><td>1873</td><td>撤銷基督信仰禁令。</td></tr>
</table>

出處：老松克博、太田清史、田中佳代子〈由《天地肇始之事》看日本人的心〉日本病跡學會（1991年4月）所發布的資料。

我的想法。因此在這裡，我僅探討「原罪」的問題。

《天地肇始之事》由這樣的文字起頭：「吾等敬奉之『德兀斯』（Deus，拉丁文、葡萄牙語的『神』），乃天地之主、人類萬物之父母」，一開始就明言造物主同時是唯一神「德兀斯」的存在，這和聖經的想法如出一轍。再稍微往前來到有關「原罪」的部分，我們也看到人類的男性「阿當」與女性「伊娃」。但誘惑他們的並不是蛇，而是「朱斯黑魯」。「朱斯黑魯」是拉丁文Lucifer的翻譯，今天我們通常譯為「路西法」。在聖經裡，路西法原本是一位能力高強的天使，後來背叛上帝而成為惡魔。蛇沒有在此現身，這一點可說是耐人尋味；不過，就先讓我們繼續看下去。

朱斯黑魯「計誘數萬安如」（「安如」是葡萄牙語的「天使」，anjo），告訴他們，自己與德兀斯地位是相等的，因此要他們敬拜自己。天使們服從了，但阿當與伊娃不聽他的。德兀斯曾頒下禁令：「馬桑木的果子，絕對不能吃」（「馬桑」是葡萄牙語的「蘋果」，maçã）。朱斯黑魯對伊娃說明：「此馬桑木之果，乃德兀斯與我朱斯黑魯之物。吃了這果子，所有人都將與德兀斯同等地位，是故頒此禁令」，並且建議她：「吃了它吧！妳也可以變得和我朱斯黑魯一樣」。伊娃聞言大喜，於是吃下果子；阿當也在伊娃的建議下吃下果子。就在這時候，德兀斯出現了。「阿當，看你做了什麼壞事！那是惡之果！」德兀斯說。「伊娃，阿當，你們即刻就要失去天國之快樂。」

兩人聞言非常後悔，哀嘆不已，並且向德兀斯求情：「請再度賜予我們天國之快樂！」於是「天帝聽了之後說，若是如此，你們將後悔四百餘年，其後將重回天國。又伊娃將成為天國之犬，受拳打腳踢，不知去向」。

這裡有一件非常重要的事。那就是，雖然說必須等待四百餘年，但上帝答應最終會讓阿當伊與娃重回天國，「原罪」將會被抹消。順帶一提，朱斯黑魯後來成為「雷神」，獲十相之位，而得以留在天國中心。換句話說，朱斯黑魯並未成為徹底的「惡」。從這裡我們可以看到日本化的傾向。伊娃雖然最後不知去向，但是在《天地肇始之事》裡，她已經生下一對子女；這對孩子下降到人間，成為人類的祖先。

「原罪」消滅事關重大；幾乎可以說，這已經不再是基督教了。或許日本人終究無法負荷「原罪」的重擔吧！這樣的轉變，是基督教潛伏地下期間的什麼時候發生的呢？我們無從得知。總之，這漫長的時間中基督教確實產生了變化。雖然對日本人來說，要理解「唯一造物主」這個觀念，事實上是非常困難的，但他們總算是設法接受了；可是「唯一真神」宣告人類的「原罪」這件事，日本人怎麼也無法理解吧！不懂得「赦免」的神明，對日本人來說無法想像。

地下基督徒的生活中最重要的一件事，就是每年都必須被迫犯下一次「踏繪」的罪（編按：一六二九年，德川幕府下令所有的基督徒每年都要踐踏基督教聖像，以示背棄基督教）。如果連這條罪也不能被赦免，基督教徒就活不下去。因此也有人說，承認「原罪」的這份重擔，凡人實在無法負荷。因此對於地下基督徒的生活而言，曆法非常重要；哪一天該做什麼、不能做什麼，都有鉅細靡遺的規定。他們遵循曆法，試圖以一整年的行為與儀式來為自己「踏繪」的行為贖罪。我認為這種感覺近似於神道教「除穢驅邪」儀式。

配合春夏秋冬的季節變化，地下基督徒以各種行事與儀典補償自己的罪行；時間一到，又不得不再犯一次「踏繪」的罪，這樣的生活極度具有輪迴的意象。這種生活基調，讓人想要以人生的哀愁，也就是「原悲」來描寫表現這樣的情緒波動。

還有一點，在日本版的創世故事裡沒有蛇的蹤影。因此，上帝在人蛇之間埋下的仇恨也不存在。這一點很重要。聖經裡的明確架構——上帝與人之間的「原罪」以及人與蛇之間的「仇恨」——在日本化的基督信仰裡，變得不是那麼清楚分明。在《天地肇始之事》裡誘惑伊娃的「朱斯黑魯」並沒有成為惡魔；雖然遭到降格，卻仍然保持了「十相」的地位，以雷神的身分留在天國中心，這部分也避開了明確的善惡區別。

註釋

1 譯註：這裡所謂「古代東方」，指的是兩河流域的美索不達米亞文明，包含了蘇美、亞述、巴比倫等等許多民族與文化。即使同樣的神話，在不同民族、時代、文化的版本中，名字故事的情節都有些微的差異。

2 譯註：阿卡德語是古代美索不達米亞地區使用的一種亞非語系閃族語言，是已知最早的閃族語言。

3 原註：矢島文夫訳「イシュタルの冥界下り」（〈伊絲塔下冥界〉）『古代オリエント集』（《古代東方集》）筑摩世界文学大系1、筑摩書房、一九七八年。

4 原註：秋本吉郎校注『風土記』日本古典文学大系2、岩波書店、一九五八年。

5 譯註：「孤火」、「孤燈」在日本民間習俗中，被視為不祥的徵兆。而根據池澤夏彥的注釋，「雷」在這裡不是閃電或雷鳴的意思，而是指具有可怕力量的「靈」。

6 譯註：《藍鬍子》是法國詩人夏爾．佩羅（Charles Perrault）創作的童話，曾經收錄在《格林童話》中，第二版之後遭到刪除。故事敍述有錢的貴族「藍鬍子」年輕的妻子打開了丈夫禁止她窺視的房間，看到了藍鬍子眾多前妻的屍體，差點因而遭到殺害，後來被趕來的兄長救出。因為象徵寓意濃厚，《藍鬍子》成為歐洲許多藝術作品的靈感來源。

7 譯註：「千引」是一千個人才能搬動的意思。

8 原註：河合隼雄《日本人的傳説與心靈【典藏版】》，廣梅芳、林詠純譯，心靈工坊出版，二〇一九。

9 譯註：《夕鶴》是日本劇作家木下順二的名作。以「鶴妻」的故事為題材，發表於一九四九年。

10 譯註：德國民間傳説中，住在河川或池塘裡的精靈，女性稱為「Nixe」，男性則稱為「Nix」。中文亦翻譯成「水妖」。

11 譯註：傳説（伝説，legend）與「民間故事」（昔話，folktale）是口傳文學的分類。簡單來説，「傳説」雖然具有幻想性質，卻經常與具體存在的人事物有關，並且被當成事實來敍述。「民間故事」則常常以「從前從前」開始，沒有特定的時空，登場的人物也沒有真正的名字，通常只是「老爺爺」、「老婆婆」之類，描寫的成分壓抑到最低限度，以避開真實性的責任問題。

12 譯註：「玉手箱」的意思原本是製作精美的小盒子，但經常被專門用來指〈浦島〉這個故事裡的盒子。

13 原註：《凱爾特傳説》（*Frank Delaney, Legends of the Celts*），一九八九。

14 譯註：「海幸山幸」是「海幸彥」（火照命）與「山幸彥」（火遠理命）這一對兄弟神的故事。弟弟山幸彥與哥哥交換獵具，出海釣魚，不料遺失了釣鉤。後來他到海宮尋找，與海神的女兒結了婚，找回了釣鉤，並得到潮盈珠與潮乾珠兩件寶玉，用它們降伏了自己的哥哥。學者們認為，這個故事是古代天孫民族（建立大和朝廷，居住在今京都奈良一帶）與隼人族（居住在今鹿兒島縣一帶的民族）之間的鬥爭所演變而成的神話。

15 譯註：天孫指的是天照大御神的孫子，「邇邇藝」的全名是「天邇岐志國邇岐志天津日高日子番能邇邇藝命」。葦原中國（地上、人類的世界）之亂平息之後，天照大御神派遣他來統治地上世界。這個事件一般稱為「天孫降臨」。

16 譯註：也有人將「見畏む」解釋為「在神前自我反省」的意思。「畏む」不是一般對於邪惡、暴力、疾病、死亡的恐懼，而含有對「上」的敬畏之意。

17 譯註：根據《廣辭苑》的解釋，韓語中的「恨」指的是韓國民眾在被壓抑的歷史中培養出來的苦難、孤立、絕望的集體情感，同時也是對強權欺凌、不公不義的深沉憤怒。

18 譯註：「宗門改」是日本江戶時代，為了禁止、鎮壓天主教的一種檢查制度。各藩以踏繪（要求接受檢查的人踩踏繪有聖母瑪麗亞、耶穌等等的圖畫）、寺請（由佛教寺廟出示身為佛教徒的證明）等方式檢查領民的信仰，並且登記在「宗門人別帳」裡。

19 譯註：島原之亂（1637-1638）發生在江戶時代初期，是日本史上最大規模的平民武裝起義，也是幕末之前日本最後一次真正的內戰。發生的原因，一說是宗教問題（基督宗教），也有人主張真正的原因是各藩（諸侯）對百姓過度的剝削（勞役與年貢）。島原之亂遭到鎮壓的一年半之後，日本全面驅逐葡萄牙人，開始所謂的「鎖國」。

20 原註：「天地始之事」『キリシタン書　排耶書』日本思想大系25、岩波書店、一九七〇年、所収。

第四章

三貴子的誕生

1 從父親身上出世

日本神話中被稱為「三貴子」的天照大神、月讀命、須佐之男這個三元組，在整部神話中佔有極重要的地位。讓我們透過《古事記》的記載，來看看這幾位神的誕生（序章中已引述過原文）。

伊邪那岐逃出黃泉國，以「千引之石」隔絕彼世與此世，並且與妻子伊邪那美訣別。之後伊邪那岐表示，自己去了一趟污穢的國度，因此必須舉行淨化儀式。他先是丟棄自己的「杖」、「帶」、「囊」，跟著一件接著一件，除去衣、褲，以及身上的所有飾品，最後完全赤身裸體。從這些被丟棄的物品中，各自誕生了不同的「神」，這些神明的名字我們暫且略過不提。

這段神話與蘇美的《伊南娜下冥界》之間，形成令人印象深刻的對比。前一章我們也曾略為提及，蘇美女神伊南娜到冥界去的時候，經過了七道門；在每一道門都被要求脫下身上的飾品或衣物，最後以全裸的狀態，站在冥界女王「埃列什基伽勒」（Ereshkigal）面前。象徵女神地位的飾品全數被剝除，被迫赤身裸體，這對於伊南娜來說，是充滿恥辱的經驗。相對地，伊邪那岐探訪冥界的時候既不需要通過什麼門，也沒有其他任何障礙，立刻就能到達。反而對他來說，冥界是個污穢的國度，旅行冥界令他深感羞愧。為了淨身，他丟棄了去冥界時所穿著佩戴的衣物飾品，回復了潔淨無瑕的裸體。這兩個故事的對比，顯然不只是女性神與男性神的差別。關於這一點，我們暫且不做結論，留待討論天照大神的段落再談。

伊邪那岐說「上游湍急、下游弱而無力」，而走入中游淨身。這時候從冥界的污垢中誕生了許多神，也誕生了「端正」這場災禍的眾神。讀了這一段故事我們可以清楚地感覺到，這裡所說的「神」和基督教的「神」是不一樣的。或許對古代的日本人來說，種種的事物讓他們產生所謂「努祕」（編按：意即「精神或宗教情緒的激發」，「神祕而令人敬畏」）的感受[1]，因此就將它們命名為「神」吧！

接下來，伊邪那岐清洗左眼的時候，生下了「天照大神」；清洗右眼的時候，生下了「月讀命」；清洗鼻子的時候，生下了「建速須佐之男命」（編按：也就是須佐之男，在《日本書紀中》被稱為素戔嗚尊）。伊邪那岐欣喜異常，說道：「我接二連三生下子女，最後竟得此三貴子」。於是他對天照大神說：「你去統治高天之原」；對月讀命說：「你去統治夜之食國」；最後對須佐之男說道：「你去統治海原」。

這就是三貴子誕生的故事。首先必須注意的是，這三位最尊貴的神是從父親身上生出生。所有的人類都是從母親身上出生的，這項事實古代人一定也很清楚。儘管如此，這裡卻刻意說他們是父親所生，其中必有緣故。

我想到聖經的故事。最初神創造的是亞當；而夏娃這位女性，是用亞當的肋骨做出來的。換句話說，最早的人類是男性，而女人來自男人的一部分。如前所述，所有的人類都是女性所生下的，這件事再明白不過。我們可以想像，對那些受到「生命誕生」這個現象的「神祕」所感動的人們來說，「神」理所當然是「女神」，而且是「大母神」（太母）。事實上，考古學調查證實，即使在歐洲，基督教之前的宗教也是以「地母神」為中心。日本繩文時代遺留下來的土偶中，也發現大量的地母神。猶太基督教為了和這些母性優先的宗教區隔開來，明白宣示父性原理的優越性，所以編撰出這種「先創造男性」的故事，也不難想像。以父性為優先的猶太基督教，其實在各種宗教中是相當少見的。

相對地，日本神話首先敘述大母神伊邪那美生下所有的事物，包含國土在內；換句話說，顯示出母性壓倒性的優勢。但「三貴子」卻是父親所生，這一點值得注意。透過對父性的強調，平衡了極端的母性優勢。這種維持平衡的巧妙方式，可以說是日本神話的特徵；同樣的事情，後來又重複了無數次。伊邪那岐與伊邪那美的婚禮，乍看之下顯示出男性的優勢；但參照其他類話就可以發現，事情並不是那麼清楚。這一點我們已經討論過。

如果說神話中讓伊邪那岐生下三貴子，是「父性優勢」的反撲，那麼就此讓伊邪那岐居於最高地位，就可以達成完全的父性優勢。但是，受他任命「統治高天原」的繼承人，卻是天照大神這位女性。這裡也表現出日本神話特有的平衡感。話雖這麼說，那麼從此就確立了女性的優勢嗎？那也沒有。這一點只要看看神話後續的發展，就能明白。

關於由父親生下的子女，我附帶再說明一點。序章中也曾提到，希臘眾神之中，女神「雅典娜」（Athena）與男神「戴歐尼修斯」（Dionysus）[2]，也是由父親生下的神祇。他們都是希臘神話中地位最高的神「宙斯」所生。不過，他們本來也都是由母親懷胎，只是在母親死亡的時候，宙斯將胎兒救出，把雅典娜放在自己的頭部，把戴奧尼修斯放在大腿裡養育到他出生為止，因此不能說是純粹「由父親生下」的孩子。儘管如此，他們和父親之間有強烈的聯結，這點是無法否認的。有趣的是，雅典娜與天照大神、戴奧尼修斯與須佐之男之間，有許多類似之處，但這一點我們留待探討個別的神祇時再來思考。

2 眼睛與日月

天照大神與月讀命——也就是日與月——分別從父親的左眼與右眼誕生。世界各地的神話中，雖然故事各自不同，但是經常可見到將日月視為神的雙眼這種思維。關於這一點，大林太良的研究十分細膩精密；讓我們依循他的觀察來思考這個問題[3]。

中國的「盤古神話」中，盤古死後雙眼化為日月一事，日本人也耳熟能詳。大林引用了《五運歷年紀》的一段：

首生盤古，垂死化身，氣為風云，聲為雷霆，左眼為日，右眼為月，四肢五體為四極五岳，血液為江河，筋脈為地里，肌肉為田土，髮髭為星辰，皮毛為草木，齒骨為金石，精髓為珠玉，汗流為雨澤，身之諸蟲，因風所感，化為黎氓。

身材可達宇宙規模的巨人盤古，雙眼直接化為日月——左眼為日，右眼為月。從亞細亞內陸到西伯利亞，大林還舉出了許多巨人的雙眼變成日月的例子；「在西藏也可以看到觀世音菩薩的右眼出現太陽、左眼出現月亮的畫」。我特別舉出這個例子，因為它是右太陽、左月亮，和盤古及日本神話的左右相反。以這一點來說，馬來半島、印尼、吉爾伯特群島的神話中，也是右眼太陽、左眼月亮。大林還這麼說：「非洲有許多說法。有的說古代埃及天神『荷魯斯』（Horus）的兩眼即日月，也有的說掌管氣象的神『阿蒙』（Amon）右眼是太陽，左眼是月亮，鼻子呼出來的氣是風。還有人主張本身就是太陽神的『拉』（Rah）右眼是太陽、左眼是月亮。此外，也有人也將法老王比喻為右眼或太陽，將王后比喻為左眼或月亮」。

雖然也有些例子只說日月是巨人的雙眼，沒有指明左右，但從以上諸例可看出，一般的神話都是將右眼與太陽、將左眼與月亮連結在一起；反而像日本神話與盤古神話那樣，將左眼與太陽、右眼與月亮聯結的例子，是比較罕見的。

如同大林所指出，將日月與眼睛加以連結的想法，在全世界來說都是常見的傾向。這或許是因為在五種感官之中，人們最重視的是視覺吧！也因此「觀看」也經常和意識、光明、洞察等等概念被聯想在一起。而就像日本人喜歡說：「老天爺在看著呢！」，「觀看」甚至也與道德規範相結合在一起。

我之所以在這裡關心「左右」的問題，是因為世界大部分的地區都有一個傾向，認為「右」優於「左」；我想從這個觀點來思考太陽與月亮的相對地位。慣用右手的人多於慣用左手的人，這是全世界所有民族共通的現象；因此「右優於左」是普遍的想法。然而在中國與日本的官場裡，左大臣地位比右大臣高，卻顯然是「左優於右」的想法。但「無出其右者」或「左遷」這樣的常用語句，卻又顯示出對右邊的重視。

在西方傳統的象徵性思考中，「右—太陽—光明—男性—意識」這些概念經常被連結在一起，相對的則是「左—月亮—黑暗—女性—無意識」這一組概念；而前者顯然是佔優勢的。日本神話中的情況又是如何呢？

我們在日本神話中所看到的「左—太陽—女性」的聯結，顯然迥異於西方一般的象徵模式。不過，雖然日本文化對於「左右優劣」的看法並不明確，無論如何，太陽與女性的結合在全世界的神話中，是非常特別的一件事，值得深入思考。

3 天照大神與雅典娜

希臘眾神之中，雅典娜最讓我們感受到她與天照大神之間的類似性。正如序章所述，雅典娜是從父親身上所生下的。她是雅典城邦的守護神，據說「她的美如天空的光輝——而且是晴朗無雲的天空——同時又像處女的純潔」。雅典娜是身穿盔甲、手持槍盾出生的，令我們聯想到天照大神與須佐之男決戰時全副武裝的姿態。和天照大神如此類似的雅典娜，是如何誕生的呢？

一般認為宙斯的正室是希拉（Hera）。但是宙斯的婚姻關係並不單純，在希拉之前就曾經結過婚。他的第一任妻子是女神墨提斯（Metis）。「Metis」這個字有「睿智、心思縝密」的意思；不論在眾神或人類當中，墨提斯都是「最有智慧、最聰明、最適合當宙斯配偶的女神」。但是，大地與無盡的穹蒼都警告宙斯，他們兩人生下的孩子，不論男女，都將是絕頂聰明剛毅。如果生下的是男孩，將會凌駕父親，成為眾神與人類的君王。如果宙斯想要永遠掌握統治權，這件事需要適當的處置。

宙斯聽從了他們的意見，在墨提斯懷孕的時候，將她吞到自己的肚子裡。在那之後，宙斯變得比以前聰明，但是胎兒卻在宙斯的頭裡面繼續成長。胎兒足月後，宙斯感到劇烈的頭痛，於是命令赫菲斯托斯（Hephaestus）用斧頭劈開他的頭。如此一來，只見雅典娜全身武裝，高聲咆哮，從宙斯的頭部一躍而出。這是何等震撼的誕生方式！雅典娜頭腦聰明、性格堅強，甚至參與軍事行動。但是，她也擅長織布，那是當時被視為女性特有的技能。天照大神和織布之間也有著很重要的關聯性，這一點兩者是共通的。

天照大神和雅典娜都是「父親的女兒」。但我們必須了解，兩者的「父親」是不同的。宙斯為了保有永久的統治權，不惜奪走自己妻子的性命；而伊邪那岐則毫不戀棧地將統治權讓給女兒，自己隱居了。這個差異實在是非常巨大。

也可以換個方式思考。宙斯知道自己與墨提斯的孩子不僅「絕頂聰明、剛毅」，而且如果是男孩子，將會威脅到自己的統治權，於是他試圖殺害自己的孩子。然而在經過不可思議的過程後，這個孩子誕生為「父親的女兒」；同時因為是女孩子，並沒有搶奪宙斯統治權的想法。至於在日本神話中，伊邪那岐生出了「絕頂聰明、剛毅」的「父親的女兒」後，自己將統治權讓渡給這孩子。這些類似之處與相異之點，清楚地顯示出雙方文化的特徵，實在是耐人尋味。

我要在這裡稍微說明一下「父親的女兒」這個概念。最早開始關注這個概念的，是一群榮格學派的女性分析師。長久以來，在美國那個父權意識極度強烈的國家裡，女性一直處於低下的地位。「女性解放運動」（Women's Liberation）的興起，就是為了反抗這樣的困境。女性解放運動主張女性與男性有同等的能力，而且為了證明這一點，無數的女性付出了巨大的努力。結果，女性逐漸得以進入那些過去為男性所獨占的職場中工作。從這個角度我們可以說，女性希望參與社會的要求，在美國獲得了成功。

然而，問題並沒有因此得到解決。那些取得人人稱羨地位的女性，開始覺得自己並不像原先預期的那麼快樂。她們開始發現，為了追求所謂的成功，自己所擁有的「女性本質」受到嚴重的傷害，甚至因此犧牲。榮格學派女性分析師佩雷拉（Sylvia Brinton Perera）在《墜落女神：女性啟蒙的一種方式》（*Descent to the Goddess: A Way of Initiation for Women*）中這樣說：

「包括我自己在內，這些在自己與『女性本質』的關係上受到嚴重傷害的女性們，平常具有成功人士的外在形象，同時也給予公眾良好的印象，但這一點正是問題所在」。換句話說，社會上的成功正是她們的問題。為何如此？佩雷拉說，那是因為「她們沒有自己特有的、核心的自我認同。也就是說，她們幾乎沒有女性的價值觀，或是女性立場的感覺。因為在西方，女性的價值完全由她與男性間的關係來決定，這樣的情況實在不勝枚舉」。佩雷拉稱呼這樣的自己為「父親的女兒」。

這樣的女性完全接受迎合父親的價值觀，不斷地鞭策要求自己，並且因而獲得社會上的成功。但問題是，她真正的自我跑哪兒去了呢？如果女性要活得「忠於自我」，而不是當個「父親的女兒」，該怎麼做才好呢？為了要追尋這些答案，佩雷拉非常重視蘇美神話中女神伊南娜的形象。這一點我們留待稍後再探討。

或許有人會覺得，佩雷拉所說的「父親的女兒」，也可以用來描述現代的日本女性吧！的確，現代的日本也有許多女性，像女神雅典娜一般美麗耀眼，披著堅固的盔甲，以卓越的能力領導男性下屬。

但是，天照大神雖然與雅典娜同樣是「父親的女兒」，但她們並非完全相同。第一，希臘的主神是男性神宙斯，雅典娜只是他的女兒；但是在日本，天照大神本身就是主神。她是「父親的女兒」，從沒見過母親。在這層意義底下，天照大神並不是地母神。大地母神伊邪那美死後前往黃泉，成為地下之神，天照大神則成為天上之神；兩者同為各自世界的主神。如果天照大神是伊邪那美的女兒，這就構成了完全的母權制社會；但天照大神是「父親的女兒」，留下了一點微妙的空間。這正是日本神話的特徵。而且，雖說她是「父親的女兒」，但是和純粹父權意識世界中的「父親的女兒」，畢竟是不一樣的。

基督教文化圈是父權社會，現在仍是如此。尤其是美國，這種傾向特別強烈。雖然日本因為受到歐美文化強烈的影響，所以可以理解佩雷拉所指出的問題，但畢竟雙方的社會並非完全相同。而這正是我們面對的難處。隨著神話後續的發展，我們會看得越來越清楚；日本神話究竟傾向父權還是母權？這一點是無法判定的。我們已經看到天照大神的形象中，巧妙地混合了兩種因素。因此，佩雷拉的學說無法直接套用在日本女性身上。日本的情況很難簡化為單純的公式來說明。探討日本女性生存方式之所以困難，正與這一點有關。話說回來，探討女性生存方式原本就不容易；因為這與男性的生活方式有著直接關聯。

4 「月讀命」所扮演的角色

天照大神、月讀命與須佐之男，被稱為「三貴子」。我們已經討論過天照大神，而在下一章之後，我們會透過她與須佐之男的關係，同時談論這兩位神祇。可是，夾在中間的月讀命，是一位什麼樣的神祇呢？以同樣的讀音，「月讀命」在日文漢字中也可以寫成「月弓」、「月夜見」。「月弓」應該是因為弦月看起來像一張弓的形狀，「月夜見」則因為月亮總是在夜晚才出現。而可以想像的是，「月讀命」這個漢字的寫法，是因為人們透過月亮的變化來計算曆法。古時候的日本只有陰曆，月亮的重要性是顯而易見的。

然而在日本神話中，關於月讀命的故事極少。在《古事記》中，除了說他誕生自伊邪那岐的右眼，被任命「你去統治夜之食國」，就再也沒有提到他。而在《日本書紀》裡，也只有一個故事提到月讀命；和天照大神、須佐之男比起來，實在少之又少。在介紹那個故事之前，我們先來看看《日本書紀》（包括「一書云」在內）怎麼敘述月讀命的誕生。

在《日本書紀》的本文裡，月讀命和天照大神、須佐之男三神都是伊邪那美所生。換句話說，伊邪那美和伊邪那岐結婚，並且生下日本各地國土之後，又生下了這幾位神明。讓我們引用本文：

既而伊奘諾尊・伊弉冉尊、共議曰、吾已生大八洲国及山川草木。何不生天下之主者歟。於是、共生日神。號大日孁貴。一書云、天照大神。一書云、天照大日孁尊。此子光華明彩、照徹於六合之內。故二神喜曰、「吾息雖多、未有若此靈異之兒。不宜久留此国。自當早送于天、而授以天上之事。是時、天地相去未遠。故以天柱、舉於天上也。次生月神。一書云、月弓尊、月夜見尊、月讀尊。其光彩亞日。可以配日而治。故亦送之于天。次生蛭兒。雖已三歲、脚猶不立。故載之於天磐櫲樟船、而順風放棄。次生素戔嗚尊。一書云、神素戔嗚尊、速素戔嗚尊。此神、有勇悍以安忍。且常以哭泣為行。故令国內人民、多以夭折。復使青山變枯。故其父母二神、勅素戔嗚尊、「汝甚無道。不可以君臨宇宙。固當遠適之於根国矣」，遂逐之。

在這一段之後，本文並沒有談到伊邪那岐探訪冥界，而是立刻接到須佐之男打算在前往「根之國」之前，先到到高天原拜訪姊姊天照大神的事。和《古事記》比起來，這一段故事的敘述相當單純。或許是因為編纂《日本書紀》的目的，原本就是以外國為對象的官方文獻，所以刻意避開造訪黃泉國，或是從父親的眼睛鼻子生出孩子等等，容易讓人覺得非現實的情節吧。

先不論這一點，至少在《日本書紀》的本文裡，除了提到月讀命的誕生，和《古事記》一樣，沒有提到其他任何關於他的故事。

不過在第五段的「一書云」(11)，雖然只有一個地方，倒還是記載了與月讀命有關的故事。

伊邪那岐說，天照大神可以治理高天原，月讀命「可以配日而知天事也」，而須佐之男則可以統治滄海之原。於是天照大神在天上說：「葦原中國有保食神」，命令月讀命去拜訪他。月讀命依命前往，看到保食神面對陸地的時候，嘴裡吐出了飯，面對海的時候，嘴裡吐出了魚，面對山，則吐出各種獸類。保食神想以這些白飯魚獸款待月讀命。月讀命認為保食神拿這些從嘴裡吐出來的東西來招待他，十分污穢不堪，因而勃然大怒，拔出劍來斬殺了保食神。月讀命向天照大神報告此事，天照大神非常生氣，說：「汝是惡神。不須相見。」於是「乃與月夜見尊、一日一夜、隔離而住」。保食神雖然死去，但從他的身體接二連三生出牛馬、粟、稗、稻米等等食糧。

這段關於月讀命的故事很有意思。但事實上《古事記》裡也有相同的故事，只不過主人翁換成了須佐之男。須佐之男被放逐到下界的時候，問「大氣都比賣」有沒有什麼可以吃的[4]，發生了和保食神一樣的事。須佐之男殺死了大氣都比賣，從她的身上生出種種食物，還有蠶。

我認為，這本來應該是屬於須佐之男的故事，就像《古事記》的記載；《日本書紀》在引用這個故事的時候，誤植為月讀命。這一點我們稍後還會再談及。

就如前述，在神話裡幾乎沒有談到任何有關月讀命的事。有趣的是，《萬葉集》裡沒有天照大神[5]，倒是出現了月讀命。

首先是第七卷，一三七二號歌：

月讀壯士夜夜行過天空

看得見
卻無緣觸及

同卷一〇七五號歌：

是海原之路太遠？
月讀走來只餘微光
夜已深

這兩首歌，稱呼月亮為「月讀壯士」、「月讀」。可見在古人心中，月讀命曾經佔有重要的地位。而翻閱《萬葉集》就可以知道，歌詠「月亮」的詩歌很多，卻幾乎沒有關於太陽的詩歌。

接下來這兩首歌又是如何？一〇六八號與一〇八〇號：

天海翻起雲浪
星如林
月之船靜靜划過

天照之月啊
回到遙遠的神代
還會再來嗎？
歲月已逝

國文學家與歌人們會怎麼解釋這些詩歌呢？我不知道。不過讓我印象深刻的是，這兩首歌裡的月亮都與「太陽」的意象重疊。一〇六八號是柿本人麻呂的歌[6]；月之船在天海中行進的模樣，酷似埃及神話裡太陽神「拉」乘船渡過天空的姿態。第二首歌以「天照」（照耀天空）形容月亮，而「天照」正是天照大神的名字。它們讓我感覺到，月亮背負著太陽的形象。相反地，天照大神卻沒有像埃及的太陽神「拉」那樣受到崇拜。吟詠她的歌一首也沒有。

儘管我只引用了少數幾段來自《萬葉集》的例子，但日本人喜愛「月亮」是周知的事實。現代仍保持了中秋賞明月的習俗。花鳥風月、雪月花等等，一直是日本人美感意識中的重要意象；對日本人而言，月亮是不可或缺的存在。月亮經常讓人聯想到「秋天」。在許多詩歌裡，月亮總是和秋天的悲涼或寂寥相呼應。關於這些，我們毋需畫蛇添足地舉例說明。儘管如此，關於這樣地受到日本人熱愛的月亮，在神話裡卻隻字未提，不禁讓人覺得奇怪。

有一則民間故事，非常有助我們思考月亮的意象。那是《阿月與阿星》的故事[7]。

有一對名叫「阿月」和「阿星」的姊妹。姐姐阿月是前妻的女兒。繼母老是欺負阿月，想盡辦法要殺了她。不過，妹妹阿星是個善良的女孩，知道自己媽媽的惡毒計謀，於是用了許多巧思幫助姐姐逃過死劫。繼母試過許多方法都不成功，最後請石匠打造了一個石頭的唐櫃（譯按：有腳的箱子），打算把阿月裝在裡面，丟到深山裡。知道了這件事的阿星，私底下拜託石匠，在唐櫃的底部開了一個小洞。阿月要被搬去丟棄的那天，阿星偷偷塞給姐姐一些炒米和水，還有一個裝了菜籽的袋子，並且交代姐姐，要她沿路從唐櫃底部的小洞，一點點、一點點將菜籽撒到地上。春天來臨，阿月撒下的菜籽發芽、成長並開花，阿星就沿著這些花，在深山裡找到唐櫃，救出了姐姐。但是阿月因為長時間哭泣，眼睛再也睜不開，也看不見了。傷心的阿星流下眼淚，左眼的眼淚流到阿月的右眼裡，右眼的眼淚流到阿月的左眼裡，不可思議地，阿月的兩眼突然都睜開了。

路過的一位貴族救了這對姐妹，並且安排地方讓她們居住。過了一段時間，兩人看到街道上一位盲眼的老人喃喃自語：

天上也好、地上也好
無可取代的阿月阿星啊
妳們好嗎？
要是阿月阿星還在

我又何苦敲這小鑼？

說完「鏗～～鏗～～」地，敲著小鑼走過。兩姐妹認出那就是自己的父親，趕緊跑過去相認，三人抱在一起痛哭。阿月的眼淚流進父親的左眼，阿星的眼淚流進父親的右眼，不可思議地，父親兩眼都看得到了。貴族知道了這件事，讓他們在自己的宅邸長住了下來，告訴他們要住多久都可以，並且妥善地照顧他們。

故事就在這裡結束。以家喻戶曉的《灰姑娘》為首，繼母與女兒的故事可以說比比皆是，全世界皆然。《阿月與阿星》是典型的日本故事，不像灰姑娘那樣，把「女主角結婚」當作美滿結局；不過這一點我們就不細談了。在這裡我想探討的是月亮與眼睛的聯結——月亮以女性的身分，而且是作為「父親的女兒」，在故事中登場。日本神話中「月讀命」是男性，不過在那之後，月亮普遍給予日本人「女性」的印象，這點毫無疑問。這段民間故事將「阿月」描寫為女性，而且是命運悲慘的女主角。

阿月的母親早逝，並且受到繼母欺負；而故事最後的幸福結局，是「和父親一起生活」。所以，阿月無疑是「父親的女兒」。但是，這樣的「父親」和美國現代女性所說的「父親」，是完全不同的。他雖然深深愛著自己的女兒，卻是個靠不住的爸爸——以這一點來說，他和伊邪那岐是相通的；而阿月，也和天照大神有些許類似之處。換句話說，在日本文化中，「日」與「月」的形象，出人意料地重疊在一起。

關於月讀命的角色，讓我們歸納一下這一節的內容來看看。如果只看《古事記》與《日本書紀》的本文，月讀命可以說幾乎等於「無」。雖說是三貴子，但位居中心的月讀命是個無為的存在，這一點非常重要。

以這樣的基本觀察為基礎，再參照《日本書紀》的「一書云」與《萬葉集》、民間故事等等，思考「月亮」的意象，我們發現人們有時混淆了月讀命與須佐之男，有時又賦予他天照大神的屬性。這說不定是因為，「徹底無為」其實是一件不容易想像的事。一旦我們試圖去思考他的具體型態，難免要借用兩側的天照大神與須佐之男的形象，來理解位居中心的月讀命。我們也可以這樣想：雖然位居中心的月讀命是完全無為的，但他的內在包含了天照大神與須佐之男這兩者的要素。這樣的看法或許更為貼切。

5　第二組三元組

應該所有人都會同意，三貴子是佔據日本神話中心位置的三元組吧！其中天照大神與須佐之男的故事，稍後我們會繼續探討，在這裡先讓我們透過他們與第一組三元組的對應，來看看這個三元組的性格。

首先值得注意的對應關係，就是天之御中主神對應了月讀命。在第一組三元組裡，天之御中主神是無為的中心，存在於體現了父性原理的高御產巢日神，與體現了母性原理的神產巢日神之間。再看看第二組三元組，無為的中心月讀命則存在於女神天照大神與男神須佐之男的中間。考慮到這樣的對應，那麼神話裡之所以完全沒有談到月讀命的事，也就可以理解。

其次，高御產巢日神、神產巢日神，和天照大神、須佐之男的對應關係則相當微妙。從這裡，我們

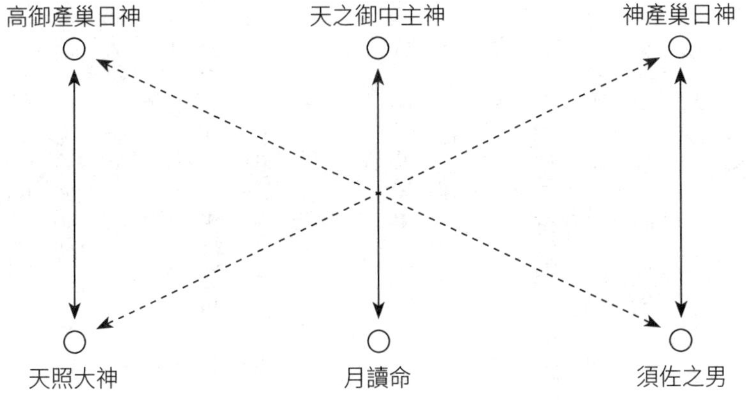

圖1　第1及第2三元組

可以清楚看出日本神話的特徵。在對應關係構造單純的情況下，母性原理的神產巢日神與女性的天照大神連結，父性原理的高御產巢日神與男性的須佐之男連結，那麼男性與女性間的對立關係將會一目瞭然。但事實上，高御產巢日神總是在背後支持天照大神，這兩位神明像是一對搭檔；而須佐之男及其子孫「大國主神」，則與神產巢日神有著很深的淵源。

之後我們會隨著神話的發展敘述相關的故事，但現在我先來談談與三元組構造有關的部分。首先，高御產巢日神所扮演的彷彿是天照大神父親的角色。高御產巢日神在《古事記》裡被稱為「高木神」。「高大的樹木」這樣的意象，非常具有男性特質；他一直留在高天原，輔佐天照大神。

我們在第一章時已經提到過，高御產巢日神在天孫降臨的神話中頻繁登場。我們也說過，他的兒子是「思金神」（或作「思兼神」）。天照大神自閉於岩洞時，思金神正如其名，活躍地扮演了「思考」的角色。高御產巢日神具有產生「思考」功能的能力。

還有，當天照大神思考要派遣哪一個兒子去統治地上世界時，高御產巢日神也始終隨侍在側，協助她作決定。後來被派遣到地上的「天若日子」在出雲國住了下來，不願回高天原覆命；天照大神指派名為「鳴女」的雉鳥前往探查，不料卻被天若日子射殺。那一箭一直飛到天安河河岸，落在天照大神與高御產巢日神的腳邊。高御產巢日神撿起箭，說道：「如果天若日子此箭依命射的是惡神，那麼這一箭就不會射中天若日子；倘若他心有邪念，那麼就射中他。」接著將箭擲回，箭命中天若日子而將他射殺，他這股意志與行動力相當強大。

高木神也在《古事記》的〈中卷〉登場。「神倭伊波禮比古命」（神武天皇的名字）在熊野苦戰的時候，一名叫「高倉下」的男子前來，說他夢到「天照大神與高木神命令建御雷神，賜給他一把劍」，當他醒來後，真的發現一把劍穿破自家倉庫的屋頂從天而降，於是他把劍帶來獻給神武天皇，天皇的軍隊因此而得勝。此外，神武東征時為他引路的三足神鳥「八咫烏」，也是「奉高木大神之命」。由此可知高御產巢日神深深涉入許多決策與戰鬥中，和天照大神關係密切。

相較起來，神產巢日神所發揮的作用和參與事件的方式，都與高御產巢日神不同。根據《古事記》記載——這段故事先前也介紹過——大氣都比賣被須佐之男殺死後，從身體生出蠶、稻子與粟米等等。而將這些取來作為種子的，就是神產巢日神。

在更後來的故事裡，須佐之男的子孫「大國主神」被「八十神」謀殺後，也是神產巢日神讓他復活的。八十神先是要大國主神去捕捉山豬，然後燒紅了一塊形狀像豬的大石頭推下山，把撲過去抱住石頭的大國主神活活燒死。這時候神產巢日神派遣「𧏛貝比賣」與「蛤貝比賣」救活了他，並且讓大國主神變成一個「俊美的壯漢」。

不僅如此——稍後我們還會詳述——協助大國主神建立「出雲國」的「少名毘古那神」，就是神產巢日神的兒子。少名毘古那神和活躍於高天原的思金神（高御產巢日神的兒子）相互對應。

於是我們可以看到，神產巢日神所發揮的功能，和衣食生活、醫藥等等有關，同時與出雲系

——也就是須佐之男的系統——密切結合。實際上，在出雲地區有許多神產巢日神系統的神社。

我們更看到，第一組三元組與第二組三元組，形成了饒富趣味的對應。兩者不變的是，都以無為的存在為中心。高御產巢日神始終留在高天原，與天照大神共同行動；神產巢日神則和須佐之男一起，很清楚地歸屬於出雲系。以其功能來說，與女性的天照大神連結的高御產巢日神，屬於父性原理，與男性的須佐之男連結的神產巢日神，則屬於母性原理，兩者之間產生了有趣的交錯。這是日本神話的特徵。

換句話說，日本神話並不以某種單一的原理來統整所有故事，也不試圖統合彼此相對立的不同原理；而是在對立發生之前，混合、連結異種的存在，希望能保持微妙的平衡。在日本神話中，最重要的是「和諧感」這一點。

我們透過三元組的結構，敘述了日本神話追求和諧的態度。但事實上我們略過了重要的事件。在達到和諧的狀態之前，天照大神與須佐之男之間，發生了相當嚴重的對立與衝突。這件事我們將在下一章討論。

註釋

1 譯註：「努祕」（Numinöse）是由德國神學家魯道夫．奧托（Rudolf Otto, 1869-1937）所造的字，也是他所定義的概念，意思是「神聖事物中，非來自道德、習俗，無法以理性理解的部分」。

2 譯註：戴奧尼修斯是古希臘神話中的酒神，相當於古羅馬信仰的酒神「巴克斯」（Bacchus）。

3 原註：大林太良『神話の系譜——日本神話の源流をさぐる』青土社、一九八六年。

4 譯註：「大氣都比賣」又表記為「大宜津比賣」、「大宜都比賣」，是掌管食物的神。「比賣」、「毘賣」、「姫」都是對女性的尊稱，而且在日語中的發音是一樣的，只是漢字表記的方式不同。

5 譯註：《萬葉集》是日本現存最早的和歌集，成書於奈良時代（710-794）末期，全二十卷共收錄了四千五百首以上的和歌。

6 譯註：柿本人麻呂（660-724）是日本飛鳥時代極受尊崇的歌人，有歌聖、歌仙的美譽。

7 原註：関敬吾編『桃太郎．舌切り雀．花咲か爺　日本の昔ばなしII』岩波文庫、一九五六年、所収。

第五章

天照大神與須佐之男

1 須佐之男的入侵

先前我們敘述了三貴子的誕生，也說明了以無為的月讀命為中心的三元組結構。在這之後，相互對比的天照大神與須佐之男之間，展開了日本神話中最激烈、最重要的戲劇。這是緊接在三貴子誕生之後的事，讓我們引用《古事記》的敘述：

於是三神各自受命統治其疆國。然須佐之男並不依命治理海原，雖已長大成人，鬍鬚有八個拳頭長，仍鎮日號泣，其哭聲讓青山枯萎，川海乾涸。諸惡神藉此騷動不已，其聲如五月之蠅無所不在，各式災害盡皆發生。是故，伊邪那岐大御神問須佐之男曰：「你因何不治理受命之國，卻鎮日號泣？」須佐之男答曰：「我欲前往母親之國度，根之堅州國。因而哭泣。」伊邪那岐大御神大怒曰：「若是如此，此國無你容身之處。」隨即放逐須佐之男。伊邪那岐大御神，居淡海之多賀。

從這裡已經可以看到天照大神與須佐之男之間的對比。天照大神聽從父親伊邪那岐的命令，安分地統治高天原，但須佐之男並不領命，而整日哭喊，想要去媽媽的國度。天照大神是「父親的女兒」，相反地，儘管須佐之男是從父親的鼻孔裡生出來的，卻顯然是個「媽媽的兒子」。這時候伊邪那岐大怒，要將他逐出高天原。須佐之男想在離開之前，先去跟姊姊天照大神道別，故事就是從這裡開始的。這是《古事記》的敘述：

於是須佐之男曰：「若是如此，我將辭別天照大御神後離去。」須佐之男升天之時，山川國土盡皆動搖。天照大御神聞聲驚膽，曰：「我弟此來，必無善心。想是來奪我國土。」故散其髮，結左右二角髻[1]，纏八尺勾玉[2]御統之珠於雙髻、髮飾與雙腕，背負納千箭之箭筒，腰掛納五百箭之箭筒，佩護腕，持弓立於大地，如踢開積雪般奮力頓足，咆哮道：「你因何而來？」須佐之男答曰：「我無邪心。只是父親問我為何而哭，我答曰：『欲往母親之國，故哭泣。』父親便曰：『此國無你容身之處』將我逐出高天原。我為報告此事而來，並無異心。」天照大神問：「如何知你清白？」須佐之男答曰：「各自立誓，生子以明志。」[3]

須佐之男只是為了向姐姐辭行而前來拜訪，天照大神卻誤以為他要來搶奪自己的國家，甚至全副武裝咆哮著等他來。須佐之男解釋了事情的來龍去脈，天照大神卻沒有接受，還是繼續懷疑他。值得注意的是，在這裡，天照大神犯了明顯的錯誤。換句話說，日本神話並沒有把天照大神塑造成絕對不會犯錯的神。天照大神是公認地位最高的神，但她並非永遠正確。或許一方面是因為父親把高天原交付給她統治，另一方面看到弟弟須佐之男思念母親哭哭啼啼的樣子，使她產生了過度的自信。因此她曲解須佐之男的意圖，甚至還武裝以待。她的勇猛或許足以與雅典娜比擬，但這份勇猛卻建立在誤解之上。

在接下來須佐之男立誓的場面中，須佐之男取得了勝利，然而——稍後我們會討論這一點——卻因為勝利而得意忘形，導致後來的失敗。換句話說，在日本神話裡，沒有人能誇口自己佔有絕對的優勢；才剛以為自己了佔據中心的主要地位，很快又會失足跌落。真正的中心要角既不是天照大神，也不是須佐之男，而是只是存在著，卻沒有任何作為的月讀命。

雖然我忍不住已經說出結論了，接下來還是讓我們仔細看看立誓的場面。

2 誓約

須佐之男向天照大神提議各自生下孩子，以證明他的心是「清白」的。這個場面相當複雜而有趣。首先我們來看看《古事記》怎麼說：

於是二人隔天安河對立於兩岸，各自立誓。天照大神取須佐之男所佩之十拳劍，折成三段，於天之真名井中洗淨，置於口中嚼碎，鏗鏗作響，吐氣如霧，從中生出神名為「多紀理毘賣命」，別名「奧津島比賣命」。次為「市寸島比賣命」，別名「狹依毘賣命」。次為「多岐都比賣命」。以上三神。須佐之男取天照大神左髻上八尺勾玉五百御統之珠，於天之真名井中洗淨，置於口中嚼碎，鏗鏗作響，吐氣如霧，從中生出神名為「正勝吾勝勝速日天之忍穗耳命」。次取天照大神右髻之珠玉，置於口中嚼碎，吐氣如霧，從中生出神名為「天之菩卑能命」。又取天照大神髮飾之珠玉，置於口中嚼碎，吐氣如霧，從中生出神名為「天津日子根命」。再取天照大神左手之珠玉，置於口中嚼碎，吐氣如霧，從中生出神名為「活津日子根命」。最後取天照大神右手之珠玉，置於口中嚼碎，吐氣如霧，從中生出神名為「熊野久須毘命」。以上五名。於是天照大神　須佐之男曰：「後來所生之五名男子，乃是從我之所有物生出，自是我之子。先前所生之三名女子，乃是從你之所有物生出，自是你之子。」將孩子分別清楚。

雙方就這樣各自生下孩子之後，須佐之男表示「自己心志清白，故所生皆為女子」，宣布自己的勝利。其實，事前他們並未約定生男生女何者為勝利，須佐之男卻斷定生下女孩子就表示自己清白，可以說表明了女性優勢的立場。然而，天照大神曾經打算派遣長男「忍穗耳命」到出雲國，忍穗耳命的子孫後來更繁衍成為天皇家族，因此這段雙方立誓的故事，也可視為男性優勢的立場。換句話說，日本神話在這裡的立場以男性為優勢或以女性為優勢，我們很難判斷；如果參考《日本書紀》的敘述，更是令我們感到混亂。這一點我們稍後再談。

在討論男女的問題之前，先讓我們看看他們生孩子的方式。雖然就神話的敘事方式來說，從「劍」或「勾玉」生出孩子來，並不是多麼奇怪的事，但天照大神和須佐之男，很難說是分別或個別生下孩子的。換句話說，孩子應該是透過他們兩人之間的某種「關係」生下的。小孩並沒有直接從天照大神的勾玉裡跑出來；而是須佐之男將勾玉在天之真名井中洗淨、放入口中嚼碎後吐成霧氣，再從這霧氣中出現的。這些小孩的誕生，顯然和須佐之男「有關係」。須佐之男的孩子也是一樣，是從須佐之男與天照大神之間的關係中誕生的。

那麼，這裡為什麼不直接寫出天照大神與須佐之男之間的關係，而要用這麼迂迴的方式敘述？顯然不是為了避開「性」的描寫。因為，在伊邪那岐與伊邪那美結婚時，關於「性」的記述已經相當直接露骨。我認為這種寫法，是為了不要重複使用之前描述伊邪那岐與伊邪那美的表現方式。編寫神話的人，不願意將須佐之男設定為「父親」，將天照大神設定為「母親」，而且也不願意採用明確的「父親生子」模式，像伊邪那岐生下三貴子那樣，才會形成這麼特別的故事。

在這個立誓場面中生下來的男性，不僅成為天皇家族的祖先，也成為天皇家周圍各氏族的祖先。因此——雖然這個想法純屬推測——這個神話顯然具有為天皇家族及其周邊氏族確立身分依據的意圖。如果像《日本書紀》第六段「一書云」(1)(2)(3)（請參照下頁表3）那樣，單純將五個男孩當作須佐之男的孩子，那麼天皇家與周邊氏族，將全部變成須佐之男的子孫。所以我認為，雖然神話在描寫立誓過程時，明確指出哪些是天照大神的小孩、哪些是須佐之男的小孩，但是故意模糊他們兩者的「關係」。

雖然表3的記述非常簡要，不過還是可以看出來《古事記》與《日本書紀》在細節方面有相當的不同。

先前我們已經引用了《古事記》的記載。天照大神嚼碎須佐之男的劍，生出三位女性神；須佐之男嚼碎天照大神的勾玉，生出五位男性神。《古事記》認為男神來自天照大神的勾玉，所以是天照大神的孩子；女神來自須佐之男的劍，所以是須佐之男的孩子。而且，須佐之男主張，生下女兒一事證明了自己的清白，宣告自己獲勝。

但是耐人尋味地，《日本書紀》的描述其實有非常多的不同之處。首先必須注意的是，包括本文在內，《日本書紀》中所有的版本都說，須佐之男以「生下兒子」證明自己的清白。這一點和《古事記》是完全相反的。

不僅如此，對於在這種狀況下生下的神明，到底哪個算是誰的孩子，在神話各版本中的判定也相當混亂。《古事記》本文主張，須佐之男嚼碎天照大神的勾玉，從吐出的霧氣中生出小孩，因為勾玉是天照大神的所有物，因此這些小孩是天照大神的孩子。但是《日本書紀》第六段「一書云」(2)則敘述，天照大神嚼碎須佐之男的勾玉所生下的小孩，因為是由天照大神身上出生的，所以是她的孩子。這兩者判斷的基準完全相反。

由此可見，之所以產生各式各樣的版本，是因為神話內含的意義並不明確，導致多樣的觀點存在。伊邪那岐與伊邪那美結婚儀式的故事，也發生了完全一樣的情形（請參照第二章

表3　誓約神話的各種版本

	天照大神的孩子	須佐之男的孩子	清白的證明	勝利者
古事記	五個男孩（須佐之男以天照大神的勾玉所生）	三個女孩（天照大神以須佐之男的劍所生）	女	須佐之男
日本書紀本文	五個男孩（須佐之男以天照大神的御統之珠所生）	三個女孩（天照大神以須佐之男的劍所生）	男	天照大神？
一書云(1)	三個女孩（天照大神以自己的劍所生）	五個男孩（須佐之男以自己的瓊玉所生）	男	須佐之男
一書云(2)	三個女孩（天照大神以須佐之男的瓊玉所生）	五個男孩（須佐之男以天照大神的劍所生）	男	須佐之男
一書云(3)	三個女孩（天照大神以自己的劍所生）	五個男孩（須佐之男以自己的瓊玉所生）	男	須佐之男

表1）。這顯示出當時的人立場的混亂，無法決定父性原理、母性原理何者重要，何者優先。不過，大體上《古事記》一貫以母性原理為優先，應該是保留了古代日本的樣貌。而看起來《日本書紀》因為考量到日本與中國的關係，意圖將父性原理置於第一位，卻導致立場的混亂，無法將故事完全整合一致。

在《日本書紀》的本文中，一開始就決定生男孩的一方勝利，表示出男性優勢的立場；既然天照大神生下了男孩，須佐之男生下了女孩，照理說應該是天照大神勝利。然而，《日本書紀》卻沒有對勝負作出判定，接下去只說「其後，素戔嗚尊（譯按：即須佐之男）之行為，甚為無狀」，並沒有描述須佐之男為自己的勝利洋洋自得、趁勢亂行的情事。

我認為在這些類話之中，《古事記》應該是保留了最多神話古老樣貌的版本。比方故事中表現出明顯的女性優勢立場，還有天照大神過於相信自己的判斷，誤解須佐之男的意圖而導致失敗；須佐之男在立誓的場面中獲勝，卻因為勝利而失足等等；這些情節的描述都會讓人這麼想。

3 天岩洞

根據《古事記》的記載，須佐之男因為在立誓的場面中獲勝，便得意忘形乘勢做了許多壞事。《古事記》這樣說：

破壞天照大神之田埂，填平田溝，於食殿潑灑屎糞。然天照大神並未責怪，而曰：「灑大糞，應是我弟酒醉嘔吐。壞田埂、填田溝，應是我弟疼惜土地所為。」然而須佐之男之惡行並未停止，反而愈發惡劣。天照大神織布以獻神時，須佐之男打破屋頂，將剝了皮之天馬擲入織布房。天之服織女見狀大驚，陰戶撞擊織梭死去。

須佐之男破壞田埂，在吃飯的地方拉屎。但天照大神的反應令人印象深刻。天照大神誤解須佐之男來訪的意圖，以為他要來奪取國家的時候，曾全副武裝地對他咆哮以待；那是與男性相當、甚至比男性更強硬的戰鬥姿態。但這一次她卻沒有處罰須佐之男，或是與他對決的意思，而是希望藉由善意的解釋來化解衝突。

但是須佐之男並不因此罷手，竟打破織布房的屋頂，將剝了皮的天之斑馬丟到織布房裡，服織女因此「陰戶撞擊織梭死去」。這時候，天照大神也按耐不住怒氣了。但是她沒有起身與須佐之男戰鬥，反而把自己關在天岩洞裡。這項舉動也令人印象深刻。原先那麼積極面對須佐之男的女神，竟變得完全被動。不但不面對問題，還躲了起來。

神話所描述的須佐之男的惡行，全部都與稻田及織布有關。從這裡我們可以了解，天照大神的系統，是重視農耕與養蠶的部族。須佐之男在這裡完全扮演了惡棍的角色，但是在天岩洞的事件之後，他被流放到下界，卻反而在下界成為開創國家的文化英雄。這裡提出的「惡」的問題也非常耐人尋味，但這一點我們稍後再討論，現在先讓我們來看看天照大神所採取的行動。

《古事記》描述天照大神把自己關在岩洞時所用的文字，值得注意。天之服織女因為陰戶撞擊織梭而死去的時候，「天照大神心生畏懼，開啟天之石屋戶，閉於其中」。這裡所說的「心生畏懼」，和伊邪那岐打破伊邪那美的禁令，以一道孤火當作光源，看到伊邪那美屍體時所用的文字是一樣的——「伊邪那岐心生畏懼，倉皇而逃」。這個用字上的重複是相當高明的筆法。父親與女兒各自經歷了「畏懼」的體驗。那不只是可怕的經驗而已，還包含了對於超越自己的存在所抱持的情感。父親看到的，是女性黑暗的一面，女兒看到的，則是男性黑暗的一面。「陰戶衝擊織梭」這個意象，顯然影射發生了性暴力的行為。關於這一點，我們將在下一章仔細探討。在這裡我要說的是，不論男性或女性，人在認識到異性黑暗的一面，以及超越自己能力控制範圍的存在時，將會開始成長。如果我們把這兩段神話，看作是對這種成長過程的描寫，就不難理解「畏懼」的體驗重複出現的意義。伊邪那岐沒命地逃跑，天照大神把自己關在岩洞裡。不論是哪種場面，如果和對方正面衝突，只會走向毀滅吧！

伊邪那岐的逃跑並不是失敗。我們已經看到，在他逃跑之後，事情有了全新的發展。天照大神的躲藏也不是敗北。她採取被動的態度後，反而使世界開始動了起來。

讓我們看看《古事記》如何描述天照大神藏身岩洞的情況：

於是高天原一片黑暗，葦原中國亦無一絲光明。是為永夜。眾神騷動，其聲如五月之蠅，各式災禍四處興起。故八百萬神群集天之安河原，令高御產巢日神之子思金神竭其智，聚常世之長鳴鳥，使之啼鳴，取天安河上之堅石，天金山之鐵，召鐵匠天津麻羅，命伊斯許理度賣命製鏡，令玉祖命串五百御統之珠，製八尺勾玉，召天兒屋命、布刀玉命，取天香山雄鹿肩骨，焚天香山櫻桃木燒之以為占卜。依其所占，將天香山五百真賢木連根拔起，將八尺勾玉五百御統之珠繫於上枝，八尺鏡繫於中枝，下枝懸掛白布、青布。布刀玉命持此神具，天兒屋命吟唱祝詞，天手力男神隱身岩洞門側，天宇受賣命以天香山之松枝、葛花、小竹葉裝飾肩、髮、腕，將大木桶覆蓋於岩洞口前，於其上跳舞，召喚神靈附身，露出乳房，拉開衣襟到陰戶之下。八百萬神齊聲大笑，笑聲響徹高天原。

天照大神把自己關在岩洞裡造成了嚴重的情況，世界被籠罩在一片黑暗之中。正如所謂的「永夜」，這樣的情形似乎無法收拾，到處不斷發生災難。八百萬神為了解決困境而集合起來，設法分工努力解決。一向敘事方式簡潔的神話，在這裡則詳細描述各個神明所採取的行動與他們的名字，這在全書中是很特別的筆法。或許這是為了形容眾神是如何齊心合作，也可能是要表示：這就是後來神道教祝禱儀式的起源。

別忘了，眾神之所以集結了各自的苦心與氣力，其前提是天照大神的無所作為。一開始她想要以武力對抗須佐之男，但是卻失敗了。後來面對須佐之男的惡行，她試圖用善意解決衝突，也不成功。最後遭遇須佐之男莽撞入侵的惡行時，她選擇隱身黑暗之中。這是完全無為的態度。如果是其他文化的神話，遇到這種狀況時，代表「善」的天照大神應該要率領手下，起身抵抗代表「惡」的須佐之男，並獲得勝利，這才是常見的模式。然而天照大神的態度完全不是如此。不過，她的徹底被動，卻促成了眾神的活性化。

眾神採取了各種解決方案，不過，這些行動是由誰領導的呢？答案並不清楚。首先，從「令高御產巢日神之子思金神竭其智」這一句可以推測，眾神後來的一連串行動，都來自思金神的策略。不過，是什麼人叫思金神「竭其智」的呢？我們無法得知。或許我們可以說是「八百萬神」全體，但仔細想想，八百萬神的領導人，不就是天照大神嗎？說不定天照大神這個領導人心裡盤算，與其自己帶頭抵抗，還不如採取徹底被動的態度，反而能讓所有的神都動起來——這麼推測，不也很有趣嗎？關於這一點，我們在下一章比較其他文化的神話時會再探討。

讓我們稍微看看眾神採取了什麼行動。首先，他們找來長鳴鳥，這應該是為了讓牠宣告天明吧！關於鏡子有些什麼的重要功能，我們稍後再述。接下來，神話描述了燒烤鹿骨的占卜方式。

雖然我們可以藉此了解當時占卜的技法，這一點很有意思，但是占卜的結果是什麼呢？神話裡卻什麼也沒說。這還真是不可思議。可能他們重視的是占卜這個行為本身，不在乎占卜的結果；也可能後來事情的發展正如占卜的預測，便不須重複敘述。接下來，他們找來連根的天香山賢木，用勾玉和鏡子等等東西裝飾起來，天兒屋命莊重地吟唱祝禱詞，天手力男躲在岩洞的陰影處。這一切都準備好以後，這一天的主角天宇受賣命登場了。

話說回來，雖然說是經過八百萬神的商量，但是在沒有領導人的狀態下，竟然能完成這麼繁複的準備工作，實在令人驚訝。說不定是月讀命這個無為的中心，雖然沒有刻意領導，卻安排了這一切——這麼想也很有趣。稍後我們還會談到，和日本一樣有眾多神祇的希臘，主神宙斯經常出面扮演協調、裁量的角色。而在日本神話裡，這麼關鍵的危機時刻，竟然沒有協調者、也沒有領導人，這是日本神話的特徵。

4 天照大神的蛻變

在眾神完成周全的準備後，天宇受賣命「露出乳房，拉開衣襟到陰戶之下」，開始跳舞。眾神看到這樣的情景放聲大笑。這一切的安排，都是為了將天照大神引出山洞。《古事記》這樣說：

天照大神心生奇怪，微啟天岩洞門，自門內問：「我隱身在此，天之原自是黯淡無光，葦原中國亦當一片黑暗。天宇受賣命因何歌舞，眾神又何故群聚歡笑？」天宇受賣命答曰：「今有尊貴更勝你者在此，故歡笑歌舞。」同時天兒屋命、布刀玉命持鏡以示天照大神。天照大神見鏡中人影，更覺好奇，微步踏出門外探看，藏身一旁之天手力男神隨即攫住天照大神之手，將其拉出門外。布刀玉命立時在其身後拉起注連繩[4]，曰：「勿再入內。」天照大神既已出洞，高天原與葦原中國皆現光明。

天照大神心想，自己躲了起來，世界應該是一片黑暗，眾神應該不知所措吧。結果相反，眾神笑得很開心。這是怎麼回事呢？一問之下，天宇受賣命回答「因為有比妳更尊貴的神在這裡，所以大家都在笑」。天照大神覺得奇怪的時候，大家把事先做好的鏡子拿給她看。這個地方神話沒有說得很清楚，但應該是天照大神看到鏡子裡的自己，以為那就是天宇受賣命所說的，比自己更尊貴的神。正當她想要看個清楚，稍微踏出岩洞的時候，天手力男抓住她的手，把她強拉了出來；布刀玉命在她身後拉起注連繩，讓她無法再進去岩洞。而因為天照大神走出洞外，世界便重現光明。

這段故事包含了許多重要的意義。首先是天宇受賣命露出性器跳舞。這件事的意義，我們在下一章與希臘神話比較的時候，還會更仔細地加以討論；這裡先讓我們注意天照大神與天宇受賣命的對照性。兩者都是名字被冠上「天」字、是相當受到尊崇的女性，但她們在許多地方都形成對比。天照大神是屬於天上的、光輝耀眼的存在，她一開始現身甚至全副武裝咆哮，可見具有男性特質。下一章我們也會談到，須佐之男的入侵，恐怕是影射須佐之男與天照大神的性關係，但神話中巧妙地避開了這一點，費盡苦心不讓讀者感到天照大神的肉體性。因此天照大神在神話裡的形象類似雅典娜，是接近聖潔處女的存在。相對地，天宇受賣命卻暴露自己的肉體，可以說是完全相反的性格。而天宇受賣命對天照大神所說的「有比妳更尊貴的神」，也可以解釋為，如果天照大神能夠讓自己也擁有天宇受賣命的那一面，將會成為「更尊貴的神」。

人們認為，鏡子具有反映「真實」的力量，就像白雪公主的母親所擁有的「魔鏡」。這段神話裡的鏡子，讓原本像聖潔處女般的天照大神看到自己的肉體性，變得「更為尊貴」。也可以說，原本積極行動、光輝耀眼的天照大神，因為體驗到被動性，認識到黑暗，而重生為「更為尊貴」的神。關於這一點，《日本書紀》第七段的「一書云」(2)描述，當天照大神走出岩洞時，把鏡子放到岩洞裡，撞到了門，而留下了些許瑕疵，「其瑕今猶存」。我認為這個說法和上述的論點相符。也就是說，「正因為有瑕疵，而變得更為尊貴」。天照大神的樣貌，產生了這樣的蛻變。

下一章我們將以總和的觀點，探討天岩洞神話的整體意義。現在先我們來看看有關暴露性器的其他神話。

首先是金田一京助介紹的一段阿伊努人（編按：在日本主要居住於北海道的一支原住民族）的故事[5]。這個故事的開頭令人印象深刻：「春天是女人的季節。春天來時，青草鑽出大地，樹木冒出新芽。冬天是男人的季節。冬天來時，青草長眠地底，枝枒散落，白雪堆積大地」。「春天是女人的季節」這句話——下一章我們會詳細談論這一點——與天岩洞神話的本質相通。對於農耕民族來說，從冬天過渡到春天的時候，是讓人感覺到穀物「死而重生」的季節。

饑饉魔來到阿伊努人的村落，打算讓人類的聚落陷入飢荒。魔神向偶然路過的年輕人搭訕，邀他一起來幹這件勾當。這個年輕人叫「歐奇庫魯米」（Okikurmi，「阿伊努拉克爾」的別名），是阿伊努人的文化英雄。歐奇庫魯米聽到魔神的提議後，心裡盤算，「我得設法破壞他的計謀才行」。於是歐奇庫魯米邀請魔神一起喝酒，但魔神拒絕了他：「酒是善神的喜好。有沒有什麼東西是給惡神喝的呢？」這時候，歐奇庫魯米的妹妹突然解開衣紐，拉開衣襟，露出了乳房。這樣一來，東方瞬間變得明亮，西方突然暗了下來。惡神看到這個景象改變了主意，進入歐奇庫魯米的家，不明究裡地喝下了毒酒，就這樣被驅除了。

松本信廣認為，歐奇庫魯米的妹妹的行為「讓飢饉魔不由自主笑了起來。『笑』這種東西，可以軟化頑強的意志。惡魔的憤恨猙獰，在『笑』之中消失了」。[6]在這個故事裡，我們不知道阿伊努的魔神是否真的笑了，但他「頑強的意志」因為女性性器的暴露而「軟化」，這是事實。我們在其中看到緊張的解放，看到心胸的「敞開」。這個心胸的「敞開」和天岩洞大門的「敞開」是相通的。

在上述的例子裡，女性性器的暴露導致對方從緊張中解放，但有時候它也會發揮威嚇的力量。琉球的古老傳說中，有這麼一個故事。從前首里金城有一個食人鬼，搞得全城人心惶惶。有一天，某個人的妹妹把性器露出來給鬼看。鬼問她，那張嘴是做什麼用的？這女人回答他，上面的嘴是拿來吃粿的，下面的嘴是拿來吃鬼的。鬼聽了以後大受驚嚇，便不小心掉下懸崖摔死了。在這段故事裡，女性的性器連鬼都可以嚇倒。

接下來讓我們看看吉田敦彥所介紹的，凱爾特的傳說[7]。烏爾斯特（Ulster）國王孔侯巴爾（Conchobar mac Nessa）的外甥「庫夫萊恩」（Cú Chulainn）是一位半神半人的勇士。他打倒了無數強敵後回到都城，但是接二連三的戰爭，使庫夫萊恩的身體變得灼熱無比；孔侯巴爾王擔心他以這樣的狀態回來，都城將會陷入危險，命令王后慕崗（Moógen）帶頭，率領一百五十名女性，全裸走出城外，在庫夫萊恩的面前坦露裸體與陰部。庫夫萊恩不敢注視這副景象，死命地把頭轉開。人們趁這個時候把庫夫萊恩抬起來，浸泡在一個接一個裝滿冷水的桶子裡，成功地讓他灼熱的身體冷卻下來。這時候孔侯巴爾才叫人把庫夫萊恩領到自己跟前，向眾人稱頌他的蓋世武功。

在這個凱爾特傳說裡，性器的暴露能夠讓灼熱的勇士平靜下來，讓人感覺到魔法般的力量；

但這股力量並不是威嚇壓制他，而是緩和他的心智。在基督教取得支配性力量之前，曾經普及歐洲大陸的凱爾特文明，最近引起許多人的關注。凱爾特的神話與民間故事，和日本的有許多共通點，這是非常耐人尋味的事。

以上我們介紹了許多暴露性器的故事。有時它有威嚇的作用，有時又具有鎮靜的效果與魔法的力量。同時，它有某種「敞開」的意義，讓我們聯想到天亮或是春天的到來。不僅如此，它還與「笑」緊緊相關。關於這一點，我們將在下一章比較日本神話與希臘神話時進行討論。

註釋

1 譯註：角髻是結在左右雙耳之上的髻，是古代日本男性的髮型。

2 譯註：勾玉是日本古代祭祀、裝飾用的玉，呈C字型，形狀像動物的犬齒，亦表記為「勾珠」、「勾璁」。御統之珠則是皇位的象徵。

3 譯註：以「生子」的方式占卜，證明自己是正確清白的。

4 譯註：「注連繩」是以稻稈或麻編成的繩子，有極大極小各種尺寸，是神道信仰所使用的一種祭具，用於結界等功能。

5 原註：金田一京助「アイヌラックるの伝説（〈阿伊努拉克爾傳說〉）『アイヌの研究』（《阿伊努研究》）、一九二五年。（松本信廣《日本神話研究》中的引用文）

6 原註：松本信広『日本神話の研究』平凡社東洋文庫、一九七一年。

7 原註：吉田敦彥『小さ子とハイヌウェレ』（《小孩與海努維麗》）みすず書房、一九七六年。（譯按：「海努維麗」（Hainuwele）是印尼神話中一名從椰子樹長出來的少女，可以從她的糞便中創造出貴重物品。她被殺害後，屍體化成了各種不同的芋頭。後來人們通稱由穢物或屍體創造食物的神話類型，為「海努維麗型神話」。

第六章

大女神的受難

我們在上一章介紹了日本神話中極為重要的故事，也探討了太陽女神天照大神歷經重大苦難後，產生蛻變的過程。這種大女神受難的故事不是日本獨有的，其他文化的神話中也可以看到。首先，希臘神話中狄蜜特（Demeter）受難的故事與日本神話的相似性之高，令人驚訝。一九六四年我在瑞士的榮格研究所撰寫「太陽女神」的論文時，注意到兩者的類似性。當時的感動，至今我仍然記得十分清楚。不論相隔如何遙遠，不同的地區的神話竟然具有如此高的共通性——這項發現讓我感動不已，至今記憶猶新。同時，它也有助我認識日本神話所蘊含的深刻意義。

當時我沒有依靠任何外在的引導，只是憑自己的感覺閱讀與思考。這項「發現」除了讓我欣喜不已，同時也讓我感到不安——「這會不會是我自以為是的想法呢？」一九六五年回國後，我發現日本的神話學家也正在關注這一點。特別是接觸吉田敦彥細膩周延的研究後，不但讓我學到很多東西，而且知道自己的看法不是獨斷的天馬行空，心裡踏實了許多。

吉田敦彥當時關心的是，希臘神話是如何傳播到日本來的？但對我來說，我關心的是神話在心理上的意義。即使地域相隔，我們可以從神話看到人類共通的心理特性——這是我關心的焦點。也就是說，我認為日本文化雖然有其獨特的性格，但是它的深層內涵，和人類普遍的特質是相連的。

透過與希臘神話的比較，讓我自認為對天照大神的認識並不膚淺。然而從一九八〇年代開始，我有許多訪問美國、歐洲的機會；與許多歐美的榮格派分析家接觸的經驗，更加深了我對日本神話的理解。其中很重大的一件事，就是認識了蘇美神話「伊南娜下冥界」的故事；它幫助我更深一層理解了天岩洞的神話。那是因為，從前一般對神話的研究與分析，再怎麼說都是從「男性的觀點」出發的，而榮格派的女性分析家們，則嘗試從「女性的觀點」來觀看神話。正如前述，她們在尋找「獨立自主的女性」——而不是「父親的女兒」——的生存方式時，邂逅了「伊南娜下冥界」的神話。

這些榮格派女性分析家之中，也有人試圖從古代巴比倫尼亞的「聖娼」制度，揭開女性永恆的面相。這些研究與論述，對於解開天岩洞神話的意義也有很大的幫助。她們所探討的課題是「在精神與物質、靈性（spirituality）與性愛（sexuality）分離的現代社會中，這樣的兩組詞語要如何互通連結？」[1]

接下來，我將參考上述的學說，探討日本天岩洞神話的意義。

1 大女神狄蜜特

天岩洞神話語希臘神話中狄蜜特與波瑟芬妮（Persephone）的神話，相似性之高令人驚訝。我將一面參考吉田敦彥的研究，一面介紹這個故事[2]。

狄蜜特是希臘神話中的大地母神，地位可以與日本神話的伊邪那美相比擬，是為大地帶來豐收的神祇。有一天，狄蜜特的女兒泊瑟芬漫步在原野上，摘取春天綻放的草花。當她正要摘下一朵水仙花時——事實上那是主神宙斯設下的陷阱，目的是要綁架波瑟芬妮送給冥王黑帝斯（Hades）作妃子——大地突然裂開，黑帝斯乘坐黃金馬車從裂縫中出現，強行擄走波瑟芬妮，將她帶到地底世界。狄蜜特聽到波瑟芬妮的慘叫聲，立刻出來尋找，但怎麼也找不到最愛的女兒。後來狄蜜特終於知道那是宙斯的奸計，盛怒之下離開了眾神居住的奧林帕斯山，在人類的世界流浪。

女神化身老太婆的模樣在人間四處遊蕩時，希臘諸城邦之一，厄琉息斯的國王刻琉斯（Celeus），曾經盛情款待。狄蜜特因為思念女兒悲傷難耐，始終沉默不語，什麼也不吃。國王看到這樣的情形，讓侍女伊爾姆貝（Iambe）做出各種可笑滑稽的舉動，逗得狄蜜特發笑，終於露出放鬆的表情。後來狄蜜特還曾經照顧刻琉斯的兒子，不過這段故事和我們的主題沒有太大的關係，且省略不談。

之後狄蜜特坦白了自己女神的身分，被奉祭在厄琉西斯的神殿。但因為女兒的失蹤，她始終悲傷消沉，使得大地荒蕪，人們為飢荒所苦。這一點也出乎宙斯的預料，不知如何處理，只好去和黑帝斯商量，讓泊瑟芬回到母親身旁。

但是，黑帝斯假意配合。他想了一個奸計，正當波瑟芬妮要離去的時候，讓她吃了石榴的果實。不知情的波瑟芬妮吃下了四顆石榴籽後，回到母親身邊。但是傳說中有一個不成文的規定，就是吃過冥界食物的人，永遠無法完全切斷與冥界的關係。有趣的是，日本也有這樣的傳說。總之，波瑟芬妮好不容易才回到母親的身邊，卻必須再被帶回黑帝斯身旁。宙斯擔心這樣一來狄蜜特又要陷入沮喪，大地又要荒蕪，於是提出妥協的方案。因為波瑟芬妮吃了四顆石榴籽，所以一年之中有四個月必須在地底與丈夫黑帝斯同住，其餘的八個月，則與母親一起生活。就因為這樣，一年有四個月的時間，狄蜜特讓大地陷入寒冬，之後春天才到來。每一年，都反覆這樣的過程。

乍看之下，這個故事和天岩洞的神話並不相同；但只要稍微思考一下，就會發現兩者之間有著毋庸置疑的相似性。類似的不是個別的細節，而是神話整體的基本結構。簡單來說，都是因為男性神的暴行，使得大女神發怒而隱身躲藏，導致世界的荒蕪。其他眾神用了許多方法，終於讓大女神情緒和緩下來，甚至露出笑容，打開了新的世界。

在繼續談論日本神話與希臘神話的型態之前，有一件事非談不可，那就是人類精神史最初的狀態——「母女一體」。所有人都是母親所生。如果我們不知道——或是忽視——男性在「生命的延續」這件事上面所扮演的角色，那麼我們就只會看到母親生下女兒，女兒又成為下一位母親，這樣的過程不斷反覆。在這過程中，母女是同體的；以母女同體的存在作為基礎，「生命」將永遠延續。「個人」完全不在考量的範圍；只要「母女一體」的世界堅實存在，一切都是安穩的。

容我稍微偏離主題。即使在現代的日本，這種「母女一體」的心性，仍然發揮強大的作用。在「母女一體」的結合強而有力的家庭裡，父親的角色幾乎等於零。就算當爸爸的表面上作威作福，在深層的意涵中，他的存在近乎「無」，這一點所有家族成員都感覺得到。有些男性因此長期累積不滿，爆發出有如暴君般的惡行惡狀，但這麼做只會加速他變成「無」的狀態。

讓我們回到神話的世界。能夠打破「母女一體」結合的，便是男性的強勢行為。這種行為經常以暴力作為象徵。黑帝斯突然從地底出現，強行擄走波瑟芬妮，這是對「女兒」單方面的直接暴行；但是在古希臘阿卡迪亞地區流傳的故事中，四處尋找愛女的狄蜜特，也遭到海神波塞頓（Poseidon）凌辱。女神察覺波塞頓對自己燃起了情慾，變身為一頭母馬，試圖躲藏起來。但是波塞頓看穿了女神的偽裝，自己也變身為公馬，強行侵犯了狄蜜特。大女神就這麼遭受了暴行凌辱。

「母女一體」是許多故事的起點，因此我們經常看到故事發展出母親受到暴行，或是女兒遭受襲擊的情節。日本神話裡的受難，「母女」之間的區別更加不明確。天照大神遭受須佐之男暴行一事，甚至沒有直接明確描述，只是以隱喻的方式暗示。上一章我們已經引用過《古事記》的原文，再讓我們看一次：「天照大神織布以獻神時，須佐之男打破屋頂，將剝了皮之天馬擲入織布房。天之服織女見狀大驚，陰戶撞擊織梭死去」。曾經全副武裝面對須佐之男的天照大神，正在做女性重要的工作之一：織布。這時候須佐之男把馬扔進織布房裡。「馬」在波塞頓的故事中也曾出現，兩個神話之間如此雷同令人印象深刻。「陰戶撞擊織梭」直接影射性暴力的行為。雖然在日本神話的記載中，遭受性暴力的不是天照大神，但我認為那是避諱崇高的天照大神，而使用了間接的表現方式。我覺得這一段神話真正想傳達的，是天照大神曾經歷死亡，而在天岩洞事件之後重生。

且容我引用《日本書紀》的本文，來支持我的想法。「又見天照大神，方織神衣，居齋服殿，則剥天斑駒，穿殿甍而投納。是時，天照大神驚動，以梭傷身」。織布與把馬丟入織布房的情節，與《古事記》相同，但《日本書紀》明白指出受傷的是天照大神本人，只不過避開了「陰戶衝擊織梭死去」這樣直接露骨的表達方式。不過，《日本書紀》第七段「一書云」(1)則敘述「稚日女尊、坐于齋服殿而織神之御服也。素戔嗚尊見之、則逆剥斑駒、投入之於殿內。稚日女尊、乃驚而墮機、以所持梭傷體而神退矣」。有趣的是，這裡出現了「稚日女尊」這位女神；稚日女尊也是因為織梭而受傷死去。天照大神別名「大日孁」（オオヒルメ[3]），可推測稚日女尊（ワカヒルメ[4]）（編按：オオヒルメ可譯為「大日女」，ワカヒルメ可譯為「若日女」）應該是她的女兒。如果是這樣，那麼遭受暴行的就變成大女神的女兒，和希臘神話之間的相似性就更高了。

粗暴異性的侵入，打破了母女一體的結合，更造成母女的分離。希臘神話中，地底王黑帝斯象徵了這個粗暴的異性；而在日本神話裡，則是狂亂之神須佐之男。須佐之男在後來的故事裡，成為「根之堅州國」（譯按：地底國、黃泉國、死者之國的別稱）的國王，也和黑帝斯的地位相當。兩段神話中同樣出現了「馬」的意象，應該是來自馬奔馳衝撞的姿態所帶給人們的聯想。而在異性侵入的時候，「女性性器的暴露」與「笑」兩個主題接連出現，這也是希臘與日本神話共通之處。我們將在下一節中來探討這一點。

2 重生之春，笑

為了探討日本與希臘神話中極度類似的主題——特別是「笑」——有一個日本民間故事非常具有參考價值，那就是《鬼笑》[5]。先讓我們看看它的故事摘要。[6]

從前，有一位家世顯赫、家財萬貫的老爺。他的獨生女出嫁的那一天，轎子走到半路上，突然從天降下一朵漆黑的烏雲，擄走了新娘。新娘的母親擔心到發狂，出門尋找女兒。太陽下山後，她到一間小小的尼姑庵借宿。一位尼姑出來接待她，並且告訴她，女兒被惡鬼擄回家去了。惡鬼的家中有體型碩大的獒犬輪番看守。但狗有時會打瞌睡，她可以趁那時候溜進去。隔天母親醒了過來，發現自己躺臥在一片原野上，尼姑庵已經消失無蹤，只剩下一座小小的石塔。母親找到了惡鬼的家，聽到「鏘鏘……鏘鏘……鏘鏘……」熟悉的織布機的聲音。母親叫喚：「女兒啊！」女兒果然就在屋子裡。兩人喜出望外，緊緊擁抱在一起。

女兒把母親藏在石頭櫃子裡。鬼回到家後，總覺得哪裡不對勁。「怎麼有股人類的臭味？」鬼說。而且，院子裡有一株神奇的花草，開的花數量總是與家裡的人數相符；這一天它開了三朵花。鬼心想，一定有人類偷藏在家裡，越想越生氣。女兒騙他：「多了一個人，是因為我懷孕了。」鬼聽了非常高興，集合所有的嘍囉，要他們「拿酒來！把大鼓拿來！還有，把那兩條狗也宰了！」大聲喧鬧、喝得爛醉，倒頭便睡。

母女兩人趁鬼睡著了，坐著小船逃走。惡鬼醒來後，帶著手下一起追趕過來，並且命令手下把河水喝乾。一群小鬼咕嚕咕嚕地不斷把河水吞進肚子裡，母女兩人的小船也因此不斷後退，幾乎到了惡鬼伸手就可以抓到的距離。這時候那位尼姑突然現身，告訴這對母女：「你們兩個不要慌張，趕快把重要部位翻出來給鬼看」。說完尼姑也跟著一起，三個人把衣服的下擺翻起來，露出了下體。眾鬼看到這情形，齊聲大笑，把喝下去的水也一起吐了出來，於是母女兩人得以逃過一劫。母女一起向尼姑致謝，感謝她的救命之恩。尼姑說，自己其實就是荒野中的那座石塔；希望她們可以每年在自己身邊，建一座石塔。母女兩人終於平安回到家，從此每年都去搭建一座石塔。

這就是《鬼笑》的故事摘要。這個故事裡，「母女」的結合被「鬼」這個粗暴的存在打破，哀傷的母親出門尋找女兒，而在救回女兒的過程中，發生了「性器的暴露」與「笑」。以這一點來說，和我們先前看過的神話有許多類似之處。讓我們用表4，來呈現這些比較。

從這個表格中，我們可以清楚看到三者的異同。它們相似性之高，值得注意。我認為那是因為這些故事的整體結構反映出人類心智的普遍狀態。在這張表中，男性侵入者的存在，是三者共通的。而希臘神話與日本民間故事，同樣都是女兒遭到侵犯、母親出門尋找女兒。以這一點來說，日本神話的天照大神是「母女合體」一般的存在（雖然在出現稚日女尊的版本裡，母女是分離的）。接下來在暴露性器搞笑的人與笑的人方面，三者有相當的不同。日本民間故事裡笑的是眾鬼，日本神話裡是眾神，希臘神話則是狄蜜特。而暴露性器的人，日本神話的天宇賣命和希臘神話的伊爾姆貝相似，日本民間故事裡則是母女，再加上尼姑共三個人。

我們說，男性的侵入破壞了母女一體的結合。但就算我們在神話裡看到母與女的分離，同時它也顯示出母親死亡後，重生為年輕女兒的過程。事實上，狄蜜特與波瑟芬妮的神話後來在厄琉息斯地區發展成為慶祝重生的秘密儀式。這道重生的儀式與春天的祭典之間的結合，也是很重要的一點。我們以為在冬天死去的穀物，到了春天又再度得到新生。

春天這個季節對現代人來說，只剩下「風和日麗」的意象；但是在古代，它帶給人的其實是畏懼與戰慄的感覺。史特拉汶斯基的音樂作品《春之祭》[8]，精彩地捕捉到那樣的感覺。那是在萬物似乎已經死滅之時，突然感覺到生命鼓動的那種驚訝

表4　日本民間故事、日本神話、希臘神話之比較

	日本民間故事	日本神話	希臘神話
侵入者	惡鬼	須佐之男（馬）	黑帝斯 波塞頓（馬）
被侵犯者	女兒	天照大神 稚日女尊	波瑟芬妮（女兒） 狄蜜特（母親）
尋找者	母親	眾神	狄蜜特（母親）
搞笑的人 （暴露性器）	母、女、尼姑	天宇受賣命	包爾伯[7]（伊爾姆貝）
笑的人	惡鬼的眾屬下	眾神	狄蜜特

出處：河合隼雄《日本人的傳說與心靈》，岩波書店，一九八二年。

與恐怖。古代的人們所感受到的「春」，無疑就像在一片黑暗之中，突然從打開的岩洞中照射出來的光芒。

在上一章介紹過的阿伊努傳說中，從「春天是女人的季節」這樣一句話開始。我們也說過在民間故事《阿月與阿星》裡，月亮扮演了有如太陽一般的角色。而阿月從石櫃被救出的時候，正是春天。隱而不見的月亮，在花開的季節露出身影。這顯然也是死與重生的主題，而且與春天彼此結合在一起。

春天是花開的季節。花「開」讓人聯想到「笑」，這點很容易理解。眾神設法將天照大神誘出岩洞時，擔負了重要角色的天宇受賣命，和「開啟」有深刻的關聯。首先，她「拉開」衣服露出身體；天孫降臨的時候，「猿田毘古」這位勇猛的男性神之所以「開口」，和天宇受賣命也有關係。還有在後來的故事裡，天宇受賣命問魚群：「你們願意服侍天神之子嗎？」所有的魚都回答「願意」，只有海參沉默不語。這時候天宇受賣命說了：「這張嘴不答話。」說完，用刀在海參身上，硬是劃出一道口來。在這裡也可以明顯看到天宇受賣命「開啟」的能力。

「笑」與春天、開啟有關。但有趣的是，希臘神話、日本神話與日本民間故事在這一點上，各自呈現出了不同的樣貌。希臘神話中，大女神狄蜜特笑了；但日本神話中笑的是眾神，民間故事中則是眾鬼。「笑」是開放的。人的心與身體，都因為「笑」而敞開。狄蜜特的悲傷，消失在「笑」裡；眾鬼的憤怒，也在一瞬間轉換為「笑」。那可說是黑暗中乍現光芒，也可說是寒冬中春天突然來訪。而日本神話中眾神的「笑」，最符合這樣的意象吧！

3 伊南娜下冥界

透過與希臘神話中狄蜜特與波瑟芬妮的故事來比較思考後，讓我們明白了天岩洞神話的意義。但是，為了更深入地理解這個故事，讓我們來探討比希臘更古老的，蘇美地區《伊南娜下冥界》的神話。從許多遺跡與挖掘出的古物可以看出，西元前五千年～兩千年左右，蘇美文明曾經是兩河流域（底格里斯河與幼發拉底河）盛極一時的高度文明。經過學者的研究，現代人已經能夠解讀蘇美獨特的「楔形文字」，我們也因此可以認識蘇美的神話。

伊南娜是蘇美文化中偉大的女神。在阿卡德語裡，稱呼她為「伊絲塔」。《伊南娜下冥界》是女神伊南娜受難的神話，因此可以與天照大神的經歷相互比較。阿卡德語《伊絲塔下冥界》的故事，和伊南娜的故事極為相似。首先，讓我們簡單介紹故事的內容。

我們知道大女神伊南娜曾經去了冥界，但是其理由眾說紛紜，並沒有定論。出發之前，伊南娜告訴她的侍女「寧可波」，如果自己經過三天還沒有回來，就向眾神求助。伊南娜的冥界之行，事先已徵得她姊姊——冥界女王「埃列什基伽勒」——的同意，但是她卻在經過七道門的時候，全身的衣物都被剝除，最後一絲不掛。雖然不合理，但這是冥界的規矩，不容她反抗爭辯。冥界女王以「死亡之眼」注視伊南娜，將她變為一具屍體並吊掛在木樁上。

三天後，侍女寧可波依命拜訪眾神，乞求援助。兩位父神「恩利勒」與「南那」都顧左右而言他，並沒有前往搭救的意思；幸好最後拜訪的父神「恩基」關心伊南娜，以指甲縫的污垢創造了「加拉圖拉」與「庫雅拉」兩隻生物，把生命之食物與水交付給牠們，命令牠們去營救伊南娜。牠們忠於命令，向埃列什基伽勒討回伊南娜的屍體，施以生命之食物與水，成功地讓伊南娜復活。

伊南娜雖然回到地上世界，但必須派遣一位替身前往冥界。從冥界跟著她一路過來的惡靈，想要抓走寧可波和「夏拉」（伊南娜的兒子）當替死鬼。但是伊南娜感念他們的忠誠，拒絕了惡靈。最後他們遇到伊南娜的丈夫「杜木茲」。杜木茲不像寧可波或夏拉，他一點都不關心伊南娜的生死，兀自快活著。於是伊南娜以「死亡之眼」注視杜木茲，要惡靈把他帶走。杜木茲向伊南娜的哥哥「烏圖」求救，烏圖將他變為一條蛇，逃到杜木茲的姊姊「葛絲緹安娜」的住處。但惡靈還是在羊圈裡找到了他，將他帶回了冥界。姊姊葛絲緹安娜為了尋找弟弟四處流浪。其後，伊南娜下令杜木茲與葛絲緹安娜，一人每隔半年就得輪流停留在冥界。

這段神話也描述了大女神的受難與回歸。它有一個重點，就是其中並沒有提到伊南娜探訪冥界確切的理由。狄蜜特去陰府，是因為地底神黑帝斯擄走了女兒波瑟芬妮。民間故事《鬼笑》中，是因為女兒被惡鬼綁架了，母親才前去救她。日本神話中則有須佐之男的暴行。在希臘神話中，很清楚是關於母女的故事，但伊南娜的故事裡，既沒有母親、也沒有女兒的角色。要探討這些事情，首先讓我們確定一點作為我們的出發點：上述的這些故事，全部都是「女性的故事」。

希臘的「女性的故事」以母女分離為主題；為了這個主題，而安排了入侵的粗暴男性神，以及最後仲裁一切的男性主神（也有人主張黑帝斯是地底的宙斯）。這樣的結構安排可以讓故事很容易理解；但這已經是透過父權意識的觀點，所看到的女性的故事。相反地，蘇美神話是遠在希臘神話之前，透過母權意識觀點所看到的女性故事。我們就以這樣的視點來探討伊南娜的冥界之旅。

狄蜜特是當之無愧的大地母神，是豐收之神。那麼，伊南娜是怎麼樣的神祇？一言難盡。將伊南娜下冥界的神話，視為女性啟蒙（initiation）過程的榮格派女性分析家佩雷拉（Sylvia Brinton Perera），不厭其煩地描述女神伊南娜的多面性。一言以蔽之，伊南娜「超越了單純的母性，給予我們女性特質多面的、象徵性的形象，也就是整體性（wholeness）的樣貌」。佩雷拉說，在神話中形容伊南娜的詞語，比如「愛意充盈，嫉妒心強烈，深沉的悲哀，喜樂滿溢，膽怯，表現狂，宛如竊賊，熱情的，野心勃勃，寬大的」等等，都是詩中常用的詞彙。「換句話說，她擁有一切感情的領域」。

至於佩雷拉自己怎麼形容伊南娜呢？「天上的女神」、「大地與豐收的女王」、「戰鬥的女神」，擁有「豐收、秩序、戰爭、愛、天界、療癒、情緒與歌」種種力量的女神，同時也是個「漂泊者」。如果要用一句話描述，包容了這種種矛盾要素的伊南娜，那應該會是「處女娼婦」吧！為了排除矛盾而將事物一刀兩斷；一旦判斷該事物對自己有利，就試圖加以「支配」——這是父權意識的想法。相反地，母權意識包容接納了一切。佩雷拉說「伊南娜的包容性是主動的」，這一點我有同感。也就是說，她具備了在父權興起之前的、作為一名女性的完整性。

偉大的女神伊南娜遭受苦難。但她的受難有什麼意義呢？又有什麼目的呢？佩雷拉強調，受難之後，是死與重生的過程；這樣的循環，是為了到達更高的境界。佩雷拉說：「被剝除所有衣物，遭受侮辱與鞭打，死去，墜落到底層，遭受磔刑，然後復活。這是伊南娜的苦難」。佩雷拉注意到，伊南娜的受難和基督的受難非常類似，但這兩者之間卻有決定性的不同——那就是「伊南娜的自我犧牲，不是因為人類的罪，而是為了大地所尋求的生命與重生」。伊南娜的根在大地。「她在乎的不是善惡，而是生命」。佩雷拉的看法，實在是真知灼見，直指伊南娜下冥界的本質。

伊南娜因為埃列什基伽勒而死去；而留在地面上的寧可波，則為了救助她而四處奔走。在希臘神話中，營救受難女兒的母親與主宰一切的男性主神之間，形成簡單明瞭的組合（雖然為了強調母女的一體性，受難的有時候是母親，有時候是女兒），但在蘇美神話中，這一點卻不是那麼明確。寧可波忠於使命而四處奔走，但她最初請託的「父性神」卻推三阻四，並不像宙斯那樣立刻行動。這樣的描述，清楚地反映父權意識確立以前的狀態。最後幫上忙的，是恩基指甲縫裡的污垢。這是很有趣的。原本沒有人重視的、被任意捨棄的、不足為道的東西卻立下大功。在伊南娜身邊發生了許多這種顛覆常識的現象。

因為「指甲垢」的努力，伊南娜得以重回地面世界。這正是死與重生的過程，是值得高興的事。但是，故事並沒有在這裡結束。伊南娜必須付出代價，而她選擇了自己的丈夫作為代償。這件事實在是驚人之舉。對於父權思想的人來說，這是不可想像的。故事裡雖然說，那是因為杜木茲對伊南娜毫不關心，伊南娜在盛怒之下將他下放到冥界，但我認為這件事的意義不只如此。簡單來說，我認為伊南娜是要讓丈夫也經歷自己的冥界體驗。

從冥界歸來的伊南娜，是天上的女神。相對地，埃列什基伽勒是冥界女神。在這天上與冥界兩位女神的中間世界裡，杜木茲這位男性，必須代替伊南娜到陰間去。不同的是，沒有人能救他回來。這時候，杜木茲的姊姊葛絲緹安娜想要代替杜木茲下冥界，犧牲自己以救回弟弟。伊南娜知道這件事以後，基於同情，讓他們姊弟兩人每半年輪流待在冥界。

如前所述，伊南娜下冥界並沒有明確的個人因素，而是為了「大地所尋求的生命與重生」。相較起來，葛絲緹安娜為了營救弟弟杜木茲，則純粹是個人的動機。女神伊南娜的行為是非個人的，葛絲緹安娜則較具有人性。最後，葛絲緹安娜與杜木茲形成永恆的循環，故事就在這裡結束。這一點，也和後來的神話形成強烈對比。後來的神話受到父權意識影響，總是以某種「成就」、「達成」作為結束。但正因為有這樣的循環，生命才能永續不滅。

4 伊邪那美、天照大神、天宇受賣命

剛剛我們介紹了蘇美的《伊南娜下冥界》神話，也簡單思考了它的意義。如果要仔細探討，當然還有很多值得一提的部分；但重點在於，《伊南娜下冥界》是從女性眼光看到的女性故事，而狄蜜特與波瑟芬妮的故事，則可以說是男性眼光看到的女性故事。透過這樣的觀點來思考，我們就會發現日本的天岩洞神話正處於兩者中間，也可以說是這兩者的混合。我們說過，希臘與日本的神話極為相似；但希臘有宙斯這位男性主神，而日本的主神是誰並不明確。當然我們也可以把天照大神當作主神，那麼天岩洞神話就會變成女性主神受難的故事。如果我們偏向這個觀點，那日本神話反而更接近蘇美神話。

與「伊南娜下冥界」相對應的事件，我們很容易聯想到天照大神自閉於天岩洞；但在那之前，或許我們應該先來探討伊邪那美下黃泉的故事。伊邪那美之死，正是大女神的受難。但是這裡沒有「母女」的主題，她也沒有「回歸此世」。伊邪那美留在冥界，成為冥界女王。我們也可以這樣想：天照大神經歷岩洞的黑暗與重生的體驗，完成了伊邪那美的工作。如果我們把須佐之男的行為，類比於黑帝斯的暴行，那麼日本神話似乎又更靠近了希臘神話一些。儘管這個觀點我們之前已經闡述過，但還留下了些許疑問。那就是，天照大神與稚日女尊是否為母女呢？須佐之男是否對她們進行了性侵害呢？這些究竟只是暗示，還是像「一書云」所描述一般真有其事呢？我們無法確知。雖然我們也可以推測，因為天照大神象徵了光輝的太陽，同時佔有日本神話的主神地位（雖然不像宙斯那麼明確），敘述神話的人不得不將這些情節模糊帶過。但這樣的解釋還是有無法自圓其說的地方。天岩洞神話依然包含許多要素，讓我們感覺到它與蘇美神話的類似性。接著讓我們來探討這一點。

伊南娜下冥界的故事裡，並沒有男性的入侵造成母女分離的主題。那麼，在蘇美文化中，母女的分離——或者說，從一名女兒變成一名母親的成年禮（initiation）——是如何進行的呢？我們已經指出，母女的分離需要藉由男性的入侵（黑帝斯強擄波瑟芬妮）來達成，這一點，是父權意識觀點下的產物。那麼，在蘇美那樣的母權意識文化中，母女的分離有什麼樣的神話依據呢？又是透過什麼樣的儀式進行的呢？

這個問題的答案，就是聖娼（sacred prostitute）制度。探討女性自我實現課題的榮格派女性分析家，闊爾茲—柯貝特（Nancy Qualls-Corbett）在《聖娼》一書中，有詳細的論述[9]。為這本書撰寫序文的伍德曼（Marion Jean Woodman）解釋「聖」的意義是「向聖靈（spirit）獻身」，而「娼婦」的意義則是「玷汙人類的身體」。伍德曼說：「在精神與物質、靈性（spirituality）與性愛（sexuality）分離的現代，這樣的兩組詞語，該如何互通連結呢？」這兩位作者認為，在現代世界裡，「心智（mind）破壞了人的身體智慧」；而「聖娼」這個顛覆常識的意象，則具有治癒這個傷害的能力。對於這個觀點有興趣的讀者，請參照這兩位作者的原著；在這裡，我們只探討「聖娼」的思想與神話有關的部分。

「聖娼」的這個「娼」字，應該是調查研究蘇美文明的後代學者們所命名的。在當時（蘇美時代）的人眼裡，她們是在神殿事奉偉大女神的女祭司。現代人的頭腦深深中了父權意識的毒，要理解「聖娼」的本質是非常困難的。「聖娼」是古代巴比倫尼亞——雖然有些細節無法完全確定——的一種制度。女性在結婚前必須到聖殿事奉女神，並且與來到聖殿的外地男子（異鄉人）性交，目的是為了體驗與女神合為一體的神聖經驗。之後女性會回到家裡，準備在不久之後結婚。透過這樣的制度，她們把自己的女性本質「奉獻給更崇高的理想，也就是將女神豐饒的力量，有效地帶進人類的生命之中」。

這種制度被視為女性的「成年禮」。重要的是，這是神聖的儀式，必須以超越個人層次的方式進行。聖娼必須以面紗遮住臉孔，與她相交的男性必須是素昧平生的陌生人，而且之後再也不能見面。女性是為了自己的啟蒙，出於自己的意志而獻身，和希臘神話所說的透過男性的入侵造成母女分離，兩者之間意義截然不同。女性這種「主動接受」的態度，在母權意識中受到重視。

讓我們以這樣的思維為前提，來思考天岩洞的神話。一開始須佐之男上升到高天原時，天照大神以全副武裝面對他；但到了後來，天照大神出於自己的意志，把自己關在岩洞裡。在這裡，

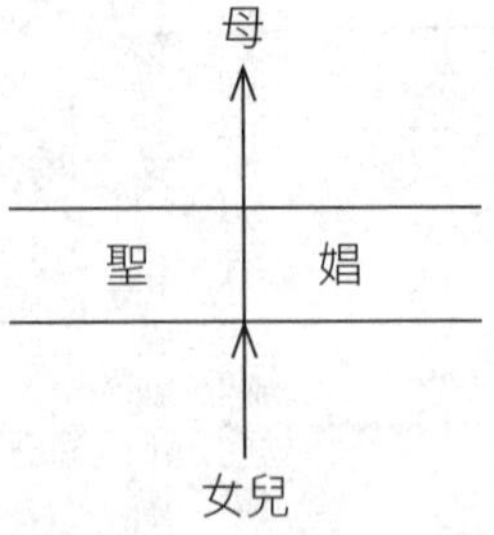

圖2　聖娼的成年禮

我們可以看到「主動接受」的態度。只不過，這時候天照大神雖然經歷了黑暗的體驗，但不像聖娼，神話裡並沒有提到關於「性愛」的事情。在伊南娜眾多屬性當中，天照大神當然擁有「天神」的特性，但是她完全欠缺熱情的、性愛的一面。從這個角度來看，天宇受賣命可以說體現了伊南娜的這個面向。她裸身跳舞、暴露性器的姿態，可以說表現出「娼」的一面。

總合上述的觀察，我們發現如果把伊邪那美、天照大神和天宇受賣命這三位女神整合為一體，結果將會接近蘇美女神伊南娜。我認為，因為天照大神是高掛天上的太陽女神，具有主神的性格，不得不將她類似伊南娜「處女娼婦」的面向切割分離，而由天宇受賣命來扮演娼婦的一面。於是我們可以說，在比較日本神話與希臘神話時，天宇受賣命所扮演的重要角色，不僅是位相當於包爾伯的神祇而已。

如果我們再考慮天照大神走出岩洞時，所發生的幾個小插曲——眾神告訴她，有比她地位更崇高的神；以及不小心敲傷了鏡子等等——也可以認為天照大神在重生時，接納了過去被她所忽視的、屬於自己影子的部分，也就是在天宇受賣命身上具有的要素。

在天照大神走出岩洞之後，眾神懲罰須佐之男，將他放逐到地上的世界。這段故事，可以和伊南娜回歸之後將丈夫杜木茲當作替身送往冥界一事相互呼應。在蘇美神話裡，故事接續到杜木茲與葛絲緹安娜輪流下冥界的循環，但日本神話卻完全不同。須佐之男以文化英雄的新姿態，在地上世界大為活躍。儘管日本神話來自母權意識——某種程度我同意這樣的看法——但並非總是如此。這是日本神話的重要特徵——不論父權或母權都不割捨，永遠保持著奇妙的平衡。

註釋

1 原註：Nancy Qualls-Corbett，《聖娼》（*The Sacred Prostitute*），一九八八。

2 原註：吉田敦彥『ギリシャ神話と日本神話——比較神話学の試み』（《希臘神話與日本神話——比較神話學的嘗試》）みすず書房、一九七四年。

3 編註：オオヒルメ的讀音為oohirume。

4 編註：ワカヒルメ的讀音為wakahirume。

5 譯註：日文的「鬼」（おに，讀音為oni）和中文的「鬼」意思不太一樣。中文的「鬼」比較像日文的「幽靈」，日文的「鬼」比較像是粗暴、殘忍、力大無窮的巨人。

6 原註：関敬吾編『桃太郎・舌切り雀・花咲か爺　日本の昔ばなしII』岩波文庫，一九五六年。

7 編註：包爾伯原文名為Baubo。

8 譯註：Sylvia Brinton Perera（佩雷拉），《降為女神：女性啟蒙的一種方式》（*Descent to the Goddess: A Way of Initiation for Women*）。

9 原註：Nancy Qualls-Corbett，《聖娼》（*The Sacred Prostitute*），一九八八。

| 第七章 |

須佐之男的多面性

在日本神話裡，須佐之男是特別耐人尋味的一位神祇。幾乎可以說，只要仔細觀察與須佐之男相關的一些神明，就可以浮現日本神話的全貌。他極度多彩，擁有諸多面向。正因為如此，我曾經與吉田敦彥、湯淺泰雄兩位學者，以須佐之男為主題合作出版了一本書[1]。經由那時候的互相討論，我知道了許多事情，同時也加深了自己對須佐之男的理解。我將以那時候所得到的認識為基礎，來探討須佐之男這號人物。

當時的討論中有一點令我印象深刻。吉田敦彥強調須佐之男對女性的強烈依賴，湯淺泰雄則強調須佐之男的英雄行為。乍看之下，兩人的觀察似乎正好相反；但後來我們得到一個結論——同時具有這兩種面向，正是須佐之男的特徵。湯淺泰雄還指出一點：神話裡可以分別看到須佐之男的幼兒期、青年期、壯年期、老年期的故事。這種對同一位神明各種不同「人生週期」的記述，在神話中是非常罕見的。這一點也確實顯示出須佐之男的特性。接著我會基於這些事實來進行探討。

1 須佐之男的幼兒性

如前所述，須佐之男是由父親所生的；然而他對母親的強烈執著卻非同小可。讓我們再次引用《古事記》的敘述：

須佐之男並不依命治理海原，雖已長大成人，鬍鬚有八個拳頭長，仍鎮日號泣，其哭聲讓青山枯萎，川海乾涸。諸惡神藉此騷動不已，聲如五月之蠅無所不在，各式災害盡皆發生。是故，伊邪那岐大御神問須佐之男曰：「你因何不治理受命之國，卻鎮日號泣？」須佐之男答曰：「我欲前往母親之國度，根之堅州國。因而哭泣。」伊邪那岐大御神大怒曰：「若是如此，此國無你容身之處。」隨即放逐須佐之男。

須佐之男的兄姐天照大神與月讀命都遵從父親的命令，分別治理「高天原」與「夜食國」，只有須佐之男雖然奉命治理「海原」，卻沒有盡到他的職責，只會整天哭叫。而且他的哭聲淒厲，讓青山枯萎、河川乾涸，帶來各種災難。父親問他為什麼這樣嚎啕大哭，他回答想要去母親所在的「根之堅州國」。因為他明白表示重視母親更勝於父親，使得父親大怒，立刻就放逐他這個兒子。須佐之男雖然是父親所生，卻是個不折不扣的「媽寶」。李維史陀注意到這一點，在他的神話論裡，便把須佐之男的神話，參雜在南北美洲兩大陸的原住民神話中一起討論[2]。

李維史陀為什麼會特意舉出須佐之男的神話來分析呢？關於這一點，讓我們參考吉田敦彥的說法。李維史陀在探討須佐之男的神話時，曾經以巴西內陸深處波羅羅族（Bororo）的神話作為對照。讓我們簡單地介紹一下這段故事。

很早很早以前，女人們為了製作在成年禮中授予年輕人的陰莖袋，到森林裡收集棕櫚葉作為材料。但有一名少年偷偷跟蹤自己的母親，襲擊並侵犯了她。

這位母親回到家以後，她的丈夫發現妻子的腰帶上，黏著一根年輕人習慣拿來做裝飾品的羽毛，知道了兒子侵犯了自己的妻子。為了復仇，男人接二連三出了許多有性命危險的難題給兒子。但是，在奶奶的幫助下，這兒子總是能逃過死劫。這部分的細節我們略過不談，重要的是，波羅羅族是母系社會，這位奶奶其實是母親的母親，也就是外婆。

最後，父親要兒子去捕捉金剛鸚鵡。金剛鸚鵡的巢築在岩壁上，父親拿了根長竿讓兒子爬上岩壁之後，推倒了竿子。情急之下，少年用外婆給的拐杖插進岩石的裂縫裡，就這樣吊在岩壁上，又逃過了一劫。少年慢慢地爬到懸崖頂上，抓了許多蜥蜴填飽肚子後，把沒吃完的肉掛在腰間，卻因為蜥蜴肉腐敗發出的惡臭而昏了過去。這時候有禿鷹飛過來吃這些腐肉，把他的屁股也吃了。少年痛得醒了過來，揮手把禿鷹趕開。結果禿鷹幫助這個少年，讓他安全回到山腳下。少年想起以前外婆教他的事，把山芋磨成粉，做了人工的屁股，以修補自己的臀部。接下來的故事還很長，我們就不一一贅述；總之結局的時候，少年回到外婆家，接著向父親復仇將他殺害，也對父親的妻子們報復——包括自己的生母在內。

這個故事相當長，這裡介紹的只是非常簡略的摘要。李維史陀認為這個故事與須佐之男故事的類似性，在於兒子與母親的強烈聯繫。在波羅羅族的社會裡，年輕男性必須接受為期甚長的成年禮，並且在領取名為「霸」的陰莖袋、穿戴到身上之後，才會被認可為一名成人。而採集作為陰莖袋材料的棕櫚葉，是只有女人才可以參加的活動。因此在這個故事裡，少年偷偷跟在母親身後的行為，是絕對被禁止的。從這裡可以看出，這個少年是如何片刻也離不開母親。不僅如此，竟然還與母親發生相姦的關係，清楚顯示出母子的一體性。

須佐之男不服從父親的命令，哭喊著要找媽媽，他對於母親的強烈依戀顯而易見；而他因此激怒父親這一點，也和波羅羅族的故事一樣。但是在須佐之男的故事裡，並沒有母子相姦的情節，也沒有向父親復仇的事情發生。當我們注意到這幾點就會發現，其實波羅羅族的故事與須佐之男的故事，相似性非常低。

為什麼儘管有如此的不同，李維史陀還是特地把日本的須佐之男神話，和美洲原住民神話中放在一起探討呢？我想那是因為須佐之男誕生相關的故事中，母子的強力連結，給予他鮮明的印象。但是從故事後來的發展我們可以了解，光是從幼兒性、母子一體性去解釋須佐之男的性格與本質，終究只是片面的想法。須佐之男擁有許多面向，是極為複雜的存在——我認為這種看法才貼近事實。接下來我們將討論這一點。

2 把戲大師（Trickster）

須佐之男被父親放逐後，打算到高天原拜訪姐姐天照大神。後來發生了什麼事呢？這些事件對天照大神來說，又具有什麼樣的意義呢？這些問題我們已經在上一章討論過。但是，如果以須佐之男為中心來觀察的話，這些事件將呈現出什麼樣貌呢？

當我們思考須佐之男的性格時，有一個很重要的概念，就是「Trickster」。Trickster 這個字眼很難找到貼切的日文翻譯（譯按：中文也一樣）；勉強說的話，算是一種「搗蛋鬼」或「惡作劇的人」。日本民間故事裡，也有這樣的例子；這樣的人物通常被命名為「彥一」或「吉四六」（編按：彥一和吉四六就像一休一樣，都是日本民間故事中機智過人的知名角色）。Trickster 以違反常識的智慧或行為，反抗既有的秩序。若是失敗了，就只是個搗蛋鬼或壞蛋；如果成功了，就是透過破壞而開創新秩序的英雄。在這一點上，Trickster 具有明顯的兩面性。變化自如、難以捉摸，就是 Trickster 的特性。

Trickster 經常出現在非洲與南北美洲的神話裡；世界各地的民間故事傳說，也有很多關於 Trickster 的故事。這樣的角色不一定是人，有時候也會由狐狸或兔子等動物扮演。在一九六二～六五年期間，我留學榮格研究所的時候，在保羅．拉丁（Paul Radin）的課堂上第一次聽到這個概念，立時覺得興味盎然。拉丁是曾經與榮格、凱蘭尼（Károly Kerényi）共著《The Trickster》一書的美國文化人類學家。後來我在撰寫有關日本神話的論文時，也以「Trickster」的概念來解釋須佐之男。一九六五年我提交論文並回到日本，但當時覺得，在日本談論這個話題，既不會有人理解，也不會有人關心，因此我一直保持沈默。

但過了不久，我發現一九七一年出版山口昌男所著的《非洲的神話世界》，不但詳細論述非洲神話中的Trickster，而且清楚地主張：「我們可以說，從『以智策迎戰妖怪』這個結構來看，日本武尊與須佐之男尊，基本上都屬於『搗蛋鬼（Trickster）英雄』的模式」。讀到這一段，我才知道自己在瑞士閉門造車的思考，並沒有搞錯重點會錯意，忍不住又驚又喜。後來，經由山口昌男持續的著作活動，許多日本人開始理解「Trickster」與「滑稽」的意義，這是眾所週知的事實。山口昌男在前述的著作中，舉出了許多與須佐之男神話類似的故事，讓我們簡單介紹其中之一。這是非洲穆拜-莫伊薩拉族（Mbay-Moïssala）的神話。

洛阿與斯兀是一對兄弟。洛阿做了很多了不起的事，但是斯兀則盡幹些壞事。洛阿不愛說話，而斯兀則總想辦法讓他開口。有一天，洛阿做了獨木舟。斯兀看了也有樣學樣，但做了半天，做不出半點像樣的東西，乾脆拿走了洛阿的獨木舟。斯兀幹的壞事不只這樣而已，簡直不勝枚舉。終於洛阿厭倦了這樣的情形，把地上世界交給斯兀，自己跑到天空的那一邊去了。過了好幾年某個打雷的日子裡，斯兀決定去天上找哥哥。

斯兀看到一棵樹的根從天空一直垂到地面來，於是沿著它爬到了天上。斯兀抵達洛阿的村子時，洛阿剛好到田裡去，不在家，只留下兒子看守祈雨石。斯兀一來就搶走了祈雨石，使得地上突然颳颶風，下暴雨，打狂雷。於是洛阿知道弟弟來了，趕緊回家，而且非常生氣。儘管如此，他還是允許弟弟留在村子裡。過了好一陣子，洛阿給了弟弟一面鼓、一把標槍，要他沿著那棵樹回地面去。他還提醒弟弟，一路上如果禿鷹飛來要敲那個鼓，只要揮舞標槍把牠趕走就好；等安全回到地面了，再自己敲鼓，這樣洛阿就會知道斯兀已經到達地面了。

斯兀下降到半途，禿鷹來了，想要敲那個鼓。斯兀情急之下把標槍丟了出去，這樣一來就沒有東西可驅走這大鳥，鳥就敲了那個鼓。洛阿聽到鼓聲，以為弟弟已經到達地面，就把大樹的根切斷。緊緊抓著根的斯兀，就這麼摔了下去。人們紛紛趕過來，哀傷感嘆。臨死之際，斯兀告訴大家：「如果我死了，請把我的屍體埋在河的對岸」。當人們把斯兀的屍體運過河面的時候，斯兀飛過他們的頭上，落在水中消失了蹤影。

這是非洲穆拜－莫伊薩拉族神話之一的概要。將這段故事與須佐之男的故事加以比較，我們不難發現，雖然有些細節不同——比方非洲神話是兄弟關係，須佐之男的故事是姐弟關係——但基本的型態非常相似。

洛阿做的都是好事，斯兀盡幹些壞事。雖然善惡的區別看起來很清楚，但一開始斯兀之所以幹壞事，並非毫無理由，而是希望哥哥洛阿能跟他講話。還有，斯兀到天上搗亂的時候，洛阿雖然生氣，還是暫時允許他留下來；斯兀要回到地面的時候，洛阿仍不厭其煩地給予他各種忠告。這些地方，和天照大神為須佐之男的種種細心設想非常相似。不僅如此，斯兀和暴風的親近性，與須佐之男是一樣的；他們升天的時候發出可怕的聲音，這也是兩者共通的。

關於這些故事細節，山口昌男也都一一細心檢視。同時他也將其中最具代表性的要素，製成圖3。從這個對照圖，我們很容易看出兩者結構的類似性。兩者都在犯下「肆無忌憚」的蠢事之後，到天上探訪手足（姐姐或哥哥）。這時候，須佐之男是去辭行，斯兀則是執拗地希望哥哥跟自己講話而窮追不捨，這一點他們是不同的。之後因為「破壞」而遭到「放逐或墜落」，但須佐之男的故事相當複雜，斯兀的故事則相對單純。面對須佐之男的惡行，天照大神試著往好的方向為他辯解；洛阿雖然因為斯兀的惡行而發怒，還是允許他留下，在他回到下界時，親切地給予建議與忠告。這一點，兩者是共通的。結果，兩個弟弟都糟蹋了兄姐的好意，繼續搞破壞；一個因此被放逐，一個摔死。這一點，也是兩者共通的。

如同上一章的詳細分析，須佐之男的行為，讓天照大神得到了有意義的經驗，充分反映出須

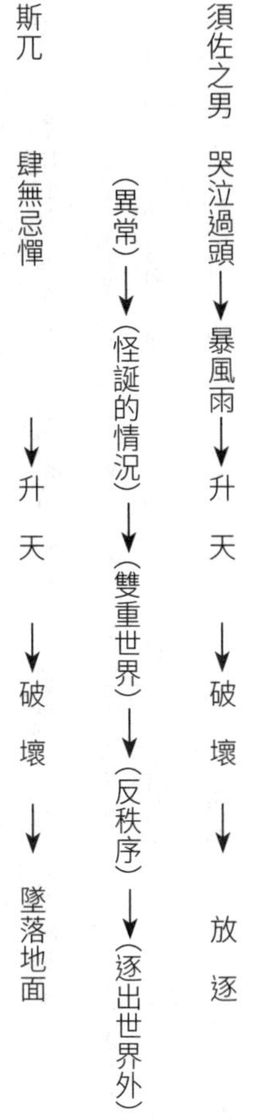

出處：山口昌男《非洲的神話世界》，岩波新書，一九七一年。

圖3　須佐之男與斯兀

佐之男的「Trickster」特質。換句話說，因為他對既有秩序的破壞，使得天照大神的內在世界，產生了新的秩序。但這一點在斯兀神話裡，意義卻不是那麼清楚。

看到這裡我們可以明白，將須佐之男視為「Trickster」是非常貼切的。而且，在非洲神話裡也可以看到如此類似的故事，可見它具有相當的普遍性，意義深遠。不過，須佐之男的特性並沒有在這裡得到定論；故事還繼續發展下去。他一方面保持「搗蛋鬼」的性格，一方面卻越來越向「英雄」靠近。不過在那之前，還有一個重要的插曲，不可不提。

3 大氣都比賣的遇害

須佐之男被放逐後，下降到出雲國，在那裡完成了驅除八俁大蛇的任務。但是在那之前，他做了一件影響重大的事。《古事記》如此記載：

又、須佐之男向大氣津比賣神乞食。於是大氣都比賣自鼻、口、肛門取出種種美味，製成種種料理款待。須佐之男於一旁窺視，以為其以穢物招待，怒而殺死大宜津比賣神。於是大氣都比賣之屍體，生出種種物品。頭生蠶，雙眼生稻子，雙耳生小米，鼻生紅豆，陰部生麥子，肛門生大豆。神產巢日御祖命收集此五者，以為食糧之種。[3]

這一段故事，可以視為對於農作物起源的解釋。神產巢日神在這裡登場，也令人印象深刻。相對於高產巢日神參與天上的事務，神產巢日神則大多涉入地上的事務。

《日本書紀》第五段「一書云」(11)記載了一段類似的故事。父親伊邪那岐在命令天照大神治理高天原之後，對月讀命說：「可以配日而知天事也」。這時候，天照大神要月讀命去拜訪身在葦原中國的保食神。月讀命依命前去，只見保食神從口中取出種種食物來款待，月讀命認為那是穢物，怒而斬殺保食神。後來月讀命向天照大神報告這件事，天照大神大怒，說道：「汝是惡神、不須相見」，從此「一日一夜、隔離而住」。天照大神派遣「天熊人」前去探察，發現從保食神的屍體「其神之頂化為牛馬、顱上生粟、眉上生蠒、眼中生稗、腹中生稻、陰生麥及大小豆」。天熊人將這些東西呈獻給天照大神，天照大神非常高興。

雖然《日本書紀》的記載，基本上也是同樣模式的故事——從屍體生出農作物——但殺死保食神的是月讀命，而且神產巢日神沒有出現，這些地方和《古事記》不同。而且，這裡說明了日月「隔離而住」的由來。如先前所述，若是從日本神話的角度思考，我認為這本來應該是須佐之男的故事。將它變成對於日月分離的解釋，應該也是後人的智慧。

這種遭到殺害後從屍體生出農作物的神話，稱為「海努維麗型神話」。這是德國神話學家顏森（Adolf Ellegard Jensen, 1899-1965）研究印尼塞蘭島（Seram Island）威瑪雷族（Wemale People）的神話後所命名的[4]。這也是段篇幅龐大的神話，我們以非常簡要的方式介紹如下：

「最初的人類」威瑪雷族一共有九個家族。其中，有一位名叫「阿梅塔」（原意是「黑暗」、「夜晚」）的單身漢。有一天，阿梅塔在追捕一隻野猴，野猴卻跳進池塘淹死了。他把野猴的屍體拉上岸來，發現野猴的牙齒咬著一顆椰子。這是世界上的第一顆椰子。阿梅塔把椰子帶回家。夜裡他夢見一個男人，指示他把椰子埋在土裡，他照著做了。

椰子冒出芽，逐漸生長，還開了花。阿梅塔爬到樹上，想要切下椰子的花來釀酒，刀子卻不小心割到自己的手指，血噴出來灑在椰子花上。三天後，阿梅塔的血和花的汁液混在一起，從中誕生了一名女孩。阿梅塔為她取名為「海努維麗」（Hainuwele，意思是椰子樹的枝）。這女孩才三天就長大成為了適婚期的年輕女子。海努維麗不是普通的人類。當她大便的時候，排泄出來的是陶器與銅鑼等等貴重的器皿，因此阿梅塔立刻就變得很富有。

這個村子舉辦了盛大的「馬婁祭典」。在夜晚，男人們圍成螺旋狀的九個圈子，跳著馬婁舞。女人們則在圈子裡，當男人跳舞的時候，遞給他們檳榔與荖葉，供他們嚼食。海努維麗在圈子的正中央。第一晚，一切正常毫無異狀。第二晚，海努維麗遞給男人們珊瑚，第三晚則遞給他們瓷盤，就這樣每天晚上送給他們價格高昂的物品。男人們有些因此感到嫉妒，有些感到害怕。終於在第九天的夜晚，他們把海努維麗埋在地下。

阿梅塔發現了這件事，就把海努維麗的屍體挖出來，切割成許多小塊，再一塊一塊分別埋在廣場的四周。不久後，從這些地方長出了各式各樣、世上從未有過的芋頭，成為後來人類的主食。其實這個故事還有後續，不過我們就先介紹到這裡。

這個故事相當重要的一點在於，女性遭到殺害後，屍體的各部分變為農作物。這和須佐之男殺死大氣都比賣的故事是一樣的。顏森收集到這段神話，對它非常重視。他發現，許多居住在熱帶、以原始方法栽培芋頭或果樹的民族，都有類似的神話，於是他提議將它們通稱為「海努維麗型神話」。他並且主張，這種神話是「古代栽種民族」文化特有的產物，表現出這種民族的世界觀。

如果在思考這段神話的同時，我們參考顏森的學說，就會發現它除了是農作物起源的神話，同時也是死亡起源的神話。它重要的主題是「死與重生」。以農作物來說，種子被埋進土壤裡可以比擬為「被殺害」，然而種子卻會重生為新的生命。對於古代人來說，這樣的現象「神祕無比」；透過這個現象，類比到人類的「死亡」，他們認為人死後也會重生，這樣的想法可以說是理所當然。正因為有了這樣的想法，人才有辦法接受「死亡」這個重大的問題。我們大可以說，這個神話構成了古代栽種民族世界觀的核心。

有趣的是，日本神話中也出現了這種「海努維麗型」的神話。而且，由須佐之男扮演了殺害者的角色。這個神話是從其他地區流傳過來的？還是日本境內自然發生的？暫且不論這個問題，先讓我們注意這個事實——它被當作日本神話體系的一部分來傳述。天照大神的天岩洞神話支持了農耕民族「死與重生」的儀式，佔據日本神話的核心地位，但它應該是比較後來形成的；這一點我們在比較日本神話與希臘神話的時候，已經看得很清楚。

日本神話以天岩洞神話為核心，但同時保留了更古層的「大氣都比賣遇害」的故事，當作「周邊」的神話來敘述，這是日本神話的特徵之一。也就是說，日本神話的整體構成，以最大限度吸納、包容了各種神話的要素。須佐之男以多重的面向，在各種神話要素中，扮演了多樣的角色；而且他的戲份並未隨著大氣都比賣的故事結束，接下去還會出現在各種不同的重要場面中——然而，他並非日本神話的主神。這是日本神話的結構特性。

4 英雄須佐之男

根據《古事記》的記載，須佐之男被驅離高天原之後，下降到出雲國，在那裡立下豐功偉業。一般的神話總是描述「善」與「惡」之間的二元對立，最後以「善」戰勝並消滅了「惡」作為故事的結局。但是在日本神話裡，原先與天照大神對立的須佐之男，並未以「惡」的角色被葬送；反而在經過先前所述的那段與大氣都比賣間發生的插曲之後，他成為地位重要的一代「英雄」。這也是日本神話的特徵。接下來的故事在《日本書紀》裡情節也大致相同，不過我們還是根據《古事記》的記載來加以敘述。

須佐之男降落在「肥河」上游一處名為「鳥髮」的地方。這時候，他看見有筷子順著河流漂來，判斷上游有人居住，於是向上游走去。他在那裡見到一對老夫婦正和女兒一起哭泣著。須佐之男詢問他們的身分，老人回答道：「我是此國之神、大山津見神之子，名為足名椎；妻子名為手名椎，女兒則名櫛名田比賣」。這裡是神話首次出現「國之神」的字眼，明白表示除了高天原的神之外，地上也住著其他的神。須佐之男接著問他們為什麼哭泣，老人回答，自己原來有八個女兒，每年被「八俣大蛇」吃掉一個，現在大蛇又要來了。而關於八俣大蛇，老人這樣形容：「眼睛像鬼燈草般通紅，只有一個身體，卻有八頭八尾。身上生出青苔、檜木與杉樹。其長跨八谷八連峰，其腹部始終血跡斑斕」。

這時，須佐之男說：「女兒可否予我？」足名椎說：「無任感激！然，尚不知大名？」女兒不能嫁給連名字都不知道的人，這老人是個盡責的父親。「我乃天照大御神之弟。今日從天而降。」須佐之男回答。這可喜可賀，足名椎與手名椎立時便將女兒奉上。必須注意的是，須佐之男還特地說明自己是「天照大神之弟」。真要說起來，他是被天照大神放逐的；即使如此，他始終將自己的身分認同定位為天照大神的弟弟。後來他把得自大蛇的刀獻給天照大神，也與這一點有關。

須佐之男得到女孩父母的同意後，「將童女變為湯津爪櫛，插入角髻」5。這是很有趣的記述。「櫛名田比賣」在《日本書紀》裡的漢字表記為「奇稻田姬」；「櫛」在古日文裡與「奇」同音，被視為具有靈力的東西。因此，將老夫婦的女兒變為「櫛」帶在身上，具有以女性的靈力守護自己的意思。這句話也可能表示須佐之男穿上女裝，化為女孩的替身，等待大蛇的到來。這讓我聯想起，後來日本武尊討伐「熊曾建」的時候，也穿著女裝打扮成女性。這一段描述似乎也表現出須佐之男「Trickster」的這一面特性。

接下來，須佐之男要足名椎、手名椎建造八個大酒槽，裡面裝滿了酒，等大蛇過來。大蛇喝了這些酒，醉倒睡著了。這時候須佐之男便以「十拳劍」斬殺了大蛇，血流到肥河裡染紅了河水。須佐之男在砍斷蛇尾的時候，劍刃崩了道口子。他覺得奇怪，仔細一看，蛇的尾巴裡藏了一把大刀。那就是「草薙大刀」，須佐之男將它獻給了天照大神。

後來，須佐之男在出雲國尋找適合興建宮殿的地點。來到須賀地區時，說道：「直教人神清氣爽！」就在這裡蓋了他的宮殿。這時候，他看到天上的雲層層相疊，吟了這樣一首和歌：

雲朵層層相疊
洶湧而出的雲朵有如重重城牆
為了守護愛妻
我也來築起重重城牆吧
就像那天上的雲

（編按：翻譯參考：https://kojiki.ys-ray.com/1_7_5_suga_2.html）

神話當中運用了這樣的描述，顯示須佐之男不只武勇過人，也擁有高度的文化能力，於是須佐之男在日本神話中獲得了非常崇高的地位。

須佐之男的神話，是典型「英雄屠魔」的故事。希臘神話裡，英雄帕修斯英勇戰鬥並殺死怪獸，救出了安朵美達（Andromeda）並與她結婚。在西方有許多類似模式的傳說與民間故事。而須佐之男的故事，除了他把戰利品的寶劍贈給姐姐天照大神這一點之外，其餘的部分完全符合這種英雄故事的模式。

榮格派分析家諾伊曼（Erich Neumann）以心理學的方式詮釋這樣的英雄神話。他認為，這種英雄神話顯示出西方近代自我確立的過程[6]。雖然我在其他許多場合也經常談論這一點，但這點實在事關重大，因此我要不厭其煩地再說明一次。諾伊曼認為，西方的近代自我是人類精神史上極為特殊的現象。明確地脫離無意識，拒絕受無意識影響，試圖支配無意識——他稱呼具有這種強烈傾向的意識為「父權意識」（patriarchal consciousness）。英雄神話以象徵的方式，說出了具有這種父權意識的自我其確立的過程。這種故事裡的男性英雄便是近代自我的象徵；而他所殲滅驅逐的怪物則象徵了「母性存在」——這裡所說的「母性存在」，具有隨時能夠吞噬自我意識的力量。「英雄」必須透過殺死「怪物」而切斷與「母性存在」的關係，以獲得獨立。獨立之後，他將與女性存在再度結合（與女性結婚）。他不是孤立的，而是以獨立自主的型態與世界保持關係。這是諾伊曼所認為的近代自我。

佛洛伊德將這種殲滅怪物的故事，視為兒子與母親的個人關係，將它與眾所週知的「伊底帕斯情結」連結在一起。榮格派則主張這是一般人類的普遍問題，是「男性本質」與「母性存在」的關係。因此，榮格派並不認為這是具體個人的母子之爭，而是兒子與吞噬自我的「母性存在」之間的戰鬥；是自我為了獲得獨立性而對抗無意識力量所發動的戰爭。

還有，雖然在這樣的故事裡，是以男性的形象來呈現自我的存在，但是在諾伊曼的學說裡，這終究只是一種象徵。他認為不論對男性或女性來說，近代自我都呈現出男性的形象。因此，所謂的父權意識，指的是意識的型態與樣貌，和父系制、父權制等等社會制度，並沒有絕對的關係。

如果我們透過諾伊曼的學說來思考日本的民間故事，就會發現符合他所說的「英雄故事」的情況非常稀少。極少有日本民間故事像格林童話那樣，以結婚作為「幸福結局」；反而是像《夕鶴》（《鶴妻》）的那樣，主角們雖然結婚，結果卻以夫婦分離收場的故事居多。我之所以著作《日本人的傳說與心靈》，可以說就是因為注意到這一點。多年以來，我持續地經由「故事」來思考日本人「自我」的樣貌。以這一點來說，日本神話裡出現須佐之男消滅大蛇的故事，實在是值得注意的一件事。

然而，如果我們以整體的角度觀察日本神話，在判斷上就不得不有所保留。如前所述，日本神話整體結構最大的特徵，就是以月讀命為象徵的「無為的中心」。表面上的故事主幹，是被視為天皇家先祖的天照大神系統；而須佐之男的出雲系則與其對立並形成互補。這個「英雄神話」並沒有發生在主要的系統，而是被當作須佐之男系統的故事來描述。當我們從這個角度來思考，就可以清楚理解須佐之男為什麼會將草薙劍獻給天照大神。換句話說，這兩者雖然在許多方面對立，卻不完全敵對；他們透過微妙的平衡，保持了某種程度的關係。在上一章我們已經談過，天照大神的天岩洞神話是母權意識的表現，而須佐之男的神話則與父權意識有關。但是在日本神話裡，重點不在於哪一方正確、哪一方位居中心，而是在於他們以微妙的平衡共存。

須佐之男在留下殲滅大蛇的英勇事蹟之後，建起了須賀的宮殿，在那裡吟詠詩歌。「八雲疊起」（八雲立つ）這首歌實在太過有名，可以說是日本最古老的詩歌作品。在暴力血腥的戰鬥之後，須佐之男成就了極為文化性的壯舉。這種多面性與變化自如，正是「Trickster」的特質。他的形象超越了「搗蛋鬼」的範圍，慢慢地接近英雄和文化先驅的樣貌。事實上，須佐之男的故事並沒有在這裡結束，他還要扮演另一個重要角色。我們將透過他與「大國主神」之間的關聯，在下一章中探討這一點。

5 須佐之男、日本武尊、本牟智和氣

須佐之男殲滅大蛇的故事，與父權意識的確立有關。觀察後來日本文化的發展過程就會覺得，這個故事所佔的位置其實是非常特殊的。話雖如此，如果我們以近代歐洲作為判斷的基準，也可以說這段故事具有這種基準下的「普遍性」。總之，有須佐之男的英雄神話存在，對日本神話來說是很重要的一件事。須佐之男神話隨著時代產生了什麼樣的變化呢？這是我們必須探討的重點所在。為了思考須佐之男的神話，我們並須再對兩名人物進行考察，那就是日本武尊與本牟智和氣。這兩人都是神話時代結束後，在「歷史」中登場的人物。

日本武尊是日本人心目中理所當然的「英雄」之一。為了與須佐之男的英雄行為作比較，讓我們先來看看日本武尊的事蹟。日本武尊使用須佐之男從大蛇體內取出的草薙劍，首先這一點就讓我們感覺到他與須佐之男的深刻關聯。

日本武尊和父親的關係不好，遭到父親「放逐」而脫離父親的世界，這一點和須佐之男是一樣的。日本武尊的本名是「小碓命」，是景行天皇的次男。因為長男一直不出席天皇早晚的餐會，景行天皇要小碓命去規勸他，結果小碓命竟把哥哥的手腳全部折斷扯下將他殺死。天皇被小碓命的粗暴與力量嚇了一跳，於是命令他去西方討伐反抗天皇的熊曾建。這是非常高明的「放逐」方式。但是，小碓命卻成功地打倒熊曾建，成就了英雄的勇猛壯舉，這一點和須佐之男是一樣的。

小碓命打扮成女人，混進熊曾建的宴會裡，看準時機拔劍刺殺熊曾建。這也是一種欺敵的戰術。先前我們已經提到過須佐之男女裝打扮的可能性；不僅如此，他用計讓大蛇喝醉才出手斬殺。這兩人雖然都可說是「英雄」，卻都具有「Trickster」的特質。臨死之際，熊曾建詢問小碓命的出身，佩服他的膽識，把自己的名字「建」贈予他[7]。從此以後，人們便開始稱小碓命為「倭建」（譯按：日文發音同「日本武尊」）。以這一點來看，須佐之男與日本武尊的故事相似性極高。

日本武尊的故事還有接下來的發展，並未就此落幕。不過，後來他的英雄形象一點一點地逐漸蒙上陰影。小碓命瞬間勒斃哥哥的怪力，讓人聯想起希臘英雄赫克力士。赫克力士還是個嬰兒的時候，就扭斷了兩條蛇的頭。他和生父宙斯的關係，在他的生命中扮演了重要的角色。相反地，小碓命和父親關係極差，在背後支持他的是女性。須佐之男思念母親而哭泣，但小碓命的母親從未出現。但是，有一位女性扮演了他母親的角色，就是他的姑姑「倭比賣」。他和倭比賣的關係非常密切。

日本武尊討伐熊曾建之後，又殺死了「出雲建」，這一次他還是用了計謀，仍然表現出「Trickster」的特性。他在殺死出雲建之後吟詠詩歌，這也讓人聯想起須佐之男。儘管已經立下了數不清的汗馬功勞，天皇還是命令日本武尊繼續東征。日本武尊不禁感嘆：天皇這麼做是要我死吧！東征前他拜訪了倭比賣；姑姑聽了小碓命訴苦後，便將草薙劍送給他。後來因為這把劍，小碓命才免於一死。不過我們略過故事本身不談，純粹來想想日本武尊獲贈草薙劍一事的意義。

劍當然是男性本質的象徵，而且是世界共通的。日本武尊獲得這把來歷不凡的草薙劍，而且那還是大前輩英雄須佐之男殲滅怪物所取得的，因此意義更加非比尋常。但是，這把劍卻不是經由男性的系譜承傳，而是透過女性的系譜——天照大神與侍奉伊勢神宮的倭比賣——遞交到他手上的。換句話說，它不是單純的男性本質象徵。這是日本神話極微妙之處，也使得日本武尊不同於一般直白易懂的男性英雄形象。

首先就如眾所週知，日本武尊在海上遭遇凶猛巨浪，他的妻子「弟橘比賣」犧牲自己投海祭海神，因而平息了風浪。相對於須佐之男因為英雄行為而獲得櫛名田比賣，日本武尊卻經由女性的犧牲才得以完成任務。而他造訪「美夜受比賣」的時候，儘管她「衣服的下擺沾著月經的血」，在互贈詩歌之後，「於是二人交合，並將寶刀草薙劍，留置美夜受比賣處，出發征討伊吹山神」。結果，日本武尊就命喪此伊吹山。日本武尊臨死之際吟了一首歌，想念他放在美夜受比賣那兒的劍。

娘子床邊
我擱下的劍
我的劍啊

日本武尊把象徵他男性本質的劍，還給了作為母親代理的女性，迎向悲劇性的死亡。以一位體現父權意識的「英雄」而言，這是相當特異的姿態。換句話說，在這位須佐之男英雄偉業的繼承者身上，我們看到了相當程度母權意識的影響。

如果我們把「與月經期女性交媾」視為違反禁忌而接近女性，或是打破女性加諸男性的禁令，那麼日本武尊的故事，便會令人聯想到山幸彥（火遠理命）與豐玉毘賣的故事——山幸彥違背了豐玉毘賣的禁令，因此她當場拂袖而去。這一點稍後我們還會詳細討論。總之，與須佐之男相似的英雄日本武尊，讓我們感覺到母權意識強大的影響力。

想知道這樣的變化是如何發生的，我們必須談談「本牟智和氣」這號人物。本牟智和氣是景行天皇（日本武尊的父親）的上一任天皇垂仁天皇的兒子。本牟智和氣不但不是「英雄」，甚至應該說是「反英雄」（anti-hero）。他的行為，可以說全部和英雄須佐之男相反，接著就讓我們簡述他的生涯。

本牟智和氣的誕生非常戲劇化。垂仁天皇的妻子沙本毘賣（狹穗姬）的哥哥，沙本毘古（狹穗彥）叛亂，而她參加了哥哥的陣營。但那時沙本毘賣已經懷孕了，並且在戰爭打得如火如荼之際，在一片大火中生下了孩子，因此把孩子命名為「本牟智和氣」。沙本毘賣把孩子交到天皇手上之後，便和哥哥一起死了。與須佐之男相較起來，須佐之男是在水中從父親身上生下的，而本牟智和氣則是在火中由母親生下的，兩者完全相反。他們誕生的方式，似乎就象徵了這兩人將將來南轅北轍的人生。

據說本牟智和氣「直至鬍鬚有八個拳頭長，及於胸前，仍不發一語」。也就是說，長大成人了，還是不開口說話。「鬍鬚有八個拳頭長」的說法，和形容須佐之男整日號泣時的字句完全一樣。有趣的是，這雙方都是母親不在身邊，由父親扶養長大的孩子，但父親對孩子的態度卻截然不同。須佐之男的父親在盛怒下將他放逐，但本牟智和氣的父親卻從頭到尾盡心盡力，想要為孩子努力奉獻。有一天，本牟智和氣聽到天空飛過的大雁的啼聲，終於第一次開口，發出「啊︿」的一聲，但之後就再也沒有說話。這部分的故事我們暫且省略，總之後來天皇在夢裡，聽到有個聲音對他說：「將我的住處修得如天皇的宮殿，皇子必會開口說話」；醒來後占卜得知，那是出雲大神。故事在這裡出現了出雲的神明，這點非常有趣。天照大神的後裔成為天皇，天照大神的系統佔據了中心，但這時所發生的事件卻也提醒他們，對出雲系（譯按：即須佐之男後裔）不可怠慢。這可說在回復故事的平衡性。

於是，垂仁天皇讓本牟智和氣前往出雲參拜，他果然在當地清楚地開口說話了，這讓部下們都欣喜不已。本牟智和氣也得以與「肥長比賣」共度一宿，卻無意間窺見這位女性其實是一條蛇，嚇得落荒而逃，肥長比賣也窮追不捨。本牟智和氣坐船逃走，還拉著船越過一座山，才終於成功逃脫。

這個故事最後的場面特別令人印象深刻。須佐之男殲滅大蛇，因此得以和櫛名田比賣結婚；本牟智和氣則是先和肥長比賣結婚，知道她是蛇之後逃走而分手。這與須佐之男的行為正好完全相反。從他的誕生開始，本牟智和氣的一切所作所為，都與須佐之男完全相反；彷彿拿著一塊橡皮擦，要塗銷他所有的紀錄一樣。

經過這樣的「塗銷」之後，日本武尊以「英雄」的姿態出現。如前所述，日本武尊雖然他與須佐之男之間有著強力的連結，但他的形象深受母權意識影響，最後成為日本人所喜愛的「悲劇英雄」。

回顧須佐之男的人生——雖然我們還沒提到他的老年——就會發現，他依序演繹出「強烈戀母的兒子」、「Trickster」、「海努維麗型神話」、「殲滅怪物的英雄」等這些出現在世界各地神話中的普遍主題，實在是個稀有的人物。特別值得注意的是，儘管他的英雄故事和父權意識的確立息息相關，但是後來本牟智和氣這位人物出現，塗銷了他的豐功偉業。因此，父權意識終究沒有成為日本文化表面上的主流。雖然在日本歷史中，偶爾還是會出現一些讓人感覺彷彿「須佐之男後裔」般的有趣人物。

在神話的記載裡，須佐之男達成了許多偉大成就；甚至包括在須賀建立宮殿、吟詠詩歌、生下許多子嗣等等，這些事也都被記錄了下來。但是，他沒有留下來成為出雲國的國王。《古事記》裡什麼都沒有寫，但《日本書紀》記載「已而素戔嗚尊，遂就於根國矣」。這裡所說的「根國」是什麼地方，眾說紛紜；但從《古事記》對大國主神造訪根國的描寫可以看出，和「黃泉國」指的是同樣的地方。或許，須佐之男完成其任務之後，把創建國家的實際工作交給子孫，自己跑去找母親伊邪那美去了。但事實上他的使命並未在此終了；在他與大國主神之間的關係中，還有重要的角色要扮演。關於這一點，讓我們在下一章討論。

註釋

1 原註：河合隼雄、吉田敦彥、湯淺泰雄『日本神話の思想——スサノヲ論』（《日本神話的思想——論須佐之男》）ミネルヴァ書房、一九八三年。

2 原註：山口昌男在其著作《非洲的神話世界》（岩波新書，一九七一年）第二章中，談到這一點。

3 譯註：這一段文字裡的大氣津比賣、大氣都比賣、大宜津比賣，都是指同一位神。其實唸法是一樣的。

4 原註：Adolf Ellegard Jensen, 《被殺害的女神》（*Die gegötete Gottheit*），一九六六。

5 譯註：這一句的意思是「把老夫婦的女兒變成一把櫛，插在自己的角髻上」。「櫛」是既可以梳頭髮，也可以插在頭髮上當飾品的梳子。「角髻」是古代男性專屬的髮型，在頭頂兩側所綁的髮髻。

6 原註：Erich Neumann, 《意識的起源與歷史》（*The Origins and History of Consciousness*）。

7 譯註：古日文裡「建」（タケル）指的是非常強壯，或是勢力強大的人。「熊曾建」的意思是「熊曾」這地方的強者；「出雲建」就是「出雲」這地方的強者。

第八章

大國主神的建國

如前章所述，雖然須佐之男成就了許多豐功偉業，卻沒有留下來成為出雲國的國王。繼承他的工作的，是他第五代的子孫「大國主神」（《日本書紀》本文說是親生兒子，第八段「一書云」(2)則說是第六代子孫）。根據《古事記》的記載，他「亦名大穴牟遲神，又名葦原色許男神，又名八千矛神，又名宇都志國玉神，合計五名」。而《日本書紀》第八段「一書云」(6)中除了這五個名字（漢字的表記略有不同）之外，還加上大物主神、大國玉神等共計七個名字。可以想像，神話應該是隨著情境的不同而改變他的名字，以統合他各種不同的神格，最終塑造出了「大國主神」這樣一位創造國家的神祇。

雖然出雲地區出了這樣一位重要的神祇，但有趣的是，接下來我們要敘述的、許多有關大國主神的故事，全部出於《古事記》，在《日本書紀》本文裡並沒有記載。《日本書紀》只以「一書云」的形式，記錄其中〈少名毘古那神的出現〉、〈大穴牟遲神與少名毘古那神的建國〉、〈大三輪神的出現〉三個部分。我們該怎麼看待這一點呢？

我認為這應該是因為在歷史上，出雲地區曾經存在著一個強大而獨立的國家；雖然無法確定歷史事件的經過，但這個國家最後臣服於天皇家的朝廷。可以想像，神話因此費心將出雲系神明的始祖，設定為天照大神的弟弟須佐之男。而因為編纂《日本書紀》的意圖，原本就是為了向外國（主要是唐代的中國）主張日本這個國家的存在，以及天皇家主權的正統性，因此大量刪除了有關出雲國的事情，只保留部分在「一書云」裡。於是像〈稻羽的白兔〉、〈大國主神的求婚〉、〈須勢理毘賣的嫉妒〉之類的「故事」，被認為沒有必要而受到忽略。

還有一個值得注意的現象。與出雲國相關的故事中，描述了許多兄弟鬩牆、欺騙與報復、嫉妒、霸凌等等相當人性化的情感。或許是因為相對於高天原，出雲帶有強烈的「地上人間」的意象，所以這些故事雖然被當作「神話」來敘述，但它們的樣貌其實更接近「民間故事」。我們說過，伊邪那岐與天照大神之間有著緊密的「父女」關係；而出雲神話中，須佐之男與須勢理毘賣之間的「父女」關係，則具有更濃厚的人性化情感。

因為《古事記》不像《日本書紀》有那麼強的政治意圖，所以完整記錄了以下的故事。這一點非常值得慶幸。正因為這種敘事上的自由，日本神話整體的構圖，才能清楚浮現出來。接下來，讓我們來探討《古事記》中所記載的出雲神話。

1 稻羽的白兔[1]

〈稻羽的白兔〉是日本人很熟悉的故事。首先，這是《古事記》中第一次有動物登場，因此意義重大（不過，《日本書紀》第四段「一書云」(5)倒是出現過「鶺鴒」這種鳥。伊邪那岐與伊邪那美結婚的時候，看到鶺鴒鳥頭部的動作，而領悟到性交的方法）。還有，這個故事的主人翁是一隻兔子，這一點也值得我們注意。

大國主神有眾多兄弟（八十神），每一個都想和稻羽的「八上比賣」結婚。他們一起去稻羽拜訪八上比賣的時候，帶著大國主神充作隨從，所有行李都讓他背。不知道為什麼，只有他一個人始終遭到兄弟們排擠。世界上許多民間故事都有這種類似的情節，講述兄弟中最弱或是最笨的主角最後得到成功，而且經常是在動物的幫助之下達成；原因是只有主角對動物和善，或是只有他願意聽從動物的忠告。格林童話中的〈金鳥〉就是這樣的典型：三兄弟中的老么在狐狸的幫助下得到成功。不執著於人類平凡的頭腦，而活用動物智慧（或者自然的智慧）的人，最後得到成功——這應該就是這種故事背後的寓意吧！

不過在出雲神話裡，故事的重點並不是大國主神，而是兔子。當然，這裡也有「可憐的兔子遭到八十神殘忍虐待，只有大國主神對牠和善這樣的故事情節。不過在這一段之前，兔子本身的故事就非常有趣。兔子成功欺騙鯊魚之後，因為過於得意，全身的皮被剝得精光。這是典型的「Trickster」，但不是像須佐之男那種接近英雄的類型，而是因為惡作劇而差點失去性命的單純的「搗蛋鬼」。

事實上，非洲大陸的神話世界裡充滿了這樣的故事；兔子經常扮演「Trickster」的角色。日本民間故事或佛教故事裡，也可以看到兔子的多重性格，溫柔，善良，狡猾與強韌，有時甚至是殘忍，兔子集以上特質於一身，完全就是具有多重面貌的「Trickster」。作為須佐之男繼承人的大國主神之所以善待兔子，也就不令人驚訝了。

兔子遵循大國主神體貼的建議，終於恢復元氣，並且對大國主神說：「這八十神，必無人能擄獲八上比賣。而背行囊的你必將得到青睞」。果然如兔子所說，八上比賣拒絕了八十神，卻表示願與大國主神結婚。這一段敘述有一個特徵，就是兔子所說的話和大國主神的結婚是平行敘述的，沒有談到任何因果關係或報恩的事情。舉例來說，浦島的故事其實也是如此。在《丹後國風土記》所記載的浦島故事裡，單純只是海龜突然變身為公主，主動提議要結婚；所謂海龜的「報恩」，是後人加上去的。（編按：〈浦島〉是我們熟知的〈浦島太郎〉的前身，在〈浦島太郎〉中被加入了海龜載著浦島太郎前往龍宮見到公主的情節，而非海龜自己就是公主的化身）在事件之間尋找因果關係，特別是賦予「報恩」的意義，那是後代人的想法。

八十神被八上比賣拒絕後非常生氣，於是設計要殺死大國主神。他們假裝要去山上追捕一隻紅豬，命令大國主神在山腳下攔住牠，然後把一塊豬形的大石頭燒得通紅，從山上推下來。大國主神依照指示一把抱住火熱的豬形石，就這樣被燒死了。哀傷的母親跑到天上，向神產巢日神求助。

於是（神產巢日神）命蛪貝比賣、蛤貝比賣，搭救大穴牟遲神。蛪貝比賣收集貝殼粉，蛤貝比賣以水調和成母乳狀，塗於其身，遂成俊美壯漢，堂堂步行。

這一段故事裡，貝類以擬人化的型態登場。貝類經常以象徵的方式與女性聯結，在這裡更反映出神產巢日神的母性特質，以及他與出雲系諸神的深刻關聯。因為神產巢日神發揮了「母性存在」的功能，大國主神得以經歷「死亡與重生」的體驗。不過，他雖然成為「俊美壯漢」，但是要能獨當一面還必須經過許多考驗。普通人的成人禮，只要經過一次的「死亡與重生」說不定就夠了，但對於一個將要治理國家的人來說，恐怕要經過多次的試煉，才能長大成人。

八十神對大國主神的迫害還沒有結束。他們剖開一棵大樹，把大國主神塞在裡面夾死。而這一次也是在母親的幫助下，大國主神才得以復活。後來他設法逃到紀伊國，八十神卻還是窮追不捨。於是他決定到須佐之男所在的根之堅州國，希望須佐之男能為他想個好對策。

成人禮的儀式中，需要帶著某種意義的「死亡與重生」的體驗。在許多成人禮儀式中，年輕人必須離開日常世界，到非日常的空間去，在那裡得到完全非日常的經驗，將它帶回日常的世界，才能被認同為獨當一面的大人。雖然某種程度來說，大國主神兩次的「死亡與重生」已經構成了非日常的空間，但對他來說還是不夠。作為一個即將成為出雲國王者的人，他還需要走一趟「根之堅州國」這個異次元的世界。不僅如此，最重要的是，他必須在那裡遭遇「父性存在」。只有經歷過與「父性存在」的對決，他才能真正成為一名大人。而那也是須佐之男最後扮演的角色。

相似的事件一再重複發生，但每一次的樣態都會產生些微的變化——這是日本神話的特徵之一。大國主神造訪根之堅州國，自然讓我們聯想起伊邪那岐的黃泉國之旅。後者的目的，是要將死去的妻子帶回生者的世界；大國主神則是被兄弟追殺而逃往地底，目的是要尋求「父性存在」的庇護。伊邪那岐的事件，以他與女性（妻子）的關係為中心；大國主神的故事，則完全是男性之間的關係（兄弟以及「父性存在」）。不過，故事接下來的發展卻出人意料。

2 大國主神的求婚

讓我們引用大國主神訪問根之堅州國故事的開頭段落：

於是（大穴牟遲神）來到須佐之男處。其女須勢理毘賣出迎，兩人目光甫交會，隨即結婚。須勢理毘賣返回屋內，告父親曰：「有美神來此。」於是大神出殿察看，告女兒曰：「此乃葦原色許男也。」即召喚大穴牟遲入內，令其睡在蛇房。此時須勢理毘賣，將蛇之領巾授予其夫，曰：「若蛇前來吃你，且舉起此領巾揮動三次，將其驅離。」大穴牟遲神依其言而為，蛇自平靜下來。於是大穴牟遲一夜安眠，無事走出寢房。

當我讀到這一段的描述時，不禁為神話敘事步調之快，感到驚訝。先前才剛剛說過，大國主神造訪根之堅州國，是從男性關係發展出來的情節；他才一抵達，就立刻出現了極為重要的女性。一眨眼，故事就開始圍繞著這位女性與大國主神的關係，向前推進。

大國主神一抵達根之堅州國，就立刻邂逅須佐之男的女兒「須勢理毘賣」。兩人一見鍾情。須勢理毘賣向父親報告，來了一個漂亮厲害的人物。須佐之男看到以後說，「那是葦原色許男」。葦原就是豐原國，而「色許男」在《日本書紀》裡，寫成「醜男」。「色許」和「醜」在這裡都唸作「シコ」（讀音為 shiko），是表示「強而有力」的字詞。須佐之男雖然知道來者是誰，但他在這裡所扮演的角色，是一個保衛「父女關係」（須佐之男與須勢理毘賣的關係非常緊密），迎戰外來年輕人的父親。

外來男子入侵父女關係緊密的世界，試圖與女兒結婚時，父親提出許多難題；外來男子因為無法解開這些難題而喪命——世界各地都可以看到這樣的故事主題。即使在現代，也有許多這樣的父親。雖然不至於殺死對方，但仍然利用各種「難題」，讓女兒的追求者知難而退。父親表面上的理由，是為了讓女兒找到理想的夫婿，但內心真正的想法，卻是想要永遠獨佔女兒。

像這樣的例子，要多少有多少。莎士比亞晚年的作品《佩利克爾斯》（*Pericles, Prince of Tyre*）的一開始，主人翁佩利克爾斯來到「安提歐克王國」，向國王提親。公主的父親安提歐克斯國王，對前來求親的人提出種種難解的謎題，凡是無法解開謎題的人一律處死。但事實上，這名國王和女兒之間有近親相姦的關係。《佩利克爾斯》描繪各種父女關係，是一部非常有趣的作品。而一開頭就敘述父女相姦的情節，毫無忌憚地直指父女關係潛藏在深處的本質，真不愧是莎士比亞。

須佐之男與須勢理毘賣的關係，也似乎相當親密。須佐之男一見到大國主神（其實這時候他用的名字是「葦原色許男」，不過除了有特別的用意，我們就統一叫他「大國主神」），立刻叫他到「蛇房」睡覺。換句話說，須佐之男打算奪取他的性命。但這時候須勢理毘賣給了大國主神「蛇之領巾」，讓他逃過一劫。因為須勢理毘賣的幫助，他「一夜安眠」，若無其事地走了出來。儘管須佐之男覺得不可思議，但想法並沒有改變。接下來，他要求大國主神進入蜈蚣與蜂的房間。但這一次，大國主神還是在須勢理毘賣的「蜈蚣蜂之領巾」的幫助下，若無其事地醒來。心愛的女性連著救了兩次他的性命。

心愛的女性成為男性的嚮導與救星，這也是世界各地常見的故事類型。不只是許多神話、民間故事以此為主題，也有許多文學名作是以此作為創作題材。現實中也有許多男性的藝術家從心愛的女性身上得到靈感，創作出傳世的傑作。日本神話清楚地描繪出這種典型的女性形象。但重要的是，在《日本書紀》當中沒有收錄這段故事。日本社會雖然在制度上採取了父權制，但是在所謂「正統」的系譜中，重視的仍然是母權意識（因此日本社會呈現出複雜的樣貌）。當人們想要強調「母性存在」的偉大時，類似須勢理毘賣的女性形象，很容易被視為阻礙的因素。無論如何，《古事記》清楚地描寫出這樣的女性，而且讓大國主神帶著她回到地上人間。這在日本文化中是件了不起的事。

因為須勢理毘賣這位救星的努力，大國主神得以逃過致命的災難。但須佐之男的偏執絲毫不減。接下來，他射了一支響箭到草原裡，要大國主神去撿回來。當大國主神一走入草叢，須佐之男就放火打算燒死他。這一次須佐之男的做法和前兩次完全不同，他不再利用可怕的動物來試圖奪取大國主神的性命，而是用戰爭的工具「箭」與火來攻擊。像前兩次那種來自「自然」的威脅，須勢理毘賣還有辦法應付；但這一次情形完全不同，她無計可施。須勢理毘賣以為大國主神難逃一死，甚至已經準備好葬禮的器具，前來迎接大國主神的屍體。意想不到的是，老鼠救了大國主神。

先前我們已經說過，動物在出雲神話中非常活躍。如果說高天原運用的是天上的智慧，那麼在出雲，重要的是土地的智慧與動物的智慧。先前大國主神幫助了兔子，這次輪到動物來救助他了。因為老鼠的智慧，大國主神發現地面下有可供他藏身的洞穴。在前兩道難題中，女性（須勢理毘賣）的力量幫助他躲過了動物（蛇與蜈蚣）的威脅；這一次，動物（老鼠）的智慧幫助他逃出人類（須佐之男）製造的災難（火）。神話的構成實在是巧妙精彩。

接著，須佐之男要大國主神幫他抓頭上的蝨子。大國主神定睛一看，在須佐之男頭髮裡爬來爬去的不是蝨子，而是一大堆蜈蚣。但很明顯地，這一次須佐之男所提出的任務，需要大國主神非靠近他身邊不可。顯然須佐之男已經開始逐漸接納大國主神。說到蜈蚣，須勢理毘賣就得心應手了。她偷偷遞給大國主神糙葉樹的果子紅土，大國主神把這些東西放進口裡嚼碎再吐出來。須佐之男以為大國主神咬碎的是蜈蚣，「覺得這小子頗為可愛，就跑去睡覺了」。

趁須佐之男熟睡，大國主神把須佐之男的頭髮綁在屋頂的橫樑上，用大石頭堵住門口，背著須勢理毘賣，帶著須佐之男的「生大刀與生弓矢，還有天詔琴」逃跑了。大國主神不只搶走了須佐之男的女兒，就連象徵他「父性存在」的武器，甚至連他的「琴」都拿走了。這裡出現「琴」是很有趣的一件事。須佐之男不只擁有武器，還擁有樂器。我認為「琴」在這裡象徵了須佐之男的靈力。樂器的聲音，經常與人的靈魂牽扯在一起。只要閱讀後代的《宇津保物語》，就可以清楚感受到琴的靈力。

然而，這張琴差點要了大國主神的命。在他逃跑的途中，這張琴碰到了一棵樹，發出「撼動大地的巨響」，須佐之男立時清醒，拖倒房子追了過來。但兩人趁須佐之男忙著把頭髮從屋樑上解開的時候，逃得遠遠的。須佐之男一直追到黃泉比良坂才停下來，對著遠方的兩人大聲呼喝。這一段描述實在動人。

「執你大刀弓箭，驅你異母兄弟，直到路盡河乾。你將為大國主神，又為宇都志國玉神。立吾女須勢理毘賣為正室，築宮殿於宇迦能山麓，令你的屋柱粗壯，令你的屋宇直抵高天原。這傢伙！」

須佐之男的態度有了一百八十度的大轉變。一直到前一刻，似乎還企圖殺死這個前來求親的男性，這時候卻祝福這對新人，並且預言女婿將成為「大國主神」，成為「宇都志國玉神」。這種戲劇性的變化，生動地描繪出父親將女兒出嫁時的真實面貌。這段故事連現代人都要為之心動。芥川龍之介也曾經以這段神話為基礎，寫了〈老後的素戔嗚尊〉這篇短篇小說。「女兒的父親」須佐之男的身影令人印象深刻。

3 從須佐之男到大國主神

如前所述，須佐之男打從一出生就經歷了各式各樣的事件，並且成就了象徵父權意識確立的英雄事業，這在日本是極為罕見的。但他的旅程沒有停止，還繼續走到地下的世界。而繼承須佐之男任務的，是接受須佐之男賦予的試煉與祝福的大國主神。

讓我們試著用圖型來表示這兩人的人生軌跡吧！須佐之男侵入天界，與天照大神交會後被放逐到地上世界。他在這裡殲滅了大蛇，與櫛名田比賣結婚，但沒有留下來，而是再度下降到地下世界。而大國主神彷彿追循著他的足跡一般，也來到地下世界。他見到了須佐之男，克服了可怕的試煉，與須勢理毘賣結婚，又回到地上世界。大國主神繼承了須佐之男開

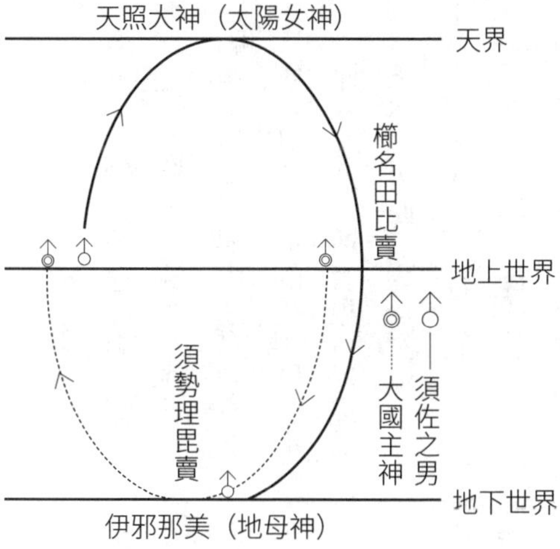

圖4　須佐之男與大國主神的軌跡

始的運動，並完成了一個圓。

如果我們把這張圖當作神代的宇宙觀（cosmology）來看，可以發現一個重大特徵，那就是不論天上地下，都是由女性統治的。天上有太陽女神，地下則有偉大的地母神伊邪那美。兩者之間是地上的世界；地上世界的英雄須佐之男，不但與天上的天照大神交會，既然去了地下的世界，他應該也和伊邪那美見到面了吧！相對地，大國主神雖然繼承了須佐之男的事業，卻似乎不知道天照大神的存在，也不認識伊邪那美。也就是說，大國主神所接續的這個圓，從地上看算是已經完成，但其實並不完整。之後，他還必須經歷與高天原的接觸。或者也可以這樣想——大國主神的任務，就是將地上世界提升到足夠的高度，以迎接來自高天原的天孫降臨。

大國主神的任務，還令我們聯想起伊邪那岐的地下世界之旅。伊邪那岐為了將妻子帶回地上而造訪黃泉國，卻不幸地鎩羽而歸。相對地，大國主神到了地下世界，卻成功地將自己的救命恩人須勢理毘賣帶到地上的世界。以這一點來說，大國主神的任務意義非常重大。伊邪那岐與伊邪那美故事中的女性形象，與大國主神與須勢理毘賣故事中的女性形象之間，有著顯著的不同。前者是強大的太母（Great Mother），後者則明確呈現出，當男性抱持父權意識接觸女性時，所顯示的一種正面的「阿尼瑪」像（anima）[2]。

回到地上世界的大國主神，以詩歌吟詠他與女性的關係，表現出文化人的姿態。須佐之男以〈八雲起〉（編按：第七章中我改成八雲疊起，請加以統一）（「八雲立つ」）這首「和歌」，建立出他文化先驅的形象；大國主神則留下了《古事記》裡最早的一首「長歌」[3]。以這一點來說，他也堪稱須佐之男的後繼者。《古事記》裡記載的許多故事中，經常出現形式短小的歌（以須佐之男的歌為首），但八千矛神（大國主神的別名）拜訪高志國的「沼河比賣」時所吟詠的這首歌，篇幅十分龐大。其實這首歌並不完全符合「長歌」的格式，但它的確是非常珍貴的一部作品。

《出雲國風土記》關於島根郡美保鄉的記載中，有這樣一段文字：「造天下之大神，娶高志國之神、意支都久辰為命之子、俾都久辰為命之子、奴奈宜波比賣命（譯按：讀音同「沼河比賣」）為妻……」云云，記載大國主神與沼河比賣有婚姻關係。但這和《古事記》的記載是否為同一個故事，難有定論。

這點我們先略過不談，在《古事記》裡的歌開頭如下：

八千矛之
神明之尊
於這多島之國
遍尋良妻不得
聽聞遙遠他方
高志國之中
有賢淑女子
有秀麗佳人

他聽聞此事
欲締結婚盟
是故啟程
欲締結婚盟
是故到訪……

這首歌說的是，八千矛神知道遠方的高志國有美麗賢淑的女性，因此不遠千里而來。一開始以「八千矛神」的第三人稱敘述，但中途突然轉以「我」作為主詞：「再怎麼推、怎麼拉，那薄薄的門就是不打開；而鳥兒開始啼鳴，天就要亮了。滿腹的懊惱，真想殺了那鳥兒……」。沼河比賣也作了一首歌回答大國主神：「無論如何，我終將成為你囊中之物。不要殺死那鳥兒；等夜晚再度降臨，一起睡吧……。而「是夜未合。翌日之夜，終於交合」。

不過，大國主神之妻須勢理毘賣知道這件事之後，嫉妒若狂。這裡談到「嫉妒」的部分也值得我們注意。希臘神話中，宙斯的妻子希拉嫉妒的情節，不知出現了多少次。而日本神話中，大國主神也和宙斯一樣和許多女性發生關係，引起妻子的嫉妒。希拉的情感非常激烈，對宙斯的愛人們進行報復，手段極為殘酷。但是在日本的故事裡，結局則大不相同。

正因為須勢理毘賣的嫉妒心如此強烈，有一次大國主神要從出雲前往倭國，行李打點妥當正要上馬，都已經「隻手握馬鞍，一腳踏馬鐙」，卻吟了一首歌。這首歌也很長，其實真正的內容只有這樣一句話：「我要是就這麼走了，你將會悲傷哭泣吧！」但是卻喋喋不休地疊起一大串形容詞、一再重複的詞句，拖泥帶水、沒完沒了。不過，他應該是希望藉由這樣的表達方式，述說自己難分難捨的情感吧。

而須勢理毘賣回答的歌，為了表達情感，也用了與大國主神同樣的手法，但她的表現更直接。一開始，她先呼喚對方：

八千矛之
神明之尊
我的大國主

實在是直截了當。繼續歌詠到途中，她開門見山地說：

除你之外
我無男人
除你之外
我無丈夫

最後，她這樣收尾：

讓我們四手交枕
四腿交纏
共度良宵
這杯良酒
我來敬你

聽了這樣的話，大國主神心裡必定也很感動吧。兩人喝了交杯酒，緊緊抱住對方，「至今大國主神仍留在出雲」，故事便在這裡結束。

夫婦的愛情雖然因為嫉妒而動搖，但是他們以詩歌互示愛意，而終於和解。鉅細靡遺地記載這樣的過程，是《古事記》的特徵；《日本書紀》裡，完全沒有碰觸到這段的情節。這段神話如此重視夫婦的橫向關係，更勝於親子的縱向關係，這在日本精神史上是非常難得的事。從這個角度來看，「從須佐之男到大國主神」的這段系譜所具有的意義非比尋常。

此外，八千矛神（即大國主神）與沼河比賣、須勢理毘賣之間的關係，以及他們以詩歌對答、傳情示愛的行為模式，也成為後來王朝時代「物語文學」中男女關係的原型。在這層意義下，我們不得不說，大國主神在文化上扮演了極為重要的角色。

4 與少名毘古那的合作

日本神話賦予大國主神的重要使命，就是建立出雲國。到目前為止，神話的進行似乎都在鋪陳確認他多麼具備男性本質，是足以擔負此一偉大壯舉的神明。接下來，神話將正式描述大國主神建國的故事。但他並不是一個人達成這項使命，他需要一位非常特別的幫手，那就是「少名毘古那」。在《古事記》裡，這一段故事從少名毘古那的登場開始：

> 大國主神坐於出雲大岬，一神乘蘿藦小舟御浪而來，其衣如蛾皮。問其名而不答；問隨從者，皆曰「不知」。此時谷蟆曰：「崩彥必知曉。」於是召崩彥問之，答曰：「此乃神產巢日神之子，少名毘古那神是也。」於是又問神產巢日神，答曰：「確是我子無誤。眾子之中，自指縫漏下者是也。葦原色許男，你且與他結為兄弟，一同建國。」於是，大穴牟遲與少名毘古那二神一同，共建此國。

又是一位奇妙的神明登場。服裝、身高、身世，沒有一樣尋常普通，他成為了大國主神建國大業中不可或缺的幫手。不論是《古事記》或《日本書紀》，「建國」這兩個字，都只在出雲神話中出現。為了完成如此重大的任務，不能只有大國主神，也少不了少名毘古那這位奇妙的幫手，這一點非常有趣。

這位少名毘古那，到底是什麼樣的神祇呢？他的出現，是為了扮演什麼樣的角色呢？關於「少名毘古那」這個名字的由來，有各式各樣的說法，但我認為只要看它和大國主神的別名「大穴牟遲」的對照性，就已足夠[4]。這兩位可以說是絕配。《風土記》裡記錄了日本各地的「雙元組」活躍的事蹟——稍後我們會詳述——全部都被當作大穴牟遲與少名毘古那的故事來敘述。《伯耆國風土記》的殘篇〈粟島〉，是唯一可以看到少名毘古那單獨行動的部分。但這裡提到的是他「乘著粟桿，向常世之國而去」，也就是他離開的事情；所以只提到他的名字，沒提到這雙元組也是理所當然的。大穴牟遲與少名毘古那的組合威力十分強大。關於他們性格的對照性，我們稍後再提。

關於少名毘古那的服裝（像一張完整剝下來的蛾皮）也有各種說法；可以確定的是，他的服裝顯示出他與自然之間的緊密關聯。擔任建國任務的大國主神，有極高的神格；少名毘古那與自然的密切關係，則似乎相對地有一種互補作用。少名毘古那出現的時候，沒有人知道他是誰，只有「谷蟆」（癩蛤蟆）說，「崩彥」（稻草人）一定知道，而事實果然就如他所說。這件事也與前述的想法有關。也就是說，像癩蛤蟆和稻草人這種與「土地」親近的存在，才真正認識少名毘古那。這也包含著反諷的意味——像這樣低等的存在，或是行動不自由的存在，反而擁有重要的知識。關於谷蟆與崩彥到底是什麼，也有各式各樣的說法；但一般的共識，都同意他們是癩蛤蟆與稻草人。這樣的觀點，可以清楚地表現出少名毘古那的特質。

因為稻草人的指示，大國主神詢問了神產巢日神；而神產巢日神也說那確實是他的兒子，「自指縫漏下者」。而且，他要大國主神與少名毘古那結為兄弟，一起建立並鞏固出雲國。神產巢日神在這裡現身，其意義相當深遠。如先前所述，他是最早、最重要的三元組成員之一，和出雲之間有深厚的淵源。神產巢日神經常在《出雲國風土記》中登場，有時候被稱為「御祖、神魂命」。少名毘古那既然是他的兒子，對出雲來說，也就是非常重要的存在。

《古事記》說，少名毘古那是神產巢日神從指縫漏下的兒子，但《日本書紀》有不同的說法。就像其他許多被忽略的神話故事一樣，《日本書紀》的本文完全沒有提到少名毘古那，而是記載在第八段「一書云」(6)之中；並且說他不是神產巢日神的兒子，而是高御產巢日神的兒子。高御產巢日神這麼說：

吾所產兒、凡有一千五百座。其中一兒最惡、不順教養。自指間漏墮者、必彼矣。宜愛而養之。

我認為這裡之所以出現高御產巢日神，顯然是因為《日本書紀》重視高天原系統的傾向。先不管這個，這裡的「一書云」把少名毘古那描述成調皮的小鬼。沖繩地方有一句俗話，形容非常頑皮好動、讓人傷腦筋的小孩，是「指縫間漏下來的蕨菜」。「一書云」還記載了一件趣事：有一次大穴牟遲把少名毘古那放到手掌上，少名毘古那跳起來咬了他的腮幫子。這些描述，清楚地顯示出少名毘古那「Trickster」的性格。

說到「Trickster」，《播磨國風土記》中記載著這麼一段有趣的故事：

從前，大汝命（譯按：讀音同「大穴牟遲命」）與小比古尼命（譯按：讀音同「少名毘古那命」）打賭：「背著重重的黏土跑，和忍著不大便跑步，哪一個跑得遠？」大汝命說：「我要忍著不大便。」小比古尼命說：「那我背著黏土跑。」兩人開始比賽。過了幾天，大汝命說了：「不行了，我跑不動了！」隨即蹲下來大便。小比古尼命大笑：「辛苦你了！」說著，把背上的黏土扔在這山丘上。從此，這個小山丘就被命名為「黏土山」。而大汝命的大便掉到小竹子上彈了起來，彈到他衣服上，所以這個地方的村子就叫「波自賀村」（譯按：「波自賀」和「彈起來」諧音）。那時候的黏土和大便，後來都變成了石頭，至今還在那裡。也有人說，應神天皇巡行到這裡，打算在這裡建行宮的時候，說了一句話：「塗牆只能用這裡的黏土！」所以這個地方才叫「黏土山」。

這實在是非常有趣的故事。雖然這些地名的由來有各種說法，但不管是黏土和大便變成石頭，或是應神天皇所說的話，骨子裡都帶著無與倫比的幽默感。

看到這裡，我們就可以明白，大國主神正如其名，是極其偉大、不可動搖的存在，相反地，少名毘古那則充分發揮了「Trickster」的特質，補足了大國主神所欠缺的一面。這一對神明完成了農耕、醫藥、建國等等重要的使命。我們雖然無法一一引述，但他們的功績不只被記載於《古事記》與《日本書紀》當中；除了我們在前述中有所引用之外，出雲、播磨、尾張、伊豆、伊予等各國的風土記殘篇裡也多有記載。我們不得不說，他們的功績實在不同凡響。

榮格派分析家馮．法蘭茲指出，在世界各地的神話當中，都可以看到「造物雙元組」這個主題，這一點我們在第一章已經介紹過[5]。「兩者之間的互補性非常重要」這句話，可以有兩種解釋：一、實際上具有互補性的兩個人物之間的合作。二、存在於同一個人內在兩種面向的互補性。所有大型的工作，都需要合作與妥協；單一的思考方式，什麼也做不成。不同的兩者若是能協調合作，就可以完成偉大的使命；但如果彼此敵對分裂，就只能迎接徹底的慘敗。即使在現代，不論上述的哪一種解釋都可以在現實中找到無數的例子。所謂的雙重人格，就是一個人的內在互補性分裂的例子。

大國主神與少名毘古那兩者，也可以解釋為同一個神格互補的兩種面向。《播磨國風土記》中有這麼一段敘述：

> 「筥丘」這個名稱的由來，是因為「大穴牟遲少名毘古命」與「日女道丘神」相遇時，日女道丘神於此山丘預備了食物，以及筥（譯按：箱子、竹筐之意）等容器。因此，此山丘名為「筥丘」。

這一段敘述將「大國主神」與「少名毘古那」兩個名字，結合為一位神的名字，可以支持我們上述的解釋。不拘泥於實際上是一位或兩位神明，而是重視互補性，古代的智慧在此表露無遺。

但是扮演如此重要角色的少名毘古那，突然間就消失了蹤影。《古事記》對於這一點只有淡淡的敘述：「而後，此少名毘古那神，遠渡常世國去也」。《日本書紀》第八段「一書云」(6)說得比較詳細，說他從熊野的御碕（今島根縣的熊野）出發，前往常世鄉去了；一說他「至淡嶋而緣粟莖者，則彈渡而至常世鄉矣」。後者和先前引用的《伯耆國風土記》〈粟島〉的記述是一致的。

《古事記》敘述少名毘古那突然離去後，大國主神感嘆：少名毘古那不在了，自己一個人有辦法建立國家嗎？我們來看看《古事記》是怎麼說的：

於是大國主神愁而嘆曰：「我獨自一人，如何能建國？有何神明，能與我共建此國？」此時有一神照亮大海而來，曰：「若能善為奉祀，我將與你共此建國大業。不然，則難矣。」大國主神曰：「若是如此，該如何奉祀？」「於大和東山誠心奉祀即可。」是為御諸山所祀之神是也。

正當大國主神哀愁嘆息時，從大海的另一頭來了一位神明，告訴他如果能好好奉祀自己，就願意和他一起建國。大國主神問這位神明該怎麼奉祀他才好，這位神明回答，就將他奉祀在大和國東邊的山上。這位就是三輪山的神明。關於這件事，《日本書紀》第八段「一書云」(6)，記載了這一位神明的特質：

于時、神光照海、忽然有浮來者、曰「如吾不在者、汝何能平此国乎。由吾在故、汝得建其大造之績矣。」是時、大己貴神問曰「然則汝是誰耶。」對曰「吾是汝之幸魂奇魂也。」大己貴神曰「唯然。迺知汝是吾之幸魂奇魂。今欲何處住耶。」對曰「吾欲住於日本国之三諸山。」故、即營宮彼處、使就而居、此大三輪之神也。

在這裡出現的神明，明白地說自己是大國主神的「幸魂奇魂」。如果我們採用「少名毘古那與大國主神是同一位神互補的兩面」這個解釋，那麼「奉祀這位神明」這一點，或許就帶有以下的意義：大國主神本身，代表了他自己意識的、社會的一面；而少名毘古那，則象徵了他陰影的部分、第二人格的部分。當兩者逐漸統合，就不再需要兩個名字，「大國主神」這一個名字就已足夠。而深層靈魂的部分，也就是「幸魂奇魂」，就奉祀在非日常的次元。只要大國主神的內在可以和這個「幸魂奇魂」保持連結，就沒有問題。

這裡不但突然出現了「倭國」（譯按：即「大和」），而且如果依照上述的解釋，大國主神的靈魂就被奉祀在倭國中心地帶的「三輪」，這實在是令人驚訝。我們該怎麼看待這一點呢？這段神話應該是為了出雲國與大和朝廷的和解，而預作的佈局吧。這件事對大和朝廷的重要意義，要等到後代的人，才能真正了解。

如果我們把大國主神與少名毘古那看作彼此分離的兩個存在，而不是單一個體，那麼少名毘古那的突然離去，又代表了什麼樣的意義呢？當這兩位神明一起完成豐功偉業時，在背後扮演支持者的一方，選擇適當的時機引身而退，前往完全不同次元的世界（所謂「常世之國」）；而檯面人物留下來，以「奉祀」的形式在精神上保持與這位支持者的聯繫，進而獨立成就事業——這或許是最好的方法。如果兩位神明共同留到故事最後，一直到大功告成，那麼這兩人遲早必須一決雌雄。古人深知如何讓故事和平落幕的智慧，所以才產生了這樣的情節吧！

於是，出雲國的建國大業順利完成，大國主神確立了他王者的地位。但是，日本的建國大業並未在此結束，還留下了極為重要的故事有待敘述。

註釋

1 譯註：「稻羽的白兔」也寫成「因幡的白兔」。「稻羽」和「因幡」都是古地名，而且唸法都一樣，但不確定是不是指同一個地方。

2 譯註：「阿尼瑪」（anima）原本是拉丁文，原意是「生命」或「靈魂」。榮格借用了這個字來表示「男性的無意識人格中，女性側面的原型」。而「女性的無意識人格中，男性側面的原型」則稱為「阿尼姆斯」（animus）。

3 譯註：「和歌」是以日本語寫作的古典詩形式，相對於以漢文寫作的「漢詩」。廣義來說，包含了「長歌」「短歌」「旋頭歌」等等，但一般說到「和歌」，通常指的是「短歌」，其格式是「五七、五七、七」。「長歌」的格式則是「五七、五七、五七……、七」。

4 譯註：「大穴牟遲」讀音「オオナムヂ」的前三個音有「多」的意思，「少名毘古那」讀音「スクナビコナ」的前三個音有「少」的意思。

5 原註：《創造的神話》（*Marie-Louis von Franz, Creation Myths*）。

| 第九章 |

讓國

出雲國的建國工作，在大國主神與少名毘古那的合作下，總算大功告成。大國主神繼承並完成了須佐之男的使命。從這兩者與女性的關係來看，他們達成了確立父權意識所需的工作；而光是出雲國的成功建立，就足以構成一個完整的神話體系。如果這樣的系譜直接連結到現代的日本，會是什麼樣的光景？這實在是個有趣的問題。不過，這一點暫且不論。事實上神話的故事並未在此落幕；出雲國還必須讓渡給高天原的後代子孫，也就是所謂的「讓國」神話。讓國之後，緊接著是「天孫降臨」，葦原中國成為天照大神系天皇統治下的國家。

這件事在神話全體的構成中，是一個重要的轉戾點。因為「讓國」，使得日本的神話得以完成，也提供了天皇統治下日本國存在的基礎。日本神話以「讓國」作為重要的主題，在全世界的神話中是罕見的現象。不管是個人或部族，「透過戰鬥獲取」某種事物，才是一般常見的情況。世界各地的神話，都充滿了這種重要的戰鬥。希臘神話裡，宙斯與克洛諾斯（Cronus）爭戰；而北歐神話的奧丁（Odin）則與巨人尤彌爾（Ymir）戰鬥，並殺死了他。這類例子不勝枚舉，再多篇幅也塞不下。這些戰爭，經常被賦予「善」戰勝「惡」的型態。

相對地，「讓國」的故事並沒有以高天原為「善」、出雲為「惡」作為前提。原本它們應該是平等的，只是為了強調天皇家的正統性，不得不決定何者為中心。因此，「讓國」的過程沒有戰爭，而是透過協商進行，這中間就需要各式各樣的妥協。

但是，為什麼出雲這個國家，非得讓渡給「天孫」不可呢？這個問題很難確切地回答。如果硬要給一個簡單的答案，我們可以說那是因為出雲國充滿了邪神，因此必須平定它。實際上，在神話時代結束、進入歷史性的記述（人們這樣以為）之後，故事的進行的確採取了非常淺顯的模式——天皇討伐「惡者」，鞏固了大和朝廷，這就是所謂的「神武東征」。如果我們也以這個模式來解釋神話的構圖，那麼這一段神話背後的「歷史」，就會變成是降臨在「日向」這個地方的高天原系部族，逐漸平定了日本全國。但是，這種解釋會產生很大的疑問：既然是接受出雲的讓國，天孫為什麼降臨在日向[1]？而且之後神話裡幾乎再也沒有提到出雲的事情，這又是為什麼呢？

以下的回答是我的推論。神話當然與某些歷史事實或現象有關；但神話的意圖並不是記載這些，這一點我們在序章中已經提到過。從這個觀點來看，「讓國」的神話雖然某種程度反映了歷史事實，但顯然具有塑造「體系」的意圖，而有些加油添醋。以歷史的事實來說，應該是天皇家祖先的部族，侵入了九州的某處（日向），進而東征，建立了大和朝廷；之後又與獨立繁榮的大國「出雲國」接觸，或許也發生了少許的爭戰，但最後達成了「讓國」的協議吧。我認為兩者的接點，很可能是播磨國一帶地方，因此《播磨國風土記》才會有許多出雲系的神話。

日本神話的世界觀，首先是假定天上與地下之間，「葦原中國」這個地上世界的存在；再來就是強調不靠武力解決爭端的「和」的思想。因為這樣的思想，神話將高天原系與出雲系之間的和議，解釋為葦原中國「讓國」給高天原，並極力強調這一點。因此儘管在時間順序上，先有「讓國」再有「天孫降臨」與歷史事實相反，但這樣的敘述方式，遠比史實更前後一致地符合神話本身的意圖。

我認為，雖然神話強調「讓國」，但因為有上述的混亂，所以在敘事上缺乏一貫性，也因此《古事記》與《日本書紀》的記述之間產生了微妙的差異。提出這樣的主張，其實超過了我的專業範圍；但如果我們不這麼想的話，幾乎無法理解為何會有先「讓國」再「天孫降臨」這樣的故事順序。

以上的論點先在此打住，接下來我將回到自己專業的立場，從心理學的觀點探討《古事記》的神話體系。我將不論及史實，只解讀包含在日本神話整體之中的心理狀態與思想。這點我應該做得到。

1 均衡的邏輯

在我看來，綜觀整部《古事記》，最重要的因素就是「均衡」與「和諧」。話雖如此，那並不是靜止的均衡狀態，而是經常處於變化之中。雖然各部分之間的關係是動態的，以全體來說卻是和諧的。只要全體能保持和諧，部分的對立與衝突是可以容許的；相對地，足以破壞和諧的對立與衝突，則必須避免。

葦原中國將由高天原天照大神的子孫統治，但為了避免武力衝突，政權的轉移以「讓國」的方式進行。這絕不是件簡單的事；神話裡所記載的過程相當迂迴曲折。雖然如果採取「神武東征」那種平定惡者、建立朝廷的模式來編寫故事將會簡單許多，不過古代崇尚「和諧」的態度，顯然相當強烈。有趣的是，即使是神武東征的時候，也力圖避免武力衝突；《伊勢國風土記》就記載了這樣的故事。在這個故事裡，天御中主尊第十二代孫子「天日別命」追隨天皇，在「紀伊的熊野」這個地方，受命平定伊勢國。

（天皇）敕令天日別命曰：「天津地方有一國，且前去平定」，即賜予寶劍以為信物。天日別命奉令，深入東方數百里，其處有神，其名伊勢津彥。天日別命問：「汝之國願獻予天孫否？」答曰：「吾居此國久矣，恕不從命。」天日別命遂發兵欲殺之。其時，伊勢津彥畏伏，曰：「吾之國盡皆獻予天孫，不敢再居此。」天日別命問：「汝離去時，何以為憑？」曰：「今夜，吾將起八風，吹海水，乘浪東去。此即吾遠去之證。」天日別命整兵以待。及至中夜，只見大風四起，波瀾萬丈，海陸皆光耀如白晝，伊勢津彥終乘浪東去。古語云神風之伊勢國、常世之浪國者，此之謂也。

天日別命與伊勢津彥之間，似乎就要發生武力衝突了，卻巧妙地避開。伊勢津彥並沒有以落敗的形象離去，而是威風凜凜、光芒萬丈。而且在那之後，天日別命向天皇報告，已經平定了這個國家，天皇說：「此國可取國神之名，號之為『伊勢』。」於是伊勢津彥保住了名譽，事件也取得了平衡。這讓我們想起「讓國」的時候，大和朝廷建神社奉祀大國主神的事。

再回到《古事記》。關於「讓國」，開頭是這麼說的：

天照大御神令：「豐葦原之千秋長五百秋之水穗國，應由我子正勝吾勝勝速日天忍穗耳命統治。」遂遣之下界。天忍穗耳命立於天之浮橋，曰：「豐葦原之千秋長五百秋之水穗國，如此喧鬧紛擾！」更返天上，告天照大神。

從一開始，天照大神就宣告，要自己的兒子天忍穗耳命統治葦原的水穗國。她並沒有提出任何藉口或理由——比如「水穗國充滿邪神」之類的——只是單純地下令，就像他出生時，父親伊邪那岐命令他統治高天原一樣。天忍穗耳命原本有意實行母親的指示，卻覺得即將前去的土地「如此喧鬧紛擾」，以此回絕了天照大神的命令。從以上的敘述可以明白，天照大神並沒有要兒子以武力平定水穗國。如前所述，《古事記》神話裡最重要的原則，就是避開武力衝突，讓事情和諧進行。話說回來，關於這段開頭，《日本書紀》是怎麼說的呢？《日本書紀》的說法和《古事記》截然不同，採用了「平定邪惡」的故事設定。

天照大神之子正哉吾勝勝速日天忍穗耳尊、娶高皇產靈尊之女栲幡千千姫、生天津彥彥火瓊瓊杵尊。故、皇祖高皇產靈尊、特鍾憐愛、以崇養焉、遂欲立皇孫天津彥彥火瓊瓊杵尊、以為葦原中国之主。然、彼地多有螢火光神及蠅聲邪神、復有草木咸能言語。故、高皇產靈尊、召集八十諸神而問之曰「吾、欲令撥平葦原中国之邪鬼。當遣誰者宜也。惟爾諸神、勿隱所知。」

《日本書紀》和《古事記》最明顯的不同，在於高御產巢日神以命令者的身分登場。最初他想要派遣「瓊瓊杵」（即《古事記》中的「邇邇藝」）到葦原中國，意圖也很明確，就是要「撥平葦原中國之邪鬼」。之前我們也說過許多次，因為《日本書紀》的編纂具有強烈的政治意圖，所以必須明確地以「平定」的型態敘述這段故事，也因此刻意忽略《古事記》所記載的天忍穗耳命的部分。值得注意的是，邇邇藝的外祖父高御產巢日神，他以命令者的身分展現他的權力。關於這一點，我們稍後再談。

讓我們回到《古事記》的故事。天忍穗耳命向天照大神報告，地上的世界「如此喧鬧紛擾」，因此高御產巢日神在天照大神的命令下召集八百萬神，共同商討對策。眾神協議之下，決意推派「天之菩卑能命」。天之菩卑能命依命到了葦原中國，卻「歸順『大國主神』，三年不歸」。

於是高御產巢日神又派遣「天若日子」，並授予他神器「天之麻迦古弓與天之波波矢」。但天若日子卻在下界與大國主神之女「下照比賣」結婚，八年間全無音訊。高御產巢日神感到疑惑，為了解狀況，再派遣名為「鳴女」的雉鳥前往探查。但天若日子卻以天照大神所賜之弓箭，射殺了鳴女；這一箭一直飛到高天原的天安河河岸，落在天照大神與高木神的腳邊（《古事記》在這裡用了高御產巢日神的別名「高木神」）。高木神拿起箭一看，那是賜給天若日子的東西，而且箭上沾著血。於是他說，「如果天若日子此箭按照命令射的是惡神，那麼這一箭就不會射中天若日子；倘若他心有邪念，那麼就射中他。」接著將箭擲回，而且命中了天若日子，天若日子隨即死去。到這裡為止，如果略過細節不提，《日本書紀》的記載大致上是相同的。

雖然《古事記》說下界「有眾多粗暴之國津神」，但實際上出雲國應該是個極具魅力的國家吧！高天原派去的兩位神，都在這裡住了下來，不願回天上。也就是說，我們無法斷言「高天原為善、出雲為惡」，或者「出雲是個無秩序的國家」。連《日本書紀》都不得不承認這個事實。這是日本神話的特徵——不輕易區分善惡。儘管如此，出雲仍然不得不臣服於高天原。於是產生了下述的妥協。

2 大妥協

知道天若日子也辜負了使命，高御產巢日神接著派遣更強而有力的「建御雷神」前往出雲，並且以「天鳥船神」作為其副手。《古事記》這樣說：

二神降於出雲國伊那佐海濱，拔十掬劍，倒插於浪頭，趺坐於劍尖，問大國主神曰：「我等乃奉天照大御神、高木神之命，前來傳訊：你視為己物之葦原中國，應為我子統治之國。你意下如何？」答曰：「此問非我能答。且由我子八重言代主神答之。然此刻於御大之崎射鳥捕魚，尚未歸來。」於是遣天鳥船神召回。八重事代主神告其父曰：「誠惶誠恐。此國願獻予天神御子。」即以足傾其船，於青柴垣（譯按：用帶綠葉的柴木編成的圍籬）處合手拍掌，隱身而去。

這次的兩神以強硬的態度前來談判。把劍倒插、盤腿坐在劍尖上，這代表什麼意義呢？我們不是很清楚，但顯然是表示對決的姿態。建御雷神同時搬出天照大神與高木神的名字，使人印象深刻。面對這兩位神的質問，大國主神說自己無法回答；如果是他的兒子八重言代主神，應該可以回答吧！即使是大國主神，這時候應該也是年老力衰了；自己不做決定，留給兒子去判斷。正在美保御崎捕魚的八重言代主神，被召回來後回答，自己的國家願意獻給天神之子，隨即當場消失了身影。真是令人失望的結局。就這樣乾脆地把國家讓出去，真的好嗎？果然，接著故事還有後續。

建御雷神問大國主神，還有沒有別的孩子有意見呢？大國主神回答：「還有一個名叫『建御名方神』的兒子」。於是建御名方神，單手提著千人才能舉起的巨石登場：「是誰跑到我們國家來，鬼鬼祟祟地胡說些什麼？來比力氣吧！」但是建御雷神一下就把他舉起來，拋得遠遠的。建御名方神落荒而逃，卻在科野國的州羽海（今長野縣諏訪湖）被抓到了。建御雷神原本要殺了他，但是因為他表示同意讓國，並且承諾從今以後再也不離開州羽海，才保住一命。跟著建御雷神問大國主神：你的兩個兒子都同意了，你自己又是怎麼想的呢？《古事記》裡，大國主神這樣回答：

「我所思，與二子所言並無二致。此葦原中國如命獻上。唯有一事：若能建我住所，如天神御子之殿，立宮柱於地底深岩，使屋樑聳入高天原，我將遠避幽界。又八重事代主神既已臣服，我子百八十神，必無逆者。」

於是「讓國」這件事就這麼拍板定案。

按照《古事記》記載，「讓國」這個偉大的事業，沒有任何武力衝突，沒有任何神明被殺死，就這麼和平安穩地完成了。話雖如此，並不是完全沒有發生「對決」——建御名方神單手提著巨岩挑釁：誰在那裡鬼鬼祟祟地說話？來比力氣！雖然他一下子就敗給建御雷神的神力，但總之這也說得上是一種「武力對決」。

事代主神與建御名方神兩個兒子南轅北轍的態度，應該也反映了大國主神的心境吧！他之所以沒有阻擋任何一方，而是讓兩者都表達出他們的態度，或許是想讓事情順其自然發展吧！這裡所出現的建御名方神，其實上不存在於大國主神子孫的系譜裡。實際上，他是長野縣諏訪神社所祭拜的神明。為什麼那麼遙遠地方的神明，會突然出現在這裡，變成大國主神的兒子呢？這點令人百思不解。雖然根據神話的說法，他是從出雲逃到長野的，但這樣的解釋有些牽強。也許那只是為了表示天皇家當時的勢力範圍，已經達到那個區域。

另一點很重要的是，大國主神提出讓國的條件，是希望以天神御子的子孫同樣的規格建造自己的住所，而建御雷神也同意了。也就是說，並不是某一方完全抹殺與征服另一方，而是在接收對方國家的同時保全對方的神格。這件事在《日本書紀》第九段「一書云」(2)中，記載得更為明確。高御產巢日神對大國主神提議：「夫汝所治顯露之事、宜是吾孫治之。汝則可以治神事。又汝應住天日隅宮者、今當供造、即以千尋繩結為百八十紐」作為「讓國」的條件。

考慮到當時「神事」的重要性，這實在是件十分罕見的事。雖然現實的政治事物讓渡給高天原系，出雲系卻能保持宗教的支配權；這樣的妥協，幾乎可以說是雙方對等的。在神話的時代，「祭政一致」（政教合一）的思想是主流；高天原為了避免武力衝突，甚至同意讓「祭政分離」，背後顯然具有相當程度追求均衡的智慧。

3 高御產巢日神的角色

神話發展到「讓國」的部分，高御產巢日神突然變得十分活躍。讓我們來思考這一點。如前所述，《古事記》稱呼他為「高木神」，經常與天照大神成對出現。而在《日本書紀》裡，發號施令的則全部是高御產巢日神，天照大神的名字甚至消失不見。怎麼看待這個現象，對於思考日本神話的結構來說非常重要。

首先讓我們來探討《古事記》的情況。

在《古事記》裡，一開始發話的是天照大神。她希望派遣自己的兒子天忍穗耳命到出雲國。換句話說，一開始神話重視的是「母子」的連結。如果天忍穗耳命就這樣依命到了出雲國，或許就會成為日本國最初的統治者，那麼「母子雙元組」就會變得很重要。「母親」將成為揮之不去的因素。

看到這裡，或許有人會想起「母子神」的信仰吧。正是如此。之前，我們幾乎感覺不到天照大神作為母親的一面，而在這裡，她讓我們看到與兒子緊密連結的母親形象。雖然《古事記》與《日本書紀》都沒有描寫到天照大神母性的一面，但《古語拾遺》有這樣一段記載：「天照大神養育無勝尊，甚為鍾愛，常抱於腋下，故稱之為『腋子』」。突然間，「母子」結合的主題浮上檯面。讓我們稍微思考一下這一點。

我們在第六章的時候，已經談到過「母女」結合的意義。與它相對的，是「父子」關係。佛洛伊德探討父權意識，重視「父子」關係，並且將「父子」關係衍生出來的伊底帕斯情結，視為人類普遍的現象。後來，文化人類學者的研究指出，伊底帕斯情結並非人類普遍的，而是西歐社會特有的現象。在父權意識不重要的文化中，並不會強烈形成伊底帕斯情結。

就實際上的人類社會加以思考，我們發現，現實中的父系、母系、父權、母權的家族型態之不同，與上述的「意識」問題有關[2]。雖然我認為遠古時代的日本，極可能是母系且母權制的社會，但沒有確實的證據；也可能是父系與母系混合的雙系制。無論如何，我們可以想像的是，在歷史上一家之長的角色逐漸移向男性。雖然制度從母權轉變為父權，但是在心理上還保持母權意識的情況下，「母子」關係變得非常重要。換句話說，即使兒子已經成為家長，「家長的母親」的權威依然沒有改變。

「母子」是檯面上最重要的關係，但是在「母子」的背後，經常存在年老的男性智者，以緩和母性的強勢。高

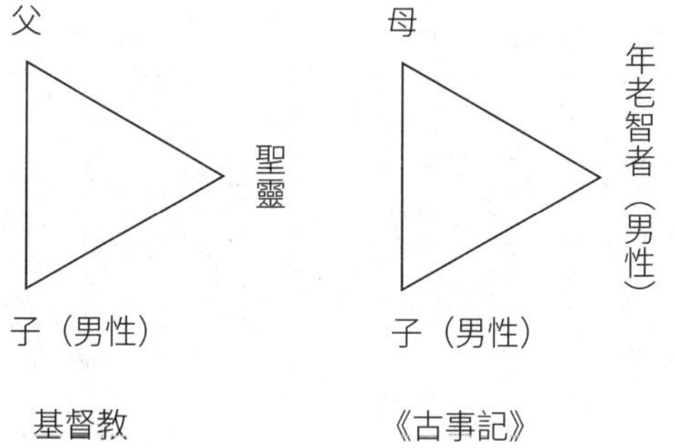

圖5　基督教的三位一體與《古事記》的三元組

御產巢日神、天照大神與忍穗耳命的組合，就是這種型態。如果在「母子」關係中加入父親而形成三元組，也不是不可行，但父性的力量將過於強大，而威脅到母權意識。乍看之下，「父母子」是很自然的組合，但比起這樣的三元組，還不如強調「母子」，將父性置於背後比較好。

為了比較，讓我們也談談基督教的三位一體。關於這一點，我在拙著《日本人的傳說與心靈》中探討民間故事〈火男〉裡的「白鬚翁、美女、醜童」這三元組——正好與神話的高御產巢日神、天照大神、忍穗耳命相對應——時，已經討論過。但因為這件事非常重要，讓我不厭其煩地再說一次[3]。

基督宗教初期，靈知派（Gnosticism，又稱靈智派、諾斯底主義）曾經將「父—子—聖靈」三位一體思想中的「聖靈」，詮釋為「母」。如前所述，「父—母—子」的三人組確實極為「自然」，但是很難將它們視為「一體」。於是基督教的三位一體，排除了母親的角色（亦即排除了自然），而在「父子」這種同質的男性之上加上聖靈。這樣的一體化，形成了唯一神。日本的三元組並非一體，因此無法產生一神教。因為同質的事物和諧存在，所以才能成為「一體」——這是一神教基督教的特徵。聖靈就是「氣息」；父與子透過氣息，透過「靈」，而相連在一起。

如果我們從發展史的角度來觀看三位一體論，就可以更清楚地了解父權式基督教文化的精神。我曾經在《日本人的傳說與心靈》中，彙整榮格對這件事的看法，且引用如下：

「父」是至高無上的，是創造者。如果沒有意識到「子」這個對立者的存在，就不會有反省，彷彿「父」是唯一而絕對的。這裡沒有容納批判或倫理衝突的爭議空間，「父」的權威絲毫不受威脅。這種時候，相對於「父」的他者，完全從「父」分離（splitting）出去，完全沒有被意識到其存在。榮格舉出他調　過的埃爾貢山（Mount Elgon）居民的生活方式，[4]作為這種「父的文化」的典型例子。居住在埃爾貢山的人們，相信他們的造物主所創造的一切都是盡善盡美的，他們的生活態度完全樂觀。但是到了夜晚，一切突然轉變，出現了「另一個世界—黑暗的世界」。樂觀的人生觀轉變為恐懼的人生觀，「惡」在世界上跋扈橫行。而一旦天亮，又再度回到善與美的世界，沒有留下任何與夜的世界衝突的痕跡。這可以說是最原始的「父的文化」。

接著是「兒子的世界」。原本因為分裂的機制，人們並沒有意識到黑暗的世界；而當人們意識到其存在，就是「兒子的世界」的開始。「父」不再是絕對的；不但與「父」對立的事物存在，對「父」也產生質疑。這正是衝突矛盾的世界。然而，雖然人們嚮往古老的「父」的美好時代，並期待救贖，但因為人類意識的擴張是不可逆的，所以我們不可能回到過去的時代。

第三是聖靈的階段。聖靈是父與子共通的第三個要素，為兒子心中的疑惑畫下句點。聖靈這項要素會統合三者、回復為「一」。在父與子分裂為對峙的兩者之後，聖靈的出現讓他們成為一體，達到「一」這個頂點。如果我們把這三個階段類比於人類意識的發展過程，那麼第一階段是完全無意識的依存狀態。為了從第一階段進入第二階段，必須犧牲幼兒式的依存性；而從第二走向第三階段，則一定要放棄排他的自立性。

這是我所整理出來的榮格思維。不論是對於西方近代自我確立的過程，或是對於基督宗教的精神史來說，這都是很有趣的論點。但在這裡，我主要想做的是以它為對照用的觀念，來探討日本神話中「三元組」的意義。

在那之前，我想先說一件事：當母權意識強大的文化吸納了基督宗教，將會產生和日本一樣的「三元組」的想法。訪問菲律賓的時候，我觀察到他們對瑪麗亞的強烈崇拜，於是試著問當地人：「瑪麗亞與基督，哪一個比較重要？」他們的回答是，因為瑪麗亞與基督都包含在三位一體之中，所以一樣重要。他們還告訴我，「三位一體」就是瑪麗亞、基督，以及「Apo Dios」（譯按：菲律賓原生語言，伊洛卡諾語中的「神」）。Apo Dios在這裡的形象是男性的年老智者。

當我們把菲律賓的三位一體用圖6來表示，就會發現它和「天照大神—天忍穗耳命—高御產巢日神」這三元組的型態完全相同：都強調「母子」的連結，再加入男性的年老智者。當母權意識佔優勢的文化中，某種程度引進父權意識作為補償時，就普遍可以見到這種「母—子—年老智者（男）」的三元組組合。

因為一般社會對血緣的重視，這樣的「三元組」在實際的日常生活中，會以「外祖父—母—子」的型態呈現。如果我們能看出《日本書紀》所描述的完全就是這種關係，就可以了解高御產巢日神所扮演的角色。讓我們再次引用《日本書紀》第二卷〈神代下〉開頭的文字：

天照大神之子正哉吾勝勝速日天忍穗耳尊、娶高皇產靈尊之女栲幡千千姬、生天津彥彥火瓊瓊杵尊。故、皇祖高皇產靈尊、特鍾憐愛、以崇養焉、遂欲立皇孫天津彥彥火瓊瓊杵尊、以為葦原中国之主。

《日本書紀》的這段記載和《古事記》非常不同。不但一開始被派遣到葦原中國的，就是天照大神的孫子邇邇藝，而且還在敘述中強調他是高御產巢日神的外孫。從圖表來看就很容易理解：如果我們把天照大神的系譜視為王權的系譜，邇邇藝的確是天照大神的繼承者；但是在這裡握有實權的，是外祖父高御產巢日神。換句話說，雖然《古事記》所記載的關於「讓國」的種種事件，在《日本書紀》裡幾乎沒有改變，但是《日本書紀》中，在高天原發號施令的是高御產巢日神，天照大神的名字一次也沒有出現。天照大神孫子的身分保障了邇邇藝的正統性；但直接對邇邇藝與其他眾神下令並執掌一切的，是外祖父高御產巢日神。

我想，很多人看到這樣的結構，應該會立刻想起平安時代，實際掌權的天皇外祖父的地位吧！在平安時代，雖然天皇理所當然是重要的，但天皇的母親作為「國母」，受到尊崇的程度更勝於天皇。而「國母」的父親，也就是天皇的外祖父，是最有權勢的

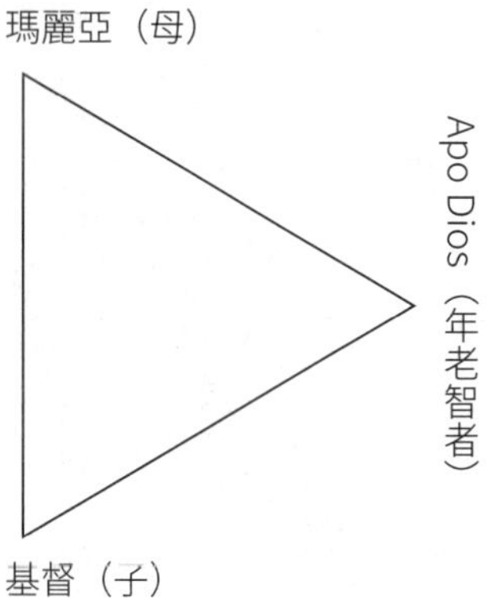

圖6　菲律賓的三位一體

人。可見神話中這種「三元組」的思想，不但有很深的根源，而且具體顯現在現實的世界中。這個系統的特徵在於，儘管王權一脈相承，但「王」並不是實際掌權的人；真正握有權力的人，在王權的系譜之外。不僅如此，這還表示因為實際的掌權者沒有王權，所以很難擁有絕對的權力。

我認為，這是為了讓「中空結構」——稍後我們會說明——與乍看之下強而有力的、王權系譜的一貫性並存，所構想出來的系統。在這層意義下，神話時代所描述的高御產巢日神的地位，實在是耐人尋味。

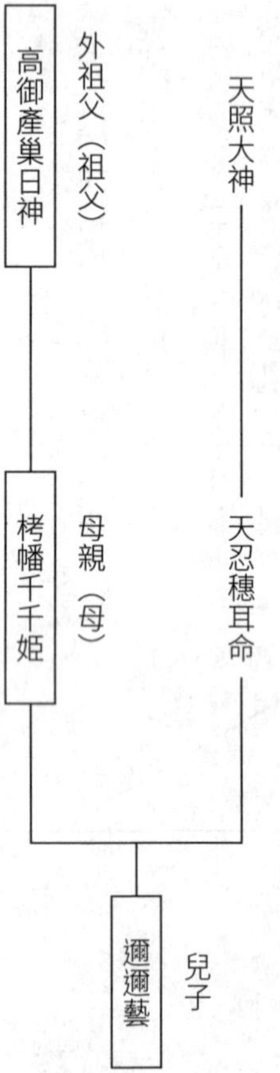

圖7　《日本書紀》所記載邇邇藝之系譜

4 猿田毘古神與天宇受賣命

根據《古事記》的記載，天照大神原本想派遣兒子天忍穗耳命到葦原中國，天忍穗耳命卻在準備的期間生了小孩，希望天照大神改派他的小孩去。於是最後天照大神所指派的，是孫子邇邇藝。然而這時卻發生了一件意想不到的事；邇邇藝赴任的途中，遇到了一位奇怪的神明。在《古事記》中這樣描述：

日子番能邇邇藝命正欲從天而降，卻見天之八岐路口，有一神站立，其光芒上照高天原，下照葦原中國。於是天照大御神令高木神，召天宇受賣神曰：「你雖為弱女子，氣魄卻不負任何神。且獨自前往問之：『誰人阻我御子天降之道？』」天宇受賣依命前去，該神答曰：「我乃國之神，名曰猿田毘古神。之所以來此，乃耳聞天神御子將降臨，願奉仕之，故在此等候」。

邇邇藝前往下界的途中，在岔路口看到那理站著一位光芒四射、可以同時照亮高天原與葦原中國的神明，因此嚇了一跳。《日本書紀》的本文依舊對這樣的故事毫無興趣、隻字未提。不過，第九段「一書云」(1)，倒是詳細描述了這位神明特異的外表：

其鼻長七咫、背長七尺餘、當言七尋。且口尻明耀、眼如八咫鏡而赩然似赤酸醬也。

驚人的長鼻子與身高，眼睛還像八咫鏡，這種外表可不是普通人。「一書云」接著說：「即遣從神往問。時有八十萬神、皆不得目勝相問。」氣勢驚人的眼神，震懾了所有人，沒有人敢開口。

而《古事記》說，天宇受賣命「氣魄不負任何神」，面對誰都不會退縮，因此派她前去。沒想到一問之下，原來是虛驚一場。對方很爽快地回答，自己是名叫「猿田毘古」的國神[5]，其實是為了奉仕天孫，為他引路，才來到這裡。「一書云」(1)描述得更為詳細，讓我們引用如下：

天鈿女、乃露其胸乳、抑裳帶於臍下、而咲噱向立。是時、衢神問曰「天鈿女、汝為之何故耶。」對曰「天照大神之子所幸道路、有如此居之者誰也、敢問之。」衢神對曰「聞天照大神之子今當降行、故奉迎相待。吾名是猨田彥大神。」時天鈿女復問曰「汝將先我行乎、抑我先汝行乎。」對曰「吾先啟行。」天鈿女復問曰「汝何處到耶。皇孫何處到耶。」對曰「天神之子、則當到筑紫日向高千穗槵觸之峯。吾則應到伊勢之狹長田五十鈴川上。」因曰「發顯我者汝也。故汝可以送我而致之矣。」天鈿女、還詣報狀。

這裡說天宇受賣命（譯按：即上述引文中的「天鈿女」）「露其胸乳、抑裳帶於臍下」，和她在天岩洞前的行為完全一樣。那時候是為了逗眾神發笑，以「打開」天岩洞，這一次則是為了讓猿田毘古神「打開」嘴說話。

從猿田毘古神與天宇受賣命的關聯，以及他同時照亮高天原與葦原中國的姿態來看，我不禁認為猿田毘古是天照大神的角色彼此對應，可說是男性的太陽神。猿田毘古在日本神話中是充滿謎團的神。鎌田東二注意到這一點[6]，甚至特地為此舉辦過一連串的研討會[7]。這些研討會聚集了許多方面的研究者，非常有趣，我也曾經參加過。在這裡我們不要談論太多細節；總之對我來說，將猿田毘古視為男性太陽神的思維，碰觸到了最本質的問題。

之所以會有這樣的想法，來自我對「水蛭子」（ヒルコ）的好奇。關於水蛭子，我們將在最後一章詳細談論；簡單來說，既然被稱為「日女」（ヒルメ）的天照大神，是女性的太陽神，那麼相對地，水蛭子（ヒルコ）就是男性的太陽神嗎？我在序章談論天照大神時曾經說過，將太陽神設定為女神這一點意義重大。這種設定同時表示拒絕、否定男性的太陽神。因此，水蛭子才被流放。水蛭子有沒有可能再次出現？這是我非常好奇的問題。

就算無法斷言猿田毘古就是蛭子神的再登場，但是他具有許多要素可以讓我們將他視為相對於天照大神的男性太陽神。神話說他的眼睛像「八咫鏡」，而第九段「一書云」(1)敘述天照大神賜給孫子邇邇藝「八坂瓊之曲玉及八咫鏡、草薙劍」三種神器，其中就包含了「八咫鏡」這項寶物。而《古事記》和其他的「一書云」中，雖然沒有出現「八咫鏡」這個名稱，但曾經提到天照大神給了邇邇藝一面「鏡」，要他把這面鏡子當作自己一樣來奉祀，可見「鏡」被視為與天照大神同等的事物。以這樣物品來形容猿田毘古神的眼睛，我認為，這一點顯示出他作為太陽神的特質。

天宇受賣命足以與這樣的神明相抗衡，她的存在意義實在是舉足輕重。在談論天岩洞神話時我們也說過，她的存在，可以說是天照大神陰影的一面。天宇受賣命一問「你是誰？」猿田毘古神就乖順地回答自己的名字，還表示自己是來侍奉天神的。

天孫降臨之後，天照大神告訴天宇受賣命：「侍奉引領御前（譯按：「御前」指邇邇藝）之猿田毘古大神，獨自面對並使其現形的你，且送他一程。取此神之名，並侍奉之。」這裡值得注意的是，天照大神稱猿田毘古為「大神」，並且稱呼天宇受賣為「獨自面對並使其現形的你」。日本神話眾多神祇當中，被稱為「大神」的少之又少。從這一點，我們可以知道猿田毘古神的重要性。而說天宇受賣命「使猿田毘古神現形」，更表示這兩者必須視為一對；如果只有一方，是無法看清其樣貌的。

事實上，這兩位神明應該是結婚了吧！如果真的是這樣，那麼他們就是天神與國神之中，最早締結婚約的神明，甚至早於邇邇藝與木花之佐久夜毘賣。高天原與葦原中國這兩個對立的世界，因為天神與國神的結婚，兩個系統逐漸混合；而作為領頭羊的，就是猿田毘古神與天宇受賣命。猿田毘古神在各種面向上擔任天神的「先驅」，並且將兩個世界聯結在一起。

這麼重要的兩位神，《古事記》所敘述的結局，卻給人十分草率的感覺。猿田毘古神在打漁的時候被貝殼夾到手，沉到海裡溺死了。後來，天宇受賣命集合了海裡大大小小的魚，問牠們：「你們願意服侍天神之子嗎？」所有的魚都回答「願意」，只有海參沉默不語。這時候天宇受賣命說了：「這張嘴不答話。」說完，用刀在海參身上，硬是劃出一道口來。

雖然說猿田毘古神結束生命的方式，看起來和他「大神」的稱謂完全不相稱，但我認為這個插曲所描寫的，其實是太陽（也就是猿田毘古神）沈入大海之中。繼天與地之後，需要的是與大海的聯結。下一章所要談論的海幸與山幸的神話，就是為了這一點而存在的；而猿田毘古神的故事正是其先驅。太陽沒入了大海。正因為如此，海中的生物們必須奉侍「天神」。而天宇受賣命接受了這項任務，發揮了她「開啟」事物的能力。猿田毘古與天宇受賣命這一對神明打開了封閉的世界，並且將兩個不同的世界聯結在一起，扮演了非常重要的角色。

儘管角色如此重要，猿田毘古神與天宇受賣命，總給人地位不高的印象。相對地，天照大神作為太陽女神，卻在天上綻放光芒。話雖如此，太陽神其實有各種樣貌；神話以各種不同的神，來表現太陽多樣的面向。而因為統治高天原的天照大神扮演了光輝的一面，其他重要的神格只好被置於較低的地位，甚至像水蛭子那樣，成為棄子。

實際的工作，如果光靠天照大神自己是絕對不可能完成的。猿田毘古神與天宇受賣命協助天照大神，填補了她的不足之處，他們的角

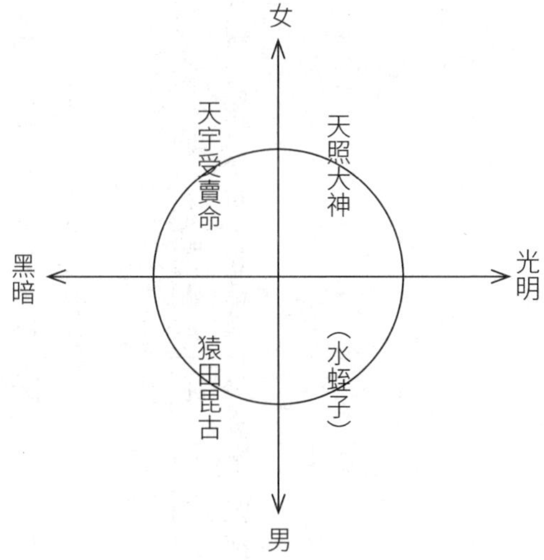

圖8　太陽神的各種樣貌

色其實同等重要。只不過為了在「表面」的結構上強調天皇家的系譜繼承自太陽女神，《日本書紀》沒有在本文裡提到猿田毘古神與天宇受賣命。而《古事記》雖然以相當多的篇幅描寫他們，但終究還是將天照大神置於上位。

儘管如此，這兩位神明的存在，讓日本神話多采多姿。而且在探討關於「心」的問題時，如果只有天照大神的光輝，而沒有猿田毘古神與天宇受賣命作為後盾，其結構將變得極度單純而脆弱。

註釋

1 譯註：因為「出雲」在今日的島根縣，「日向」則是在今日的宮崎縣，距離甚遠。

2 譯註：這一段話作者說得不是很明確。我認為他的意思是，父系／母系、父權／母權、父權意識／母權意識是不同的概念，有許多可能的組合，所形成的社會型態都會不同。比方「父系―母權―父權意識」的社會，或「父系―父權―母權意識」的社會，等等。

3 原註：河合隼雄《日本人的傳説與心靈【典藏版】》，廣梅芳、林詠純譯，心靈工坊出版，二〇一九。

4 譯註：「埃爾貢山」是非洲東部的盾狀死火山，位於烏干達與肯亞邊境。

5 譯註：「國神」指的是地上的、人間的神明，與「天神」相對。

6 譯註：鎌田東二（1951-）日本哲學家、宗教學者。

7 原註：這些研討會的記錄曾經出版成書。此外，鎌田東二個人關於猿田毘古神的思考，請參照『ウズメとサルダヒコの神話学』《天宇受賣與猿田毘古的神話學》，大和書房，二〇〇〇年。

| 第十章 |

國家的擴張

從高天原降臨葦原中國的天孫邇邇藝，必須治理這個國家。話雖如此，卻不能僅僅治理自己抵達之處，還必須擴充其領域。值得注意的是，邇邇藝並非率領軍隊去征服，而是透過婚姻擴展其世界並確立王權，延續了神話時代盡可能避免戰爭的故事型態。以「東征」擴張國土，是後來人類世界的事。

《古事記》是如何描述從神的時代到人類時代的變化的呢？首先是天神與國神的通婚。猿田毘古神與天宇受賣命是先驅者；這一次天孫的結婚，意義就更大了。讓我們看看《古事記》怎麼說：

天津日高日子番能邇邇藝，於笠沙海岬，見一美麗女子。問曰：「何人之女？」答曰：「我乃大山津見神之女，名神阿多都比賣，又名木花之佐久夜毘賣。」又問：「可有手足？」答曰：「有一姊，名石長比賣。」告之曰：「我欲與你結為夫婦，你意下如何？」答曰：「此事非我能答。且問我父大山津見神。」於是遣使，向大山津見神求親。大山津見神聞訊甚為歡喜，除佐久夜毘賣，更添以其姊石長比賣，共百桌之祝禮奉上。然其姊相貌甚為醜陋，邇邇藝見狀心生畏懼，隨即送返，僅留其妹木花之佐久夜毘賣，共度一宿。大山津見神見石長比賣送返，大感恥辱，曰：「若石長比賣隨侍君側，則不論飄雪颮風，天神御子之命必堅如磐石；若木花之佐久夜毘賣隨侍君側，則必如木之花般繁榮。此乃二女一同之所以。今送返石長比賣，僅留木花之佐久夜毘賣，故天神御子之御壽，將如木之花，隨風散落。」於是至今歷代天皇之御命皆不長。

邇邇藝對國神的女兒木花之佐久夜毘賣一見鍾情，提出結婚的要求。她說，自己一個人無法決定，這件事必須由父親大山津見神來回答。邇邇藝的提親讓大山津見神喜出望外，連大女兒石長比賣一起獻上。但邇邇藝看到石長比賣醜陋的容貌而「心生畏懼」，把她送了回去。做父親的大山津見神說了：邇邇藝要是與石長比賣結婚，就會永遠像岩石一般勇健；若是與木花之佐久夜毘賣結合，將如盛開花朵般繁榮。他要是兩者都接受，不知有多好！但因為他把石長比賣送了回去，從此天神的子孫將如盛開過後的花朵，隨風四散飄零。正因為如此，至今天皇的都不長壽。

這段故事裡，木花之佐久夜毘賣與石長比賣的對比，令人印象深刻。邇邇藝不能理解大山津見神充滿善意的安排，只因為拒絕了容貌醜陋的石長比賣，而失去了永恆的生命，令人惋惜。但其實，人要是獲得了「永恆的生命」，人生會過得更辛苦吧！至少我這樣認為。

這一點稍後再談，在此我們先來探討天神（邇邇藝）向國神（木花之佐久夜毘賣）求婚這件事。《日本書紀》的本文雖然敘述了木花之佐久夜毘賣與邇邇藝的結婚，但仍然隻字未提有關石長比賣的事。不過，第九段「一書云」(2)說到，邇邇藝建好宮殿後，在海邊看到一位美人，問她：「妳是誰的孩子？」之後描述石長比賣的故事，和《古事記》一樣。不同的是，這裡出現了「海邊」的字眼；顯然「海」已經進入視野了，不再只有大山津見神的「山」。可見敘述神話的人，已經在思考國土的擴張了。由此可見，邇邇藝與木花之佐久夜毘賣的結合，具有非常深遠的意義。

如果我們把這裡所說的國土的擴張，視為人類心理上「意識的擴充」，將引發許多有趣的思考。開拓並佔領自己未知的土地，可以說和意識領域的擴充，是平行的現象。因此，佛洛伊德確實曾經將強化自我、意識化無意識領域的過程，比喻為戰爭。戰爭當然應該拒絕；但是作為一種比喻，卻能幫助我們理解。「意識的擴充」還可以有一種比喻——雖然這個比較隱晦——就是「結婚」的意象。榮格經常用「相反事物的結合」（coniunctio oppositorium）這句話來形容。的確，對人來說，異性是無法理解的；在許多方面都是「相反的」。與「相反的」異性「結合」，將產生嶄新的事物。因此，結婚這件事具有極高的象徵性。

話說回來，邇邇藝選擇了什麼？他執著於外觀的美醜，而做了錯誤的判斷。華美的外表容易褪色，乍看醜陋的樸實才是永恆的——或許有人會從這段故事中推導出這樣的「道德」教訓吧！但我認為比起善惡的問題，這個故事真正要描述的，是人類的真實樣貌吧！

玻里尼西亞、南太平洋一帶，有許多神話透過與植物、石頭的對比，描述人類壽命的短暫。這些型態相近的神話，說的是人類一般的壽命；《日本書紀》的「一書云」裡也有這樣的內容。但《古事記》說的是天皇的壽命。《古事記》想傳達的，應該是天皇作為神的後裔，壽命卻也變得和「人類」一樣了吧！或者說，以天皇的壽命來象徵人類的壽命。

《古事記》以「心生畏懼」，形容邇邇藝見到石長比賣時的態度，顯示這裡所說的美醜的差異，意義超過一般所謂美女和醜女之間的區別，值得我們進一步思考。關於這一點，我們稍後再談。人不管如何擴大自己的「世界」，一定有它的極限。生命的有限，就是最好的證明。

後來，木花之佐久夜毘賣帶著身孕來找邇邇藝。邇邇藝說，才共度一夜就懷孕，這事不合理，那應該不是自己的孩子吧？聽了這樣的話，佐久夜毘賣怎麼回應呢？《古事記》這麼說：

（佐久夜毘賣）答曰：「我所懷若為國神之子，將難產；若是天神之子，將順產。」於是建無窗八尋殿，入殿內，以土封閉出入口，放火燒殿，於火中產子。於是火盛燃時所生之子，名火照命。此為隼人阿多君之祖。次所生之子，名火須勢理命。次所生之子，御名火遠理命，亦名天津日高日子穗穗手見命。

這裡所描寫的木花之佐久夜毘賣生產的場面，實在是非常駭人；她完全是在一片火海之中生孩子。為什麼要做到這種地步呢？天神為了統治地上之國，從高天原降臨；而將來繼承他王位的，將是身上混有國神血脈的人。考慮到這點的話，至少這種等級的儀式是必要的吧？可不能草率了事。

火與水，被認為具有將事物加以「神聖化」的力量，被使用在各種入會儀式與成年禮之中。而在這裡，佐久夜毘賣借助火的力量，要證明自己懷的是天神之子。火就是如此特別的東西。如前所述，最早是女神伊邪那美犧牲自己，才將火帶到這個世上來的。因為火，導致伊邪那岐與伊邪那美的「分離」，生與死開始有了區別。伊邪那岐在黃泉國的「一道孤火」，也顯現出「火」的重要性；它讓光明與黑暗、生與死的區別更加清楚明白。

這一次的火，原本是為了明確區分天神與國神（譯按：佐久夜毘賣以火證明自己所懷的是天神之子，而不是國神之子）。但有趣的是，因為這一次的大火，天神與國神的結合受到認可，而且這樣的傾向一直持續下去，天神之血與國神之血逐漸融合。「火」的出現，原本是與人類區分事物的「意識」有關，但是在這裡，它卻讓已經被區隔開來的事物結合在一起。這是這段故事很重要的一點。

邇邇藝與木花之佐久夜毘賣的兒子們，包括了在熊熊大火中生下的火照命，接著是火須勢理命，最後是火遠理命，又名天津日高日子穗穗手見命。關於這些兒子的名字，《日本書紀》的本文與「一書云」有各式各樣的記載，甚至有一共生了四個兒子的說法。不過，這些我們暫且不論。接下來讓我們看看，他們的長子兒子火照命與三子火遠理命之間所發生的精彩故事。

1 海幸與山幸

火照命與火遠理命的故事，就是所謂的「海幸山幸」。就算是不清楚日本神話的日本人，也都熟悉他們的故事吧。大林太良曾經指出，從印尼到西密克羅尼西亞之間的地區，有許多類似的神話[1]。這一次我們不談這一點，先來簡單介紹《古事記》中的記載。

火照命以捕捉海產為生，所以所以被叫做「海幸彥」；火遠理命以捕捉山產為生，所以被叫做「山幸彥」[2]。火遠理命要求和哥哥互相交換漁獵的工具，哥哥拒絕了三次，最後雖然不情不願，還是答應他了。火遠理命用向哥哥借來的鈎鉤釣魚，不但一直釣不到，還把鈎鉤弄丟了。火照命要弟弟把鈎鉤還來，火遠理命只能道歉。因為哥哥不原諒他，火遠理命把他的十拳劍（譯按：指十個拳頭長的劍）熔了，做了五百支鈎鉤作為賠償，但哥哥還是不原諒他。

火遠理命不知如何是好，站在海邊哭泣。此時名叫塩椎神的老人出現，聽了他訴說他哭泣的理由後，於是便教給他解決之道，要他造一艘竹籠小船，乘船順著潮水到綿津見神宮（海底的宮殿）。神宮大門旁的泉水邊有一棵桂花木，爬到樹上去，綿津見神的女兒就會發現他，跟他一起思考對策。火遠理命聽從塩椎老人的建議，去了綿津見神宮。

火遠理命的海底旅行記，就這樣展開。很明顯地，這個故事和大國主神的地底國之旅相互呼應。日本神話有一個特徵，就是同一種類型的故事會重複好幾次，每一次都會有少許的變化。有時候添加新的意義，有時候在不知不覺中，改變了結構。這也是日本神話有趣的地方。大國主神造訪地底之前，已經有過伊邪那岐下黃泉的故事，現在則是火遠理命訪問海底國，這一次故事裡的男女關係，以及其他的人際關係都會發生變化。

身為弟弟的主人翁，因為兄長的迫害而前往其他的世界。大國主神與火遠理命的故事，都同屬於這種模式。只不過幫助他們的，前者是母親，後者則是塩椎神這位老人，在這一點上兩者不同。遭受霸淩的人以自己被霸淩的經驗為契機，邁上了獨立自主的旅程。許多時候，他們經歷險象環生的「異界」體驗——一步走錯或許就會喪命——終於得以成長自立。這類事情現在也經常發生。比方說，當我們遭受霸淩時，母親會保護我們，結果我們卻必須遠離母親踏上旅程；「母親的保護」換成「陌生人的幫助」，也是一樣。有時候，這趟自立之旅會引領我們得到異性的伴侶，但這件事不太容易。

出現在火遠理命面前的塩椎老人，是個有趣的角色。大林太良與吉田敦彥指出，在希臘神話中也經常出現這種「海洋老人」[3]。

吉田敦彥這麼說：「希臘神話中，出現了普羅透斯、涅羅斯、格勞科斯、福耳庫斯等等名字各異的不同神明。他們被通稱為『海洋老人』（Halios geron），可見他們原本是屬於同一個神格」。「這些海洋老人，全部都有過人的智慧。而且——也許是得自大海變換自如的特性——他們可以變化成任何事物的樣貌。不過，要是有人能確實抓住他們，不論他們怎麼變身都不放手，那麼最後便可以從他們口中套問出任何事情」。這種「海洋老人」的樣貌，讓我感受到一種理想的心理治療師形象。先不談這個，讓我們回到日本神話當中。

《日本書紀》第十段「一書云」(3)這麼記載了火遠理命到海邊去所發生的事：「是時、弟往海濱、低徊愁吟。時有川鴈、嬰羂困厄。即起憐心、解而放去。須臾有鹽土老翁來……」。

吉田敦彥推測，這隻川鴈應該就是塩椎神的化身[4]。當然，原文只說弟弟（火遠理命）解開了被漁網困住的川鴈，不久之後塩椎神就現身了，但是我們充分可以想像到，川鴈是塩椎神的化身。從這裡我們不禁聯想到民間故事〈鶴妻〉（夕鶴）的情節，這點十足耐人尋味。

火遠理命聽從塩椎神的建議，前往綿津見神宮。接下來，還是讓我們依著《古事記》的敘述說下去。火遠理命爬到樹上去。海神的女兒豐玉毘賣的侍女，前來此處汲水，看到水面映照出火遠理命的身影，嚇了一跳。火遠理命向她求一杯水，侍女以玉杯盛水遞給他。火遠理命拿下頸子上掛著的玉珠含在口中，趁機吐到玉杯裡，玉珠就這樣緊緊黏在杯底，怎麼也拿不下來。侍女只好用黏著玉珠的杯子，盛水給豐玉毘賣。豐玉毘賣問道，外頭有什麼人在那兒？聽了侍女的說明，豐玉毘賣走了出去，和火遠理命見了面，之後並向父親綿津見神報告此事。綿津見神也見了火遠理命，說道：「此人乃天津日高御子，虛空津日高是也」，於宮中設宴款待，並將女兒豐玉毘賣許配給他。於是火遠理命留在綿津見神宮，三年不歸。

當大國主神造訪黃泉國時，也曾出現過大國主神與須勢理毘賣命這對年輕男女一見鍾情的場面，但須勢理毘賣命的父親須佐之男對大國主神課以許多嚴苛的試煉。火遠理命的情況不同；豐玉毘賣的父親綿津見神無條件地接受了火遠理命。在這之後，火遠理命的考驗才會以不同的型態到來，這時候他一無所知，只是滿心歡喜地留在海底的宮殿。

在見到豐玉毘賣之前，火遠理命並沒有直接露面，而是爬到樹上，讓人見到他水中的倒影；這個安排也很有趣。直接的接觸總是帶著某種危險，引起不必要的不安。而且，他映照在水中的容貌十分俊美，也惹人驚喜。《日本書紀》的「一書云」中，則有另一個說法：豐玉毘賣自己來汲水，看到水面上火遠理命的倒影。這樣的描述也相當富有戲劇性。而《古事記》所說的，火遠理命把項鍊上的玉珠放到玉杯裡，讓豐玉毘賣知道外頭有人的安排，更是有趣。自古以來，男女的相會，總是需要各式各樣的工夫。

大國主神結婚之前的路走得十分艱辛，但結婚後就順利帶著須勢理毘賣回到自己的領地去了。火遠理命則很順利地結了婚，沒有經過任何困難，就留在綿津見神宮快快樂樂地過了三年。但三年後，他不自覺地嘆了一口氣。這樣的情節，我們不是也經常在現代的婚姻中見到嗎？無論如何，人免不了遭逢痛苦低潮。只不過是在什麼時候、又以什麼型態出現，會因人而異罷了。

火遠理命在綿津見神宮待了三年後，不經意地「大大嘆了一口氣」。妻子豐玉毘賣把這件事告訴父親。岳父問女婿是怎麼回事。聽了火遠理命敘述事件的經過，海神立刻召集海裡所有的魚討論，取出一直卡在「赤海鯽魚」喉嚨裡的釣鉤，交給了火遠理命，並且教他：把釣鉤還給哥哥的時候，嘴裡要唸著「這個魚鉤，是憂鬱鉤，焦躁鉤，貧窮鉤，愚蠢鉤」，然後要把手背在背後，才把魚鉤遞出去。綿津見神還送給火遠理命可以任意控制海水的塩盈珠、塩乾珠，告訴他可以利用這兩樣寶物來惡整哥哥火照命。火遠理命的岳父從頭到尾都對他非常照顧。有趣的是，可以控制海水的寶珠不是由海幸彥獲得，而是落到了山幸彥的手上。這就是日本神話的特徵——不會永遠偏袒哪一方，而是保持平衡。

火遠理命奉海神之命，乘著「一尋鮫」回到自己的國家，並且依照海神的教導，狠狠地教訓了哥哥火照命；最後火照命終於不得不說：「今後我將日日夜夜守護你的安全」。這個事件也避開了徹底的爭鬥。透過這樣的過程，從天上降臨到地上的、高天原系的神，接著強化了與大海的聯結，擴張了領域，確立了王權。火遠理命一開始被哥哥欺負，後來卻沒有經歷任何苦難，因為海神的力量，萬事順利進行。然而，前方卻有意想不到的陷阱等著他。

2 「心生畏懼」的男人

接下來的故事，在《古事記》中也非常重要。我們在第三章談論「不可窺視的禁忌」時已經引用過，還請讀者們參照。

火遠理命回國之後，妻子豐玉毘賣發現自己懷孕，於是追隨而來。她說：「天神之子不可誕生於海原，於是前來」，令人想起佐久夜毘賣也是這樣來找邇邇藝的。不同的是，火遠理命並沒有懷疑豐玉毘賣。他立刻以鵜鳥（鸕鶿）的羽毛蓋了一間產房。不過，豐玉毘賣等不及就開始陣痛，沒等到屋頂鋪好就進入產房。她對丈夫說，海底國的女人生孩子的時候，必須恢復本來的面貌，叫火遠理命「不可以看她」。不過，所有這類禁令總會引誘人家打破，因此火遠理命也忍不住偷看了。一看到妻子變成一尾八尋長的鯊魚，火遠理命就「心生畏懼」而逃走了。豐玉毘賣被看到真實的樣貌，感覺十分羞辱，於是她沒有帶走剛生下的孩子，自己回到大海去了。回去的時候，他還把陸地與海洋的國境堵住，阻斷了陸與海之間的通路。換句話說，從此陸地與海洋有了明確的界線。和伊邪那岐破壞了伊邪那美的禁令逃回人世之後，此世與彼世變得涇渭分明的故事之間，這一點是相互呼應的。

關於「不可窺視的禁忌」，我們已經在第三章談論過，這裡就不再贅述；讓我們從稍微不同的角度，來看看火遠理命與豐玉毘賣的故事。那是「心生畏懼」的態度。《古事記》說火遠理命看到妻子變成鯊魚的模樣，「既驚且畏，奪門而逃」。雖然還多加了「驚」（日文：「驚き」）這個字，但這裡所使用的「畏」（日文：「見畏む」），之前已經出現過兩次了。第一次是伊邪那岐違反了伊邪那美的禁令，看到了妻子駭人的屍體；第二次則是邇邇藝見到石長比賣的時候。我用表5，整理出這些「心生畏懼」的男性的經驗。

從這個表，我們可以看出這一連串「心生畏懼」的經驗，有它適切的順序。日文中的「見畏む」這個詞，所指的是一種超越單純恐懼的經驗。雖然這些「畏懼」的經驗講的是眾神的事情，但如果考慮到日本神話中，神與人之間有著強烈的連續性，那麼《古事記》在這裡所描述的，可以說是人類的宗教體驗中最純粹、最根本的要素。

原本一體存在、互依共存的事物，由此被區隔

表5　「心生畏懼」的男人

男性	女性	結果
伊邪那岐	伊邪那美 （腐爛的屍體）	生者世界與死者世界的分離 伊邪那美、伊邪那岐的離別 男性神生產子女
邇邇藝	石長比賣 （醜女）	有限生命與無限生命的分離 必死的人類 木花之佐久夜毘賣的結婚、生產
火遠理命	豐玉毘賣 （鯊魚）	與豐玉毘賣結婚，生產後的離別 海洋與陸地的分離 玉依毘賣的育兒

為涇渭分明的兩者。於是人類認識到，自己歸屬於其中一邊的領域，而且無法簡單進入另一邊的領域。這時候，人類知道在自己無法觸及的另一邊當中，有著其他的存在，並且對它產生了「畏懼」的態度；換句話說，人類將超越自己的存在視為「神」。於是我們看到，這些依序發生的「心生畏懼」的故事，清楚呈現出人類認識這個世界的過程。而人所感受到的這種「畏懼」，正是一種宗教體驗。

最早在伊邪那岐的經歷中，「生與死」的分離是個極其重要的事件。生者面對死亡的時候，「畏懼」的態度是必要的。因為這個體驗實在過於強烈，伊邪那岐與伊邪那美不得不徹底別離，並且以「男性神生產」這種異常的方法來獲得子孫。接下來在邇邇藝的故事裡，日本神話不再像伊邪那美的遭遇那樣，讓女性神與男性神完全別離，而是透過精心安排將女性分離為兩位神；把留在人間的神和屬於另一個世界的神，分開來思考。那就是木花之佐久夜毘賣與石長比賣的分離。在這一次的經驗中，過去人們懵懂地視為一體的事物，被區隔為有限的生命與無限的生命。在這個場合中，花與岩石，代表了必死的存在與無生命事物的區別。當人自覺到自己「必有一死」，一定會無生命的存在感到「畏懼」。從這裡我們可以明白，石長比賣的問題並不是人類的美醜，而是象徵了人類無法觸及的存在。這一段故事裡，因為女性的形象一分為二，邇邇藝與佐久夜毘賣結婚了，並且生下子孫。

火遠理命的情形又是如何呢？雖然他的故事造成了陸地與海洋的分離，但結局並不像前二者那麼嚴重。換句話說，陸海的分離並不像前二者那麼絕對無法跨越。因此，火遠理命與豐玉毘賣的結婚之路，走得非常順暢。只是因為火遠理命違犯了豐玉毘賣的禁令，兩人必須分手，也因此確立了海洋與陸地的界線。但是，後來豐玉毘賣的妹妹玉依毘賣為了替他養育孩子，又出現在陸地上；這反映出海洋與陸地的界線，並不像生與死的界線那麼絕對。

這樣的「分離」伴隨著痛苦。從人類的精神史來看，「意識」的成長擴大，以及它「區別」事物的作用，總是伴隨著「痛苦」。這一點到了現代，仍然沒有改變。而且還可以說，從這裡必定會產生「恥」、「恨」、「怒」等種種情感。在這三個故事中，當男性露出「心生畏懼」的態度時，三位女性共通的反應，首先就是感到「恥辱」。這些故事顯示，對日本人來說，「恥」是一種重要的情感。

聖經的故事中，亞當與夏娃吃了禁忌的果實之後，雖然也對自己的裸體感到「羞恥」，但神首先宣告的，是他們犯了「罪」。這一點和日本神話形成對比。我認為這樣的差異，來自於神與人之間的區別是否明確。如果神與人之間的區別明確，人面對神的時候，感覺到的是絕對的「罪」；而當神與人的區別曖昧不明時，受到重視的就是橫向關係的「恥」，而不是「罪」這種縱向的關係。

緊接在「恥」之後所產生的「恨」與「怒」，也不可小覷。豐玉毘賣的怨恨與憤怒雖然非常強烈，但結局以「唯美的解決」來畫下句點，這一點我們在第三章已經討論過。人類的時代，試圖用「祭祀」與「祈禱」平息怨恨與憤怒，顯然是「心生畏懼」態度的延伸。梅原猛很早以前就指出[5]，「人代」以後所建立的神社與寺廟，大多出自這樣的意圖。

且容我畫蛇添足，讓我以一名現代心理治療師的立場，說說我的看法吧。違犯女性禁令的男性，一直到現代從未絕跡。即使女性的怨恨與憤怒再怎麼強烈，若男性能確實懷有「畏懼」之心，或許我們就能看到解決的希望。女性具有可比太陽或岩石的本質，然而有許多男性不明白這一點，無法捨棄奇怪的優越感，不懂得「畏懼」。這時候女性的憤怒將超越個人，而達到人類無法控制的、神的層次。我稱呼這樣的狀態為「伊邪那美以來的憤怒」。想要平息這樣的憤怒，難上加難。一旦打破了個人的層次，無意識將變得活躍，不論男性或女性都極可能產生妄想或幻覺，很多時候甚至發展為傷害事件。由於彼此激發情緒，男女都墜入「異界」；男性也好、女性也好，處在這樣的狀況中，眼裡看到的對方，都可能變成腐爛的屍體、岩石或鯊魚。看著人類最根本的本質，我們將發現，人從神代以來，沒有任何改變。

3 第三組三元組

邇邇藝與木花之佐久夜毘賣之間，生下了火照命、火須勢理命、火遠理命等三位神明。神話用了許多篇幅談論火照命與火遠理命的關係，但對於位居中心的火須勢理命，卻隻字未提。火照命與火遠理命衝突的結果，火照命成為火遠理命的下屬，火遠理命則繼承了邇邇藝的王位。但是，我們看不到關於火須勢理命的任何敘述。

和我們一起一路閱讀《古事記》到現在的讀者們，應該都已經看出來了，這裡出現了第三組「三元組」。而且和先前的「三元組」完全一樣，其中心是無為的。不論高御產巢日神、天之御中主神、神產巢日神的組合，或是天照大神、月讀命、須佐之男的組合，第一與第三位神在各方面都非常活躍，彼此之間發生各種對立折衝，但位居中心的神，則徹底無為。

在這組三元組之後，即將進入「人的時代」，因此「三元組」這個神代專屬的特徵就要在此告一段落。仔細觀察就會發現，這三組「三元組」彼此形成了完美的對應。讓我們藉由表6來加以說明。

從上述的表可以看出，這三組「三元組」出現在《古事記》神話中的時機與方式，以及各組「三元組」之間，神與神的對應關係，形成了完美的架構。雖然每一組都有其特色，但它們有一個共同點：位居中心的神都只出現名字，完全沒有提到他們有何作為。我認為這種整體的結構，是日本神話最重要的特性，我稱之為「中空結構」。

接下來讓我們依序觀察這些「三元組」的特徵。第一組「三元組」以「獨身神」的樣貌出現在「天地的肇始」。我們也不清楚他們的性別。但是從之後神話的發展可以看出，高御產巢日神屬於父性原理，神產巢日神則具有母性原理的特性。前者與高天原關係密切，後者則與出雲系有深厚的淵源。高御產巢日神也被稱為「高木神」，正如前述，這強烈顯示出他作為「父神」的特性。而天之御中主神正如其名，是存在於兩者之間的「中心的神」，但《古事記》卻沒有談到關於他的任何事蹟。

第二組「三元組」的成員，是伊邪那岐探訪冥界——也就是天界與黃泉國的接觸——造成生者的世界與死者的世界明確分離之後，由父親在水中生產下來的神。與第一組不同的是，天照大神是女性，須佐之男是男性，男女的對立是十分明確的。天照大神在天上界，而須佐之男後來降到地上，成為地上之王，這點也顯示出天與地的對立。我們已經看到天照大神與須佐之男之間所

表6　《古事記》之中的「三元組」

第一組三元組 （天地的肇始）	高御產巢 日神	天之御中 主神	神產巢日神	作為獨身神， 自然生成
第二組三元組 （天國與黃泉國的接觸）	天照大神 （天）	月讀命	須佐之男 （地）	在水中，從父 親身上誕生
第三組三元組 （天神與國神的接觸）	火照命 （海）	火須勢 理命	火遠理命 （山）	在火中，從母 親身上誕生

出處：河合隼雄〈中空結構日本的深層〉，中央公論社，一九八二年。

發生的各式各樣的故事；而在這組三元組裡，佔據中心位置的月讀命徹底無為，這一點與天之御中主神相互呼應。

接下來的第三組「三元組」，是天神彌彌藝與國神木花之佐久夜毘賣結婚所生下的。這一次則是由母親木花之佐久夜毘賣在火中生產，和第二組「三元組」由父親在水中生產這一點，形成了完美的對應。日本神話隨處呈現巧妙的對應關係，應該是因為作者始終刻意地保持整體結構的均衡吧！火照命與火遠理命形成海幸彥與山幸彥的對立，他們兩者之間的故事我們在前一節已經介紹過。而火須勢理命雖然位居中心，卻完全沒有任何作為；這一點和第一組、第二組是同樣的。透過這三組「三元組」，完成了日本神話的「中空結構」。

之後《古事記》就進入了〈中卷〉神武天皇的時代。「神代」就結束在第三組「三元組」的故事裡。進入「人的時代」之後，如果我們重視的是「天皇」的正統性，那麼「天照大神─邇邇藝─火遠理命（彥火火出見尊）─鵜葺草葺不合命（鸕鷀草葺不合尊）─神倭伊波禮毘古命（神武天皇）」這樣的系統，其實已經為天皇的正統性提供了「證明」。換句話說，在這層意義下，我們也可以說王權的血脈佔據了中心的位置。因此在以建立天皇正統性為意圖的《日本書紀》裡，「中空結構」並不明顯，強調的是王權的中心特質。

先前我們已經清楚說明，對日本神話來說，「中空結構」是最基本的要素；而且──稍後我們將論及這一點──它和日本人的心理狀態，有深刻的關聯。但是從證明天皇正統性的使命來看（《日本書紀》就帶有濃厚的這份意味），也的確有必要確認王權的體系來自天照大神的後裔。

在這層意義下，神話表面的形式與背後的基礎形成了雙重的結構。這對於探討日本人的心性而言，也是一項相當重要的因素。

這個情形也反映在以下的事實當中：和頭兩組「三元組」比起來，第三組「三元組」的成員全部都是男性。前面我也提過，雖然從心理的面向來看，「母權意識強大」這一點是不變的，但家族的實際型態卻逐漸轉變為父系體制。雖然神話中是以天照大神為祖先，但是男性被選為天皇的傾向卻越來越強。因此我們可以想像，由於最後的三元組直接連接到「人代」，所以被安排成為男性優勢的型態。這種男女角色的變化，和下一章要談論的沙本毘古與沙本毘賣的故事息息相關。

註釋

1 原註：大林太良『神話の系譜——日本神話の源流をさぐる』《神話的系譜——探尋日本神話的源流》青土社、一九八六年。

2 譯註：「海幸」平常指的是從大海捕獲的魚介類食物，「山幸」則是指鳥獸、果實、蕈菇之類的山產。「彥」原意是「日之子」，和「毘古」一樣，是對男性的一種美稱。

3 原註：大林太良、吉田敦彥『世界の神話をどう読むか』《如何閱讀世界的神話？》青土社、一九九八年。

4 譯註：「鴈」字意思同「雁」，也同「贋」。

5 譯註：梅原猛（1925-2019），日本哲學家，對日本歷史與文化提出許多獨到的見解。

| 第十一章 |

均衡與回擺

1 均衡的動力系統（dynamism）

如前章所述，《古事記》神話的基本結構是「中空結構」。這種結構的中心，缺乏強而有力的存在以力量或原則統一整體，但中心雖然空無一物，整體卻能形成均衡。「中空結構」的成員（各個神明）之間，保持了微妙的平衡；即使偶爾有誰想要佔據中心的位置，也從來不能持久。透過適當的相互作用，該位神明將會離開中心，讓整體又回復均衡。日本神話的這種動力系統，實在是非常巧妙。因此，不會有任何神明代表絕對的善良或正義，也沒有任何神明握有絕對的權力。

舉例來說，雖然因為天皇家的血統來自天照大神系，使得天照大神系確立了重要的地位，但天照大神既不是絕對的善，也沒有絕對的權力，她也從來不曾以絕對的正義自居，或是以消滅敵對者為目的。雖然本書在這之前已經一再談到這一點，但還是讓我們再回頭思考一次。須佐之男為了探望天照大神而來到高天原時，天照大神誤會了他的意圖，於是全副武裝以待。這個時候，她應該是自認為站在世界的中心吧！但不久之後，在兩人立下「誓約」的過程中，就讓她知道了自己的錯誤。這次換成須佐之男被勝利沖昏了頭而變得自我中心，開始犯錯。神話中以「恃勝而驕」來形容他的行為。果然，勝利者的傲慢是無法持久的。

天照大神的黑暗體驗，顯示出她不僅僅是光輝耀眼的存在；她的內在也有著陰影。後來須佐之男雖然因為自己的惡行而受到懲罰，但並沒有被當作徹底的惡而排除，反而在出雲地區成為文化英雄，甚至建立了王國。但是這並不代表須佐之男站上了世界的中心；沒多久他的子孫大國主神，就把自己的國家「讓」給了高天原的子孫。

大國主神沒有經過戰爭，而是透過「讓國」，就把主權從出雲系轉移到高天原系。這裡面，勝者與敗者、善與惡並沒有明確的區分。如前所述，在進行有關讓國的協商時，高御產巢日神對大國主神說：「夫汝所治顯露之事、宜是吾孫治之。汝則可以治神事」（《日本書紀》第九段「一書云」(2)）。這可以說是最大的妥協，完全看不到「勝者支配敗者」的常見模式。

以上敘述的是大局面的平衡，但不僅如此，我們還可以在個別的神明身上，看到均衡的作用。神話中幾位重要的神明，各自都會搭配另一名神明來補償並平衡其不足，形成巧妙的均衡狀態與合作關係。可以說，日本神話隨時都在對所有的人物，進行適當的「相對化」。

首先，天照大神雖然可說是主神，但她本身是太陽女神。考慮到世界上大多數國家的太陽神都是男性，不妨說天照大神的存在本身，就包含了對立的要素存在。天宇受賣命、猿田毘古神與天照大神之間的關係，都清楚地反映出這一點。

大國主神與少名毘古那神的關係，也是如此。連名字都形成對比的這兩位神明，以默契絕佳的分工合作，完成了建國大業的使命。少名毘古那神幫助大國主神完成建國任務後，突然消失無蹤，大國主神變成獨自一人。但這時候，地位更重大的平衡者——高天原的神出現了。這個階段，他需要規模更大的平衡感。日本神話中對於少名毘古那神出現與退場時機的安排，實在是巧妙而恰當。

日本神話的均衡不是靜止的，到處都可見到充滿能量的活動；這些活動有時彼此對立，甚至讓我們感到破滅的可能性。微小的均衡，被包納在更大格局的均衡當中，整體的樣貌則不斷改變，這是日本神話中「均衡」的特徵。而當均衡狀態中的某一方開始變強，似乎就要佔據中心的時候，就會發生「回擺」現象，讓整體恢復平衡，這是另一個重要的特徵。下一節就讓我們來探討這個現象。

2 三輪的大物主神

上一節我們指出，日本神話的均衡是充滿動態的，有時候更會產生「回擺」的現象，以保持整體的均衡。在脫離神代、進入人的世代之後，仍然保持了這樣的傾向，而且人代所發生的事情，都與眾神的事情有所關聯。因此，要思考神話的整體結構，也必須注意《古事記》所記載的「人代」的現象。其中特別是三輪（或稱為「美和」）的大物主這位神明，對人的世界有重要的影響。

「大物主神」究竟是什麼樣的神？如果只看《古事記》的記載，是很難明白的。不過，《日本書紀》第八段「一書云」(6)寫道「大國主神，亦名大物主神」，在舉出大國主神的眾多別名時，第一個舉出的就是「大物主神」。接下來，當大國主神感嘆少名毘古神離去，剩下自己獨自一人，希望有人和他一起治理天下時，第一個回應的，就是大物主神。這部分的故事我們已經在第八章引用過，還請讀者參照。

根據這裡的記載，大國主神的「幸魂奇魂」被奉祀在「三諸山」。三諸山就是三輪山。大國主神的「幸魂奇魂」就是大物主神，因此「一書云」說那是大國主神的別名，也是理所當然的。

此外，奈良縣三輪町的大神神社，主要祭祀的是大物主神。據說這個神社的起源，就是從奉祀大穴牟遲神（即大國主神）的幸魂奇魂開始的。

根據《古事記》的記載，天孫降臨之後，高天原系的子孫成為天皇。但如果過於強調這一點，故事結構將失去均衡，因此才有大物主神的活躍，發揮了「回擺」的功能。換句話說，大物主神的出現，是為了不讓人忘記出雲系的存在。

首先，第一代天皇「神武天皇」（本名「神倭伊波禮毘古命」）在尋找皇后的人選時，大將「大久米命」向他推薦人稱「神之御子」的少女「伊須氣餘理比賣」。為什麼她被稱為「神之御子」呢？大久米命說了以下的故事：

「三島湟咋」有一位名叫「勢夜陀多良比賣」的女孩，容貌非常秀麗。美和（譯按：即三輪）的大物主神因為因為仰慕她，變身為一支朱紅色的箭，在她上廁所的時候，順著水溝流過來，戳了一下她的陰部。勢夜陀多良比賣嚇了一跳，撿起這支箭放在地上，箭隨即變成一個壯麗的男子，兩人便結了婚，生了名叫「富登多多良伊須須岐比賣命」的女兒，又名「比賣多多良伊須氣餘理比賣」。於是這女孩被稱為「神之御子」。

神武天皇娶了伊須氣餘理比賣作為皇后，生下了第二代的綏靖天皇，於是確立了天皇的系統。但由於初代天皇的皇后是大物主神的女兒，顯然天皇家與出雲的勢力之間有所關聯。

第十代的崇神天皇，也發生了非常相似的事件。也就是說，天皇的勢力強大時，就會發生

「回擺」的現象，讓我們記得出雲系（以大物主神為代表）的存在，並藉以回復整體的平衡。接下來我將從《古事記》的〈崇神天皇記〉引用一段故事來說明：

崇神天皇之世，疫病四起，人民盡將滅絕。天皇哀愁，坐於神床。是夜大物主大神於御夢中現身，曰：「疫病乃我之意。若能令意富多多泥古祭祀，則神之祟將平息，國泰民安矣。」於是崇神天皇遣使遍尋名「意富多多泥古」之人，終於河內美努村尋得此人，呈於朝廷。天皇問曰：「你是誰人之子？」答曰：「我乃大物主大神娶陶津耳命之女活玉依毘賣所生之子、櫛御方命之子、飯間巢見命之子、建甕槌命之子，意富多多泥古是也。」天皇聞言大喜，曰：「天下將平、人民將興。」令意富多多泥古為神主，於御諸山奉祀意富美和之大神。

在這裡，「神」透過「疫病」讓人知道他的存在。值得注意的是，天皇為了百姓的疫病而憂愁，「坐於神床」等待夢告（夢中的神諭），反映出夢的重要性。這一點我們將在下一節討論。總之，天皇經由夢告知道了大物主神的存在，並且以其後裔意富多多泥古為神主，奉祀「意富美和大神」。這樣一來疫病平息，國家也安定了。

這個「意富多多泥古」為什麼會是「神之子」？著名的〈三輪山傳說〉提出了說明。《古事記》裡這樣說：

此意富多多泥古，之所以為神之子，乃因上述活玉依毘賣，姿容甚為端正。其時形姿威嚴、無與倫比之男子，於夜半時分倏忽到來。兩人互生愛慕，於是共寢同住。未幾，美人即有身孕。父母怪其行止，問曰：「你可是有了身孕？既無夫婿，何以懷孕？」答曰：「有壯麗男子來訪，亦不知其姓名。夜夜共寢，自然有孕。」父母欲知男子身分，告其女曰：「且於床前撒紅土，取麻線穿針，縫於其衣擺。」女子依言。翌日，只見麻線穿過鎖孔綿延而去，只餘三卷，遂循線尋找，來到美和山之神社。於是知活玉依毘賣所生之子，乃神之子。且因麻線餘下三卷，故稱此地為「美和」（三輪）。

這個故事，和神武天皇的皇后伊須氣餘理毘賣被稱為「神之子」的由來，完全是同樣的類型；也就是男性神變身侵入美麗女性的住處使她懷孕，生下「神之子」。這種故事最早的原型，是須佐之男侵入天照大神住處的故事；但當時講的是神與神之間的事，如今則變成人類的女性與男性神的組合。換句話說，這是「人代」的故事。

說到神明改變外型侵入人類女性的住處，任誰都會想起希臘神話的宙斯吧！許許多多西洋名畫都以他這些神話事蹟為題材，相信很多人都看過。舉例來說，宙斯為了侵入達那厄的房間，變身為黃金雨，達那厄因此生下了英雄柏修斯。宙斯變身的故事還很多；因為宙斯的侵犯而生下英雄，是這些故事共通的特徵。也就是說，這些故事強調英雄雖然是人類，卻繼承了「神的血統」。

回到日本神話。這些故事雖然基本上和宙斯的故事相似，但還是有不同的地方。第一，希臘的故事裡，入侵者宙斯是「主神」，但日本的大物主神並不是「主神」。相反地，大物主神是在天皇的正統性已經確定穩固的時代，和天皇系統相抗衡的出雲系神祇。如果這個觀點正確，那麼當時的人，確實是將出雲系神祇當作「神」、視為一種比人類地位更高的存在嗎？相傳大神神社是日本最古老的神社；這樣一來，那時候高天原系變成「人類」，相反地出雲系卻變成「神」，這不是很奇怪嗎？關於這一點我們將在下一節討論，現在先來看看希臘神話與日本神話另一個相異之處。

另一點差異在於，宙斯與人類的女性交媾之後所生下的孩子，全部是男性的「英雄」，但日本並非如此。大物主神變身為一支紅箭侵犯勢夜陀多良比賣之後，勢夜陀多良所生下的是女兒伊須氣餘理毘賣，後來她成為了皇后。而大物主神夜訪玉依毘賣之後，生下來的意富多多泥古雖然是男性，卻不是什麼「英雄」，而成為大神神社的神主。他們作為「神之子」，的確不是普通的人物，卻不是像希臘神話的柏修斯或赫克力士那樣的英雄。

有趣的是，在日本神話裡，大物主神與被視為和他是同一人物的大國主神，以及其祖先（同時也是岳父）須佐之男，都是成就英雄事蹟的存在。正統高天原系的祖先，是天照大神這位女神，而相對於高天原系，帶有強烈男性英雄傾向的大物主神出現，產生了「回擺」的現象。話雖如此，大物主神並沒有因此成為中心，他的子孫當中，也沒有男性的英雄登場，而是整體恢復了均衡。這一點是日本神話的特徵。

3 夢與神

前一節我們提到，崇神天皇時代疫病蔓延，天皇「坐於神床」，透過夢而知道了大物主神的意圖。從這裡可以看出古代對於夢的重視；古代人認為，透過夢可以知道神明的意旨。

《古事記》裡還有其他關於夢的重要故事。我將參照這些故事來探討古代日本人如何看待「夢」這件事。這和本章的標題〈均衡與回擺〉有很深的關係。因為這些故事裡的人物，都是透過夢而得知神明的智慧，或是得到神明的幫助，進而修正了自己原先的生存方式與態度。

最早的夢的故事，出現在〈神武天皇記〉。神代神話的特徵之一，就是眾神的故事裡完全沒有提到夢的事。或許是因為古代人認為只有人才會作夢吧。神武天皇東征途中，熊野的村子裡出現了巨大的熊，神武天皇和部下都倒了下來。這時候，熊野地區一個名叫「高倉下」男子獻上一把劍，神武天皇用這把劍斬殺了所有熊野的惡神。高倉下解釋他得到這把劍的由來。

高倉下夢見天照大神與高木神告訴建御雷神，自己的子孫在葦原中國陷入苦戰，要他去幫忙。建御雷神說，這件事不需要他親自出馬，有這把劍就夠了，說著在高倉下的倉庫屋頂鑿了一個洞，把劍扔進去。高倉下醒來跑到倉庫一看，果然有一把劍在那兒，高倉下於是把劍帶來獻予神武天皇。這場夢的特徵是，做夢的人是該地的居民，而且夢中發生的事件還與現實發生的事件相互連結。

接下來出現在《古事記》裡的，是先前介紹過的崇神天皇所做的夢。再下一個是垂仁天皇的夢，我們將在下一節討論。透過夢中的神諭，天皇知道了有關皇后與她哥哥的重要事實。再下一個夢，也是垂仁天皇的夢；這個故事我們在第七章討論本牟智和氣的時候，已經介紹過。這時候出現在垂仁天皇夢裡的，也是「出雲的大神」。這也是場意義重大的夢；它讓天皇明白他必須尊崇出雲的神。這正是一個具有「回擺」功能的夢。

於是我們可以看出，夢自古以來對人類就非常重要，這件事是世界共通的。然而夢在近代歐洲，卻失去了它的價值，而日本強烈受到近代歐洲的影響，也失去了對「夢」的信任。但到了十九世紀末、二十世紀初的歐洲，佛洛伊德與榮格等人的深層心理學，又重新對「夢」予以評價。筆者的專長屬於榮格學派，因此我的立場，也認同夢的價值。如果以極簡單的方式來說明夢是什麼，我們可以這樣說：人以自我為中心，將自己的意識體系化，得以擁有某種程度的主體性與統合性，並且根據自我的判斷，讓自己成為行動的主體。但是人的心靈有一些作用是自我無法意識到的；雖然意識不到，卻會影響我們。而當自我的控制力鬆動的時候，無意識心靈的作用會以「夢」的方式，讓我們意識到它的存在。

最早的時候，人們認為無意識是一種妨礙並扭曲自我的力量，強調它負面的作用。榮格卻注意到它正面的價值，認為無意識有一個傾向，總是試圖從某種觀點來補償自我的片面性。不僅如此，他更進一步發展這個想法。相對於「自我」（ego）是意識的中心，榮格假定心靈全體（包含意識、無意識在內）的中心，存在著「自性」（self, Selbst）。他認為，我們雖然無法透過意識掌握「自性」，但人類的心靈始終追求整體性。他主張讓「自我」保持與「自性」——心靈整體的中心——的接觸，以最大限度發揮自己的功能，就是人的「自己實現」[1]。人應該對「自性」採取開放的態度，而不是把「自我」視為完整的存在，封閉在「自我」之內。在「自我」控制鬆動的睡眠中，「夢」作為「自性」捎來的訊息，扮演了重要的角色。很多時候「夢」所具有的意義，是清醒時的「自我」難以理解的；而努力找出「夢」真正的意義——即使是那些乍看荒謬、無意義的夢——就是「夢的解析」的使命。

近代社會強調自我的強化，以及強大的自我在現實中發揮的效用。特別是近代的歐洲，由於極端重視父權意識，驟然失去對夢的價值的認同。隨著父權意識的確立，近代科學的技術也急速發展，人類得以享有便利而舒適的生活，但背後卻伴隨著各種心理疾病的發生。於是以治療心理疾病為職志的深層心理學家，開始注意無意識的作用，並重新審視夢的價值。整體的情況大約是如此。

讓我們回到古代。當時人們的意識，對於無意識的態度遠比我們開放，因此會重視夢也是理所當然的。話雖如此，對於古代的日本人來說，夢的意義也不是經常可以掌握。只不過，當他們能從「夢」當中吸取到超越自己的智慧時，他們會感受到心靈的震憾；或許就是這種時候，他們把這樣的經驗稱為「神」。對他們來說，「神」是一種超越自己的存在，是一種壓倒自己的力量，同時也是一種深刻智慧的泉源。但是，古人所謂的「神」包容了這全部的經驗，而不是外於自己的某種存在，或是某種唯一的人格神。因此，就算古人把出現在夢中的意象稱為「神」，這樣的神，和與人類世界分隔遙遠的唯一造物神，是完全不同的存在。人與神之間的界線並非那麼涇渭分明。

高倉下的夢，讓人感覺高天原的眾神和居住在葦原中國的人類之間，終究是有相當嚴格的差別。但是，天孫降臨並定居在葦原中國，與當地的女性結婚，神與人的界線其實是逐漸變得模糊的。在這樣的情況下，為了拯救神武天皇，高倉下的夢強烈帶有「上天賜予」的意涵。而這時發生夢與現實一致的「同步性」（Synchronicity），也顯示出夢的體驗與日常生活之間的層次相當不同；夢裡出現的眾神被描寫成一種遠離人間世界的存在。

相對地，天皇們所作的夢感覺則不太一樣。垂仁夢到沙本毘古的事，這裡我暫且略過不談；崇神與垂仁兩天皇所作的其他的夢，都與出雲的神明有關。他們兩者都是在自認為天皇是國家的「中心」時，夢到出雲系的神明；彷彿是來告訴他們「別忘了我的存在！」。而因為這些夢，天皇開始祭祀這些出雲系的神明。但並沒有因為這樣，出雲的神明就成為了「中心」。

這些夢彷彿提醒天皇們，雖然他們位居葦原中國的「中心」，但這「中心」並不是絕對的。出現在夢裡的，並不是淩駕天皇之上的「神明」。他們的出現是為了讓天皇意識到，有些存在超越了他自己，並且產生這樣的自覺——自己雖然位居中心，但並非中心本身。這些夢反映出先前我們說過的，「中空結構與天皇王權的確立」之雙重結構。於是我們也不難理解，對古代人來說所謂的「神」代表了什麼樣的意義。

4 沙本毘古與沙本毘賣

前面我們已經看到，日本神話不斷反覆相似的故事，但每一次的樣貌都有些許變化。神話也描繪出，各方力量在互動中不斷朝向均衡的過程。這樣的傾向，到了「人代」仍然繼續；其中最值得特別一提的，是沙本毘古（狹穗彥）與沙本毘賣（狹穗姬）的故事。這個故事對於思考神話整體的結構，也非常重要。讓我們看看《古事記》的敘述。

崇神天皇的繼位者垂仁天皇娶了沙本毘賣為皇后。沙本毘賣的哥哥沙本毘古問自己的妹妹：「丈夫與哥哥，你愛哪個？」妹妹回答：「我愛哥哥。」於是沙本毘古告訴她，如果真的愛哥哥，那就兩人一起治理天下；跟著說出自己的計謀，交給妹妹一把精心打造的小刀，要她「拿這把刀，趁天皇睡著的時候刺殺他」。天皇絲毫沒有察覺，還把頭枕在沙本毘賣的膝上睡覺。沙本毘賣舉刀三次，要刺天皇的頸子，但想起兩人之間的情誼，怎麼也下不了手，不禁悲從中來，眼淚掉落在天皇的臉上。天皇醒了過來，問沙本毘賣怎麼回事。接下來我們直接引用《古事記》的記載：

天皇驚醒，問其後曰：「我見怪夢。驟雨自沙本之寢宮而來，濡濕我面。又、錦色小蛇繞我頸。此夢有何意？」於是皇后思忖，再無辯解之餘地，坦白告之：「妾之兄沙本毘古王，問妾曰：『夫與兄，你愛何人？』面此問，妾無可奈何，答曰：『愛吾兄。』於是沙本毘古王告妾曰：『我當與你共治天下。故，必殺天皇。』交予妾八塩折紐小刀。妾以此小刀欲刺御頸，雖三度舉刀，然哀傷之情忽起，無法下手，落淚於御面。天皇之夢，必此之意也。」

天皇的夢令人印象深刻。從沙本毘賣的寢宮驟然降下暴雨，打在自己的臉上，而且色彩斑斕的蛇，纏住自己的脖子。做了寓意這麼明顯的夢，皇后感覺再也難以辯解，於是向天皇坦白自己和哥哥的惡謀。雖然直接與現實事件有有所關聯的夢並不多見，但實際上現代也不乏這樣的例子。

我覺得，沙本毘古與沙本毘賣的故事，明白顯示從母系體制到父系體制的變化。在母系體制中，家長的身分是由女性來繼承；而在一旁扮演輔佐角色的男性，並非她的丈夫，而是與她有血緣關係的兄長。在這樣的「家」裡，兄長握有相當大的權力；而大多數的情況，女性家長所擁有的與其說是權力，還不如說是透過作為女祭司的能力所獲得的權威。恐怕在垂仁天皇的時代，父系的王權制正逐漸確立，因此必須打斷兄妹之間的連結。同時作為「王」的男性天皇，也必須展現他身為巫師的能力，所以天皇作了這種揭露真相的夢。換句話說，過去由兄妹兩人分享的權力，如今天皇要一個人獨佔；這樣的「男性體系」將成為最重要的系統，父系體制就要取代母系體制。

《常陸國風土記》那賀郡的篇章中，紀錄了一個與兄妹關係，以及與先前所述、大物主神的侵入主題有關的故事，茲介紹如下：

茨城地區北部，有一座名為「晡時臥山」的高丘。那裏住著努賀毗古、努賀毗咩這對兄妹。[2]某天夜裡，一名男子偷偷地來到努賀毗咩的住處，讓她懷了孕，生下了一條小蛇。這小蛇白天不出聲音，到了夜晚卻開始和媽媽說話。舅舅和媽媽——也就是努賀毗古與努賀毗咩——大吃一驚，心想，這或許是神明的孩子，於是拿了個乾淨的杯子，把蛇放在裡面，並且設置祭壇安置它。結果這蛇一夜之間就長大到杯子裝不下的地步；於是他們換了較大的容器，但蛇又長得更大。這樣三次以後，就找不到可以裝得下蛇的容器了。

於是這母親努賀毗咩告訴孩子，你是神明的孩子，我們家族養不起你，「去找你父親吧！你不該再待在這裡了」。這孩子雖然傷心哭泣，還是決定聽從母親的話。不過他要求母親「給他一個供使喚的小跟班」。母親說，這個家除了你舅舅和媽媽，就沒有別的人了；沒有人能跟你去。這孩子心生怨恨，又不說話了。臨別時，他在盛怒之下殺死了舅舅努賀毗古，當他正打算升天時，母親拿了一個盆子丟出去，砸中了他；這條蛇因此無法升天，就留在這座山上。原本拿來裝蛇的盆子和甕，至今還留在片岡這個村子裡，由蛇的子孫建造神社奉祀著。

我們該怎麼看待這個故事的結尾，這一點相當困難。不過在這個故事裡，同樣是某位男子的存在（或許更應該說是「侵入」），破壞了努賀毗古與努賀毗咩這對兄妹的連結。伊邪那岐與伊邪那美這最早的一對男女，既是兄妹也是夫婦，實在是很強的結合體。事實上在古代的埃及，為了保持純粹的「血統」，只有國王是兄妹結婚的。

日本古時候，說不定也是如此，雖然後來發現遺傳上造成的問題，逐漸停止了兄妹結婚的習俗，但是在母系體制下，做哥哥的仍然以女性家長兄長的身分，承擔了家族中男性的功能。而在體制的轉變期，兄妹結婚的情況應該還是某種程度存在著，與其他婚姻制度混在一起。上述的故事明確記載，努賀毗古與努賀毗咩是兄妹，而不是夫婦，但在各地《風土記》裡出現的名字非常相像的男女組合，究竟是兄妹還是夫妻呢？或者兩者都是呢？大部分並不清楚。

我認為當社會體制逐漸從母系轉移到父系，「父子」的系列便開始受到重視，於是神話與民間故事構想出父親是神明、孩子是神明的孩子、必須前往父親的地方去繼承他，這類的故事模式。而這時候，家族內的父系制度也已形成。至於我們在大物主神與宙斯的例子中看到的，「英雄繼承了神的血統」這種有關英雄誕生的故事，則是另一種主題，也就是男性（神）對女性的侵犯。

在《常陸國風土記》的故事中，蛇逐漸變得比器皿大，如字面的意義，已經成為超越其家族「器量」所能容納的存在了。這種情節的安排充滿了「說故事」的趣味。最後舅舅被殺害，「蛇子」失去了神性而不得不留在人間，只有「母子」的關係殘留下來，成為「母女」與「父子」這種明確的母系與父系中間，一種重要的連結。

下一節我們將探討這些關係在心理上的意義。現在，讓我們回到沙本毘古與沙本毘賣的故事。聽到沙本毘賣的自白後，天皇立刻發兵討伐沙本毘古。沙本毘古建了「稻城」（儲存稻米以應付緊急狀況的城堡）嚴陣以待。處於丈夫與兄長的夾縫中，在這兩種彼此衝突的情感中擺盪的沙本毘賣，這一次選擇了哥哥，進入稻城裡。這時候沙本毘賣已經懷孕了；天皇也知道這件事，所以遲遲不發動攻擊。沙本毘賣在兩軍對峙期間生下了孩子，把孩子帶到城外，對天皇說：「若天皇承認這個孩子是自己的孩子，請您接納並養育他。」

天皇想要同時接回孩子與皇后沙本毘賣，於是派了幾個大力士，打算硬把她抓回來。但沙本毘賣早就料到這一點，把全部頭髮剃掉，做成假髮戴在頭上，又在衣服、首飾上動了手腳，讓它們一受到拉扯就會破碎。因此天皇的手下沒有抓住她，只帶回了小孩。於是沙本毘賣回到城裡，為哥哥殉死。

這個故事裡沙本毘賣內心的衝突，生動地描繪出新舊制度交替的時候，夾在中間的人所面對的苦惱與選擇。沙本毘賣最後選擇為舊制度殉身，但她把兒子交給新制度，而讓他生存了下來。這孩子就是本牟智和氣，他在神話中扮演了多麼重要的角色，我們在第七章已經詳細介紹過。

沙本毘賣在稻城的熊熊烈焰中死去。這幅景象讓我們想起神話裡那些因為火而失去生命的女神與女人。首先，就是伊邪那美與木花之佐久夜毘賣。伊邪那美透過自己的死亡，為世界帶來了重要的「火」；佐久夜毘賣生下重要的第三組「三元組」的組合，繼承了天孫的系統；而沙本毘賣則生下本牟智和氣，這位具有重要使命的皇子。火與生產相連的故事一再反覆，每一次都會稍微改變故事的樣貌——這是日本神話，以及「人代」初期故事的特徵。

5 破壞連結的事物

在沙本毘古與沙本毘賣的故事裡，垂仁天皇這位男性的出現，是打破「兄妹」之間強力連結最重要的關鍵。但是以結果來說，「兄妹」的連結破裂真正的原因，是沙本毘賣向丈夫垂仁坦白沙本毘古的叛變意圖，而且最後她為哥哥殉身，某種程度還是保全了「兄妹」的關係。這樣的故事顯示出，要破壞這樣的連結有多麼困難。

不論對什麼樣的民族、文化來說，「家族」都是最重要的東西；但是要如何定義「家族」、看待「家族」，卻是非常困難。有兩點讓「家族」的問題變得極度複雜：第一，「家族」的成員中，同時存在著「男」與「女」這兩種異質的存在；第二、「家族」中，同時存在「血緣」這種由命運安排的關係，以及「夫婦」這種完全沒有血緣的關係。這兩種不同的關係，一方面可以說是家族背負的十字架，另一方面卻因此產生了動能、動態，為家族帶來活力。

影響「家族」樣貌的，還有一個重要的因素，那就是在家族裡長大的個人，成年後和這個家族維繫著什麼樣的關係。自古以來，許多民族都採用了大家族制；在大家族制的生存方式裡，「家族」是個人身分認同的根本。大多數的民族重視的是血緣；但日本的大家族制有些特別，重視「家名」更勝於血緣[3]。「〜〜家」能夠永續存在，自己能夠屬於那個「家」，是最重要的事情。就算自己死了，只要「家」永續存在，就能安心。

話雖如此，每一個人都是不同的存在，這是事實。當個人想要以個體的身分充分發展自己，就會與以「家」為第一優先的生存方式發生衝突。一直到近代以前，若不是個性特別強烈的人，是感覺不到這種矛盾的。一般來說，只要一生都屬於某個家族（或是某個「家」），就能安心地活下去。

對於基督教文化圈的人來說，維持與上帝之間的關係是第一要義。不過，雖然上帝的意志是最重要的，但是「人」在漫長的歷史中逐漸獲得了力量，於是產生了以「個體」作為生存單位的個人主義思想。這種思想也強烈地影響了日本，不但開始強調個體的確立與個性的尊重，家族存在方式的主流，也從大家族轉變為核心家庭。因此我們可以說，現代的日本人徘徊在個人主義與從前以「家」為主的這兩種生存方式之間，苦惱不已。

話說回來，想要以「個體」的身分生存，就必須改變小時候在家族裡，以血緣為基礎的生活態度。舉例來說，誕生在家族裡的女性，最初必須倚賴家族的撫養，但長大成人之後，就必須逐漸打破自己與母親、父親、兄長等等的連結。這些人都是養育自己，與自己的成長有深切關係的存在。當然，透過連結的打破而「自立」之後，還必須再以同為自立個人的身分，重新建立父女、母女、兄妹的良好關係。這種分離與重新結合的過程該怎麼進行，是人生的重要課題，同時也是我們臨床心理學家的重要工作。

日本神話中，依序發生了各種不同的「連結的打斷」。最後這段兄妹連結被打斷的故事，已經是「人代」的事了。這些故事我們已經都討論過，這裡就不再詳述。不過，讓我們透過表7來比較各種不同的情形。最初是須佐之男侵入高天原，打斷了「母女」的連結。日本神話以隱晦、象徵的方式，敘述須佐之男的侵入；但透過與希臘神話的比較，其意義就很明顯。這些我們在第五章、第六章，都已討論過。

其次，大國主神下降到地下世界，破壞了「父女」之間的連結。這件事我們已在第八章詳細介紹過。一開始，父親須佐之男嚴厲地對待打斷「父女」連結的大國主神，但最後態度卻一百八十度轉變，祝福這年輕的一對男女。

在「兄妹」關係方面，本章已經探討過了。不過，就在沙本毘賣打算為兄長沙本毘古殉身的時候，發生了一件值得注意的插曲。天皇對與兄長一起留守稻城的沙本毘賣說：「你打的衣結，誰人來解？」沙本毘賣回答：「旦波比古多多須美智宇斯王之女，名兄比賣、弟比賣。此二女乃貞節良民，可用之。」也就是說，天皇問沙本毘賣死後，該跟誰結婚，沙本毘賣指名道姓，認真地回答他的問題。後來垂仁真的聽從她的建議，與比婆須比賣（譯按：即「兄比賣」）結婚。他們生下的孩子，就是後來繼承了垂仁的景行天皇。

妻子在即將被丈夫殺死前，推薦其他的女性以取代自己，真是讓人覺得不可思議。但是在依序瞭解整段故事的經過後再想想的話，或許就能理解這一點：決意守護「兄妹」連結的沙本毘賣

表7　破壞連結者

連結	打斷連結者
母—女	須佐之男
父—女	大國主神
兄—妹	垂仁

就此喪命；後來她重生為比婆須比賣，打破了「兄妹」的連結，與丈夫再續前緣一同生活。換句話說，沙本毘賣象徵性地在火中重生。這個故事同時敘述了打斷「兄妹」連結這件事所隱含的意義，以及之後伴隨而來的苦惱。

看到這裡我們可以明白，《古事記》貼切地描繪出在家族中長大的女性，依序與她的血緣關係分離，逐漸取得自立的模樣。有趣的是，女性的故事可以這樣解釋，但男性的故事卻說不通。須佐之男的事蹟，雖然就像西方經常傳述的英雄屠龍故事，但是他的英雄行為，卻被沙本毘賣與垂仁的兒子本牟智和氣塗銷得乾乾淨淨。

這些故事顯示出，雖然日本的家族制度逐漸轉移到父系制，但仍保留了強烈的母權意識。這種父性與母性的混合與均衡一直延續到後代，成為日本文化的特徵。

註釋

1 譯註：中文一般說「自我實現」，並沒有「自己實現」的說法，但日常中文的「自我」與「自己」本來就分得不清楚，「自我實現」裡的「自我」指的並不是心理學所說的「ego」，而是「self」。因此為了避免誤解，譯者用了這麼奇怪的譯名。還有其他例子。比方「自我中心」的「自我」，也不是「ego」。

2 譯註：「毗古」和毘古、比古、彥讀音相同，都是男性的美稱。而「毗咩」則和毘賣、比賣、姬一樣，都是女性的美稱。

3 譯註：日本某些重視傳統的職業，現在仍然保留了這樣的體制，以才能選擇家業的繼承者，有時候是養子或學徒，而不一定是親生的子嗣。有些傳統家族的媳婦為夫家鞠躬盡瘁，也可以說來自這樣的思想。

|第十二章|

日本神話的結構與課題

1 中空均衡結構

關於日本神話的整體結構，讓我們簡要歸納先前談論過的一些觀察。請讀者們一面參照第十章的表6，一面往下閱讀。

從這個表可以看出，日本神話的結構特徵如下：中心存在著無為的神，雖然其他諸神之間有局部的對立或衝突，整體而言卻是和諧的。那並不是因為中心的力量或原理統合了一切，而是因為整體取得了良好的均衡。這樣的均衡並非來自邏輯上的整合性，而是一種美的協調感。我稱之為日本神話（特別是《古事記》）的「中空均衡結構」。

有時候我們會看到某一方的勢力試圖佔據原本中空的中心，可是一旦發生這樣的狀況，立刻會出現強大的對抗力量現身扮演平衡者的角色，結果讓中心再一次空了下來，回復均衡的狀態。我在前一章談論了這樣的現象並稱之為「回擺」。重要的是，「回擺」的勢力並不會強大到佔據中心的位置，而是在製造出適當的均衡狀態後騰出中心的空間。

只要和猶太或基督教這樣的一神教比較，就能清楚看出上述結構的特徵。一神教的神，是唯一而至高至善的上帝，沒有任何人可以違抗上帝的原理或力量。那些違逆的存在，被視為決定性的「惡」，必須無條件予以排除。我們談論的雖然是神與人的關係，但這樣的基本結構也可以原封不動地套用在人間的事務上。換句話說，在基督教文化圈裡，有著強力的中心以其原理與力量統合整體，這是他們一般的信仰結構。請注意，我說的不是宗教本身，而是以神為背景的人類文化與社會。在日本這種神與人之間界線模糊的文化裡，神話的結構，更是反映出人類世界的存在方式。

就算不談論任何細節，「中空均衡結構」與「中心統合結構」的差異，我們也能一眼就看出來。「中心統合結構」不能容許結構之中有任何矛盾或對立存在。相反地，只要不攪亂整體的和諧，矛盾與對立的要素在「中空均衡結構」中是可以共存的。

人類世界和神明世界有著天壤之別。再怎麼樣強大的中心統合結構，中心也不可能絕對正確，也無法佔有絕對優勢。當異於中心的新存在出現，就會產生爭奪中心的對立或衝突。如果舊中心佔了上風，新事物就會遭到排除。相反地，當新事物擁有優勢，極端的狀況下就是革命，形成新的中心，建立新秩序、新結構。如果事態以「正．反．合」這種辯證法的方式發展，那麼新的中心就會以比較緩和的變化形成，不像革命那麼急遽激烈。中心統合結構的變化——或者說「進化」——就是以這樣的方式進行的。

相反地，中空均衡結構面對新的事物，第一個反應是「接受」。這和中心統合結構立刻產生「對立」的反應，有非常明顯的差異。新進來的事物，當然與結構原本的內容不同，一開始難免格格不入，但隨著時間過去，將會被整合到全體的和諧之中。

當外來的新事物佔有極高的優勢，一時間我們會覺得它侵入了中空的中心。這時候看起來，似乎新的中心統合了整體，但假以時日，這新的中心將被周遭以和諧的方式吸收，中心將再度被騰空。這是中空均衡結構「變化」——或「進化」——的方式。

上述的情況，只要回想一下日本如何吸收消化外來的佛教與儒教，我們應該就很清楚這點。當年佛教傳入的時候，不但朝廷皈依，甚至全國各地都建立了「國分寺」[1]。乍看之下，佛教似乎成了日本的中心，但事實上，它和伊斯蘭世界的「國教」地位仍然有天壤之別。這一點我們從日本歷史可以很容易看出來。佛教對日本人來說非常重要，但日本的佛教已經相當程度地「日本化」，而且絕沒有佔據中心。

在日本歷史中，像這樣的事情不斷以各種型態發生。哲學家上山春平曾經說過，日本人的思想特質是「極端否定哲學」，和這一點有深刻的關聯[2]。上山指出，日本人「在思想上徹底被動，徹底消極。那是絕不以體系化理論的型態，積極提出主張的態度」。上山並且稱呼日本人這樣的態度是「凹形文化」。我認為他所說的「凹形」，正反映出日本神話的中空結構。在歷史中，日本不斷引進外來文化。有時候這外來文化似乎穩坐中心，但它會隨著時間流逝而逐漸「日本化」，並且離開中心而融入整體。雖然離開中心，但它並不會就此消失，而是與整體和諧共存。

雖然中空均衡結構確實也會發生變化，但它的變化並非發生在中心——不像中心統合結構——因此很難明確掌握其型態。中空均衡結構在變化的同時，始終保持了連續性。明治維新就是典型的例子。它不像西方那種明確的「革命」；雖然這無疑是破釜沉舟的變革，卻仍然保持了某種程度的連續性，也看不到血流成河的對立衝突。

雖說是「中空結構」，但「沒有中心」的結構實在是難以理解。因此，這樣的結構還是需要某種中心的存在。這一點不論為日本的個人心理習慣或團體的型態，都帶來了奇妙的雙重性格。我們已經從神話中清楚看到這樣的模式——在中空均衡的基礎上，延續以天皇為中心的系統。當天照大神、須佐之男、火遠理命、火照命相互對立時，其中空性是非常明顯的；而到了神武天皇，進入人的時代之後，以天皇為中心的結構似乎佔據了優勢。但正如前章所述，來自出雲系的「回擺」作用，一再顯示天照大神系所佔據的中心，並非絕對的。後來雖然繼續維持了以天皇家為中心的結構，不過這部分的歷史我們暫且不談。

非常耐人尋味的是，日本的「天皇中心」雖然保持不變，天皇的權力卻逐漸「空化」，這一點和其他國家的君主專制是非常不同的。上述的「雙重結構」日益明顯；天皇作為中空的象徵保持了權威，權力卻轉移到其他人手上。

這不只是國家整體的現象，小型團體裡也是如此。日本人傾向排斥「中心統合結構型」的中心領導者。人們期待團體首長能促進整體的和諧，但並不希望他們實際擔任領導工作。因此在歐美人眼裡看來，沒有任何能力的人在日本竟然能擔任機關團體的領導者，是一件無法理解的事。

中空結構的確具有這種負面的性質，這是事實。不過，如果從老子哲學的觀點來看，它也可能產生極為正面的意義。《老子道德經》一書中有許多地方談到這一點。舉例來說，其第十一章這樣寫道：

三十輻共一轂，當其無，有車之用。埏埴以為器，當其無，有器之用。鑿戶牖以為室，當其無，有室之用。故有之以為利，無之以為用。

三十支車輻集中在車轂上，因為中心是空的，車輪才能轉動。摶揉黏土做陶器，因為中間是空的，才能當器皿使用。開窗鑿戶做房間，因為裡面是空的，才有房間的功能。透過「無」的媒介，「有」才能存在，老子運用車轂、容器、房間的意象，巧妙地說明瞭這一點。一切有形的事物之所以能發揮作用，是因為無形事物的支持。

從這個觀點來看，中空均衡結構的「中空」，具有非常積極的意義。《老子道德經》第三十七章說「道常無為而無不為」。理想的領袖（帝王）形象之一，就是外表看起來無所作為，實際上卻在自然而然中，讓團體的成員各自發揮個性，達到「無不為」的狀態。

中空均衡結構同時具有這正面與負面的兩個面向。從政治、經濟、宗教許多方面可以看出，即使到了現代，它仍然是日本人心理狀態的基本模式。在本書的最後，我將再一次探討這一點。

2 其他文化的中空結構神話

先前我們探討了日本神話的整體結構——在完全無為的中心四周，眾神形成了均衡的整體。這樣的結構，反映了日本人的心性。但中空的狀態不容易理解，也很難維持，因此產生了「中心式的」存在，與中空結構形成二重性。這一點，也是日本人的特性。

但，這是日本神話獨有的特徵嗎？一神教的思想與日本神話水火不容，這是事實；但其他擁有多數神明的文化，是否也有類似日本的神話？關於這一點，讓我們來看看大林太良豐碩的研究成果[3]。

大林太良在著作仲介紹了筆者中空結構的觀點，並且指出，印尼的神話經常可以看到有著「無為的中心」介於對立的二神之間的三神結構。大林太良這樣說：「不僅互相對立的兩位神明——或者說，代表兩種原理的兩位神明——存在，同時還有一位神明，代表了包容這兩者的對立、包含這兩種原理的整體性」。這樣的結構，是「印尼各民族共通的神界結構之一，具有根本的重要性，這一點無庸置疑的」。

大林更表示：「舉例來說，在蘇門答臘西邊，尼亞斯島（Pulau Nias）的神話裡，下界的『拉圖雷・達涅』與上界的『洛瓦朗基』，是最初的成對的神」。這兩位神有密切的聯結，但他們的「雙重性」，則體現在「西勒威・那箚拉塔」這位性格曖昧的神身上。西勒威・那札拉塔的性格極為模稜兩可；他有兩張面孔，而且同時具有兩種性徵。日本神話中的天之御中主神性別不明；或者更應該說，他是性別分離前的神明。而第四章我們已經說過，月讀命不只無為，同時也有兩性兼具的傾向。這幾點與尼亞斯島神話的相吻合，著實耐人尋味。

接下來讓我們直接引用大林太良的文章：

在摩鹿加群島（Moluccas, or Maluku Islands）南部的雷替、摩阿、拉可魯、魯安・蘇魯瑪塔諸島，「烏普雷洛」（作為祖父的太陽）與「烏普努薩」（作為祖母的大地）各自體現了男性原理與女性原理。每年的季風，也就是雨季剛開始的時候，島上的居民會為烏普雷洛舉行「波爾卡祭」，每年重新舉辦一次太陽男神與大地女神原初的神婚。天上降下來的雨，被視為讓大地孕育生命的精液。隆巴爾與裴拉斯這兩位學者，注意到該地區至高的神明「伊托・馬托洛姆納」的存在。這位神明和人的關係非常疏遠，人們從不直接呼叫他的名字。但隆巴爾與裴拉斯認為，這一位神明代表了所謂神的整體性。

在男性原理與女性原理的對立與和諧之中，存在著「無為的中心」，也就是伊托・馬托洛姆納這位神明。由人們從不直呼他的名字這一點來看，與極少有神社奉祀天之御中主神這樣的情形，正彼此呼應。

摩鹿加群島東邊的卡伊群島（Kai Islands），流傳著類似日本「海幸．山幸」的神話。有趣的是，這裡的神話說的也是三兄弟中的長兄與小弟之間，因為釣鉤引起的衝突，而夾在中間的次男同樣什麼也沒做。大林太良認為這件事「套用河合的說法，次男是『無為的中心』」。其他還有許多類似的故事，我們且省略不談，最後我只舉出其中一個值得注意的例子。

在托巴．巴達克族（Toba Batak）的神話裡，有「巴塔拉．古魯」、「索里帕達」、「曼加拉布朗」三大神。第一位神巴塔拉．古魯，是世界的創造者與維繫者，也是律法的守護者。相反地，第三位神曼加拉布朗，則象徵惡的原理。值得注意的是，在他們的神話裡，第一位與第三位神明的性格，分別被清楚地賦予「律法守護者」與「惡」的特徵。日本的天照大神與須佐之男之間，雖然某種程度也有這樣的感覺，但型態不是那麼明確。

話說回來，在托巴．巴達克族的神話中，第一位神明巴塔拉．古魯的女兒，與第三位神明曼加拉布朗的兒子結婚，生下來的孩子們成為人類的始祖。也就是說，兩種對立原理的結合，代表了「豐饒」。這種「接納惡」的方式引人深思，與一神教認為「惡」絕對必須予以排除的想法，形成強烈對比。而日本神話，則避開了明確的表現，而是以潛在的方式「接納惡」。我們也可以說在日本神話裡，善惡的判斷不是那麼重要。

有趣的是，托巴．巴達克族神話的第二位神索里帕達「不像其他兩位神性格那麼明顯，在神話中也看不到他的活躍事蹟」。「索里帕達在托巴．巴達克族的三大神之中，可以說佔據『無為中心』的地位」。以這一點來說，索里帕達確實是值得研究的對象，但大林太良指出，「至今這位神還沒有引起研究者的關注」。仔細想想，這也是理所當然的；「無為」者很難引起人們的注意，索里帕達所具有的中心性格，恐怕是被轉移到第一位神巴塔拉·古魯身上。這和日本的天照大神是同樣的情形。但基本上來說，托巴·巴達克族神話的結構，是以索里帕達作為「無為的中心」，這樣想應該沒錯。

大林太良根據這些研究，再加上其他一些想法，為日本神話整體作出了以下結論：

不管怎麼說，日本古典神話體系的中軸，是經由朝鮮半島傳入的王權神話。王權神話替地上的支配者天皇家提供了正當性的基礎，以它為核心，四周集結了許多個別的神話，並形成體系。而且可以想像的是，吸納了這種王權神話，並且賦予日本神話性格特徵的，應該是來自「南方體系」的「無為中心」的結構。

大林的主張，和先前筆者所指出的日本神話「以中空結構為基礎的二重性」這想法是一致的。大林研究的重點是神話的起源與傳播的途徑，而我關注的則是神話在「心理上」的結構——神話的結構如何反映出日本人的心理樣態呢？不過，有神話學的專家支持筆者的想法，非常令我高興。大林的研究讓我們看到，日本神話的「中空結構」也出現在其他的文化中，並不是什麼特異的東西。的確，從中心統合結構的觀點來看，它的性質非常不同，但它並非日本獨特的產物，而是與其他文化共有的。

3 水蛭子的角色

雖然我提倡以中空均衡結構來觀看日本神話的整體，但事實上，這樣的觀點並不能道盡日本神話的全部，而這正是日本神話精彩的地方。嚴格來說，中空均衡結構，並不能含括日本神話的整體；而那逸出這範疇外的神明就是水蛭子。對於探討日本神話來說，水蛭子有著決定性的重要性。《古事記》這樣描述水蛭子的誕生：

伊邪那岐曰：「那麼妳我各自繞行這天之御柱，於對面相逢處性交。妳向右，我往左。」於相約之處重逢時，伊邪那美先開口：「啊！如此美男！」接著伊邪那岐曰：「啊！何等美女！」兩人各自說畢，伊邪那岐告訴妹妹：「女人先開口，不是好事。」果然，性交後所生之子，如水蛭般不成形體。二人將水蛭子放入蘆葦編成的船，放入水中流去。

因為女性在結婚儀式中先發言是不對的，所以才會生下「水蛭子」，因此「水蛭子」被放入蘆葦編成的船流放。換句話說，水蛭子沒有被接受為日本眾神的一份子。我們已經看到，只要不至於破壞整體的和諧，中空均衡結構中對立與衝突的要素就能維持原狀繼續存在，這是日本神話的特徵。從這一點我們可以明白，水蛭子是極為特殊的例子。

關於水蛭子，《日本書紀》的本文如此記載：

伊邪那岐與伊邪那美結婚後，伊邪那美生下了日本的諸國與「山川草木」，說道：「何不生天下之主者歟」，遂生下天照大神、月神（月讀命），「次生蛭兒。雖已三歲、腳猶不立。故載之於天磐櫲樟船、而順風放棄。次生素戔嗚尊」。

雖然這一段中說到，過了三年水蛭子還是不能站立，所以才被流放，但值得注意的是，水蛭子的誕生和天照大神、月讀命、須佐之男等三元組的誕生被擺在一起敘述。換句話說，我們可以想像水蛭子的重要性和這三神足以匹敵。但是，他卻被流放了。

一度被放水流去的人，得救歸來後在他所屬的族群裡扮演極為重要的角色——這樣的情節，在全世界的神話與民間故事中都可見到。我立刻想起了摩西的故事。根據舊約聖經〈出埃及記〉的記載，厭惡以色列人民的埃及王，下令「希伯來人若是生了男孩，就投入尼羅河裡。若是女孩，就留她存活」。然而，「有一個利未家的人，娶了一個利未女子為妻。那女人懷孕，生了一個兒子，見他俊美就藏了他三個月。後來不能再藏，就取了一個蒲草箱，抹上石漆和石油，將孩子放在裡頭，把箱子擱在河邊的蘆荻中」。這一段描寫，和水蛭子乘著蘆葦船被放流的故事，給人似曾相似的感受。但是在聖經裡，法老王的女兒撿起了這個被流放的孩子，給他取了名字叫

「摩西」，並且將他養育成人，後來摩西的事蹟大家耳熟能詳。

再舉一個例子。希臘神話中，達那厄的父親阿克里西俄斯從神諭中得知，自己將因為女兒所生的孩子遭到殺身之禍。因此，他把達那厄關在密閉的房間當中，不讓她見到任何人。但宙斯卻變身為一陣黃金雨潛入她的房間裡，讓她懷了孕並生下一名孩子。於是阿克里西俄斯將達那厄和孩子關在同一個箱子裡，將箱子丟到大海讓它漂流而去。一名漁夫發現了這個箱子，將母子二人救起並帶到國王面前。國王善待並養育這名孩子，而這名孩子長大後就成為英雄柏修斯。這段故事也敘述了被流放的孩子，在別人的幫助下得救，長大後成為英雄。

神話與民間故事裡，類似這種情節的故事很多。這種故事的心理意義很明顯。一度遭到由中心統合的秩序體系排除的人，從外圍得到了力量，創造出與舊有秩序不同的新體系，這正是英雄的意義。放到個人心理層面來看，「英雄」意味著認識到那些與過去的人生觀、世界觀不相容，或是一向被輕忽的事物，知道那才是最重要的價值，繼而果敢地改變世界觀的人。這些棄卒復活的故事，道出了中心與外圍主客易位的意義。

那麼，日本神話中的水蛭子又是如何呢？水蛭子被放流後再也沒有回來。這是為什麼呢？水蛭子是什麼樣的神明呢？

江戶後期的學者平田篤胤，認為少名毘古那神便是回歸的水蛭子。將來自於外圍、挺身相助大國主神（出雲國中心的領導者）的少名毘古那神，視為回歸的水蛭子——如果我們採用上述中心與外圍的思考方式來探討，就心理學上來說，這的確是很有趣的論點，只不過它的根據有些薄弱。

從「中心與外圍」的觀點來看，遭到排除的人便是與中心不相容的人。但我們說過，日本神話的結構是中空結構；既然中心是空的，就沒有中心可反對才是。不過，如果來自外圍的人物所反對的是中空結構本身的存在，那麼該人物就非得予以排除不可。《日本書紀》記載水蛭子與三貴子一同誕生，但是當天照大神、月讀命、須佐之男形成中空結構的時候，其中並沒有容納水蛭子的空間。從他們的名字來看，也能支持上述的想法。天照大神的別名「大日孁貴」（オオヒルメノムチ）和「水蛭子」（ヒルコ）形成對比。「ヒルメ」的意思是「太陽的女性」，「ヒルコ」的意思則是「太陽的男性」。如果我們把水蛭子視為男性的太陽神，邏輯就能說得通。男性的太陽神終究是試圖佔據中心、統合全體的一種存在，在這中空結構中無處容身。

讓我們思考一下《古事記》關於水蛭子誕生的記載。《古事記》表示，因為女神在結婚儀式中先發言是不好的，所以才生下水蛭子。從這一段故事來看，《古事記》究竟認為男性與女性哪一方的地位比較高呢？這很難說。正如本書第九章所述，《古事記》和聖經不同，總是試圖保持男女雙方的平衡。女性太陽神的存在清楚地象徵了這樣的傾向。在結婚儀式中由女神先發言，後來為了平衡男女的地位，而生下了男性的太陽神；但男性太陽神的存在並不是追求平衡，而是試圖佔據中心地位，因此伊邪那美急忙將他放流。

根據《日本書紀》記載，水蛭子是乘著天磐櫲樟船被放流的。根據松本信廣的考察研究，天磐櫲樟船正是載著太陽在海原上航行的船。因此我們可以說，水蛭子被流放的方式很慎重、符合他的身分地位[4]。

摩西與柏修斯，最後都回到了眾神的行列。而遭到流放的水蛭子，要如何回到日本的萬神殿呢？這應該是日本神話的課題吧！匈牙利神話學家克雷尼（Karl Kerenyi）主張，神話為萬事萬物「奠立基礎」（begründen）。而我認為，神話的存在同時也是為開啟更深奧的世界做準備。神話的意義不只在於「奠立基礎」，更包含了對新世界的追尋與開拓。對日本神話來說，水蛭子正具有這樣的意義。在我們這個時代，如何看待並接受水蛭子這一點意義深遠。

關於對水蛭子的身分，還有一個有趣的解釋。日本民間流傳著一個說法，認為商業之神「惠比須」，是水蛭子漂流回到海岸之後復活變成的神明。這個說法有多少可信度，無法確定；但是傳說中，每年十月全日本的神明都會聚集在出雲地區——因此十月又稱為「神無月」——唯獨惠比須是不參加這個聚會的。此外，日本有許多城鎮的名字漢字寫作「蛭子町」，讀音卻是惠比須町（エビスちょう），這些事實似乎都支持「惠比須」就是「水蛭子」這個說法。

如果我們放縱自己的想像力奔馳，難道不能這麼想嗎？——被這個國家放逐的水蛭子，復活成為商業之神惠比須，在現代急速地茁壯，成為「經濟大國」日本中心最主要的活力。過去漫長的歷史中，日本社會曾經抱持著「士農工商」的價值觀，所以惠比須的神格一直被放在最低的位置。但現代日本的價值觀，順序已經完全逆轉為「商工農士」，惠比須也因此一度站上了頂點。

不過，就當我們以為惠比須征服了原本應該是「中空」的「中心」時，泡沫經濟卻崩盤了。到頭來，惠比須終究還是無法佔據中心。日本人到底該怎麼做才好呢？這個問題，讓我們在下一節討論。

4 現代日本的課題

如何讓在遙遠過去中被遺棄的水蛭子，回到眾神的行列呢？這應該就是現代日本人的課題吧！但這件事幾乎不可能。水蛭子之所以被遺棄，正因為他無法被納入中空均衡結構之中。草率地讓他回歸將導致中空均衡結構的破滅。

每次我在國外，特別是在歐美地區介紹日本神話的時候，總是有許多人對中空均衡結構表示強烈的好奇。但只要談到水蛭子與其回歸，就會有人問：「這件事什麼時候才會在日本發生呢？」從這樣的提問可以看出，他們都期待「中心統合結構」有一天可以取代「中空均衡結構」。換句話說，他們都確信前者優於後者。相反地，我遇到一些日本人則表示，一神教的世界充滿戰爭，還是多神教和平共存的世界比較好。這麼說雖然也有道理，但事情不是那麼單純；事實上這兩種結構互有長短。近代國家可以說就是依照中心統合的模型發展出來的。也因此，前述的外國人才會有那樣的發言。

於是我們不妨說，我們的課題就是如何讓「中心統合結構」與「中空均衡結構」並存。那麼，有什麼樣的模型可以讓這水火不容的兩者同時成立呢？許多年來，這一直是我持續思考的問題。如今我認為，到了這個世紀，已經不能再用單一的模型、單一的意識形態來思考人類與世界的運作。那樣的時代已經過去了。

上世紀那場規模浩大的實驗——以強而有力的單一意識形態規範世界——明確地以失敗收場。有的人主張，那是資本主義戰勝了社會主義；但我不這麼想。我認為社會主義的失敗，是因為資本主義國家相當程度吸納了社會主義的政策，相反地，社會主義國家卻無法接受資本主義的政策。換句話說，並不是某一方的主義優於另一方。不論以哪一方的思想為主要信念，有意與另一方兩立並存的陣營可以免於毀滅。這是我的看法。

所謂「中空均衡結構」與「中心統合結構」的並存，並不是以強硬的手段「統合」二者，而是在自己與他人共存的某種整體狀況中，選擇出較適合的生存方式。無論是誰決定以任何一方的結構作為自己的生存方式，都必須有能力說明在這個時間點上作出這種選擇的理由；同時也必須充分自覺到，無論任何選擇都必然伴隨著相應的責任；即使選擇了某一方，也必須隨時對另一方的可能性保持關心與開放的態度。這當然是項無比困難的工作。但我認為，勇敢誠實地面對這個困難的課題，正是現代人的責任與義務。

在提出「如何讓男性的太陽神與女性的太陽神並存」這樣的課題之後，我們對日本神話的考察也該告一段落了。如果要將我們得自這些神話的領悟，用來觀察並探討日本與世界的現狀，我或許需要另外再寫一本書才夠吧！但最後我還是想要稍微談談日本的現狀，以作為本書的結尾。

當日本從外部引進各種事物，努力想要「趕上並超越」其他國家的時候，中空均衡結構發揮了非常有效的機能。日本人的意識雖然不是中心統合力強大的父權意識，但也不是完全以母權意識為優先，而是父性與母性在某種程度上平衡共存。因此，日本在引進西洋近代文明的時候，比起同為非基督教文化圈的其他國家，能夠更快速地理解消化。這是中空均衡結構的一個優點。

但是，當日本發展成為所謂的「經濟大國」後，就不再能夠只是追趕別的國家，而是已站上必須自己判斷與決定的立場，困難就在這時產生。我的一位美國朋友曾經如此評論：「以馬拉松做比喻，不管前頭的人跑得多快，日本都有足夠的氣力緊跟在後。可是一旦自己居於領先的位置，就不知道該往哪裡走，跑到奇怪的方向去」。很遺憾地，他說的話我們無法否認；日本的現狀就是如此。日本的中空均衡結構，遇到需要自己決斷的危機狀況時，就暴露出這個體制缺乏責任感的缺陷。從明治時代以來，日本人就不斷地重蹈覆轍。針對這一點，柳田邦男曾經進行細膩的分析[5]。

在全球化浪潮高漲的今日，為了與歐美各國的人們平等往來，日本人必須讓自己成為具有判斷力、表達力和責任感的「個人」。我曾經接受故小淵惠三總理的委託，擔任「二十一世紀日本之構想懇談會」的主席，當時的座談會報告書，就指出「個體的確立」這件事的重要性。

只要是現代的日本人可以說人人都意識到這一點。年輕人紛紛以「個人主義」作為生活的準則。但事實上，他們心目中的「個人主義」和近代歐洲發展出的個人主義（individualism）大相逕庭。寶琳・肯特（Pauline Kent）認為，現代日本年輕人的生活態度，既不是集體主義，也不是真正的個人主義，因為他們缺乏真正的個人主義所需要的社會性與責任感。肯特還毫不容情地直言，日本會養育出這種年輕人，父母必須負很大的責任[6]。

之所以發生這樣的現象，是因為現代的年輕人不論對日本人過去的生活態度，或是歐美個人主義的生存方式，都不願意加以深思，只是一味地模仿歐美的表象。他們的「個人主義」，就像沒有根的浮萍。

在《二十一世紀日本之構想懇談會報告書》裡，為了不讓「個體的確立」被誤解為日本式的「個人主義」，我們特地採用了「個體的確立與新公共概念的創造」這樣的說法。但這件事實際上有多麼困難，報告書裡幾乎沒有談到。因為如果真的要探討這件事，至少需要一整本書的篇幅。雖然這本《神話與日本人的心》所分析、考察的對像是日本神話，但是在探索的過程中，我們也同時看到了日本人的身分認同是如何建立起來的，以及要真正採納歐美的個人主義，是多麼困難的一件事。

筆者之所以不主張捨棄日本的生存態度，不提倡全部改變為歐美式的生活方式，是因為我並不認為他們的生存方式足以成為「模範」。暫且不談其他國家的文化，至少以現代美國人的生活態度來說，我認為是絕對不足以效法的。因此我不得不呼籲，摸索「中空均衡結構」與「中心統合結構」並存的可能之道。

即使在歐美，也有人看到超越近代歐洲「自我」的必要性，其中更有人主張學習東方的智慧。對於懷有這種想法的歐美人，我深有同感；但我們必須清楚瞭解，他們所主張的，並不是捨棄西方的生活方式而一味模仿東方。美國神學家大衛．米勒（David W. Miller）指出，多神教文化中有許多事物是基督教徒必須學習的。他曾經對我說：「我們基督徒必須拼命認識多神教的優點。而多神教的人們也必須拼命瞭解一神教的好處」。他用了「拼命」這個詞，顯示他深知這件任務的重要性，以及伴隨而來的危險性。最後我要強調一點。透過研究日本神話，我得到一個看法——我們必須設法讓水蛭子回到日本的萬神殿中坐鎮，但這是一件必須「拼命」才能達成的大業。

註釋

1 譯註：西元七四一年，聖武天皇為了讓佛教成為鎮國護民的宗教，下令日本全國各地建立佛寺，並統一稱為「國分寺」。
2 原註：上山春平「思想の日本的特質」〈思想的日本特質〉。收錄於『岩波講座哲学18日本の哲学』岩波書店、一九六九年。
3 原註：大林太良『神話の系譜——日本神話の源流をさぐる』（《神話的系譜——追溯日本神話的源流》）青土社、一九八六年。
4 原註：松本信広『日本神話の研究』平凡社東洋文庫、一九七一年。
5 原註：柳田邦男『この国の失敗の本質』《這個國家失敗的本質》講談社、一九九八年。
6 原註：ポーリン・ケント「日本人のコジンシュギ」〈日本人的「個人主義」〉河合隼雄編著『「個人」の探求——日本文化のなかで』《在日本文化中探索「個人」》NHK出版社、二〇〇三年、所収。

後記

出版一本有關日本神話的書，是我長年以來的心願。現在終於寫完，真的鬆了一口氣。

本文中也稍微提到，第二次世界大戰時，日本神話遭到軍閥惡意利用，因此在我的青春期，日本神話帶給我強烈的厭惡感，根本不可能產生任何興趣。但是在我先後留學美國、瑞士期間，我所受到的訓練中最重要的一件事，就是探索自己的內在。就在這段受訓的日子裡，我瞭解到日本神話對我來說具有深刻的意義。一方面我非常驚訝，同時也感覺到強烈的抗拒，無法就此接受。民間故事讓我覺得親近，但對於日本神話的排斥感實在太過強烈。

分析家邁爾（Carl Alfred Meier）是我當時的一位老師。他告訴我：「人在追尋自己的根源時，眼前浮現祖國的神話，是理所當然的。」聽了他這番話，我開始閱讀日本神話，果然越讀越有趣。後來當我決心以日本神話為主題，撰寫榮格派分析師的資格論文時，在邁爾老師的引介下，有幸與匈牙利神話學者卡爾．克雷尼（Karl Kerenyi）博士見面。這件事我已經在別處說過，細節就不再贅述了；我只想在這裡提一件事。克雷尼博士對我說：「當我們一而再、再而三閱讀神話，把誕生在心中的詩原封不動地寫下來，就是最好的論文。」我還清楚記得當時的感動——雖然因為不會寫詩，所以我用「說故事」來取代。之後經過學者以精密的文獻學加以研究之下，克雷尼博士許多著作的細節引起了各式各樣的質疑。儘管如此，我確信他對神話的基本態度，以及從這種態度產生出來的成果，也就是他的著作，在現代仍然具有極高的價值。

一九六五年我取得榮格派分析師的資格，回到日本。還記得最後的論文口試中，擔任考官的邁爾老師對我說：「這篇論文裡，有著與超乎你年齡的六十歲的智慧。回到日本以後，你得你得要把你寫在論文裡的內容傳達給日本的人們，這是你的使命」。雖然我無限感激，還是這樣回答：「目前在日本談論神話，恐怕引不起任何迴響。一旦時機適當，我一定會將它呈現在世人眼前。」老師告訴我：「就照你的意思做吧！」

本書的出版，總算讓我履行了與邁爾老師之間的約定。從一九六五年到現在，經過了相當長的歲月，老師也已經不在人世了。但是，我真心相信這是恰當的時機。現在就算不作任何說明，也有很多人瞭解神話所具有的意義。同時，隨著最近全球化浪潮急速高漲，越來越多的人開始思考日本人與日本文化的存在方式。處在這個時代，探尋日本人的根源——不是從狹隘的國族主義觀點，而是在世界整體之中——變得越來越重要。但是，我們要找的不能是故步自封的東西，而非得是「開放的自我認同」不可。對於日本人今後要持續探索「開放的自我認同」，日本神話必定能提供許多啟示吧。如果能在這方面有些許貢獻，那對我而言再欣慰也不過。

關於日本文化我持續發表過許多意見。不過，我之所以開始撰寫這本書，是因為相信它將是個分水嶺。二〇〇二年一月，我意想不到地接任了文化廳長官。白天忙著與日本文化相關的各種極為實際的計畫與活動，晚上則獨自一人執筆探討日本文化的根源——日本神話。這讓我感到一種有趣的平衡。命運的安排有時別有滋味。

這樣的機會，彷彿是神明為了讓我著作本書而特地準備的。於是我盡我所能善用這生平第一次「單身赴任」的機會全力寫作。但問題是，我的藏書分散在奈良、京都與東京各地；再加上我因為年紀漸增記憶力衰退（編按：原文使用「老人力」一詞1），使得這本書在引用神話學研究者的研究成果與文獻的方面，必然有所不充分。對於這一點，還請讀者們寬容看待。儘管如此，我還是要說，我真正想傳達的觀點與立論都已經由本書確實表達了。的確，我也希望文獻的引用可以更完備；但另一方面卻忍不住想，都這把年紀了，這種書寫方式應該可以被接受吧！畢竟我想說的事，我都已毫無顧忌地暢所欲言了，之後的事情就交給讀者判斷。

一九六五年寫完資格論文之後，這是我第一次出版有關日本神話的書籍。但是一九八〇年我曾經在《文學》雜誌發表過單篇的文章〈《古事記》神話中的中空結構〉（後來收錄於『中空構造日本の深層』中央公論社，一九八二年）。發表的當時，幾乎沒什麼人注意到這篇文章，後來隨著時間，才逐漸引起關注。不過我經常在國外發表關於「中空結構」的論文或演講，看到外國人對這個概念表現出相當濃厚的興趣，增加了我不少信心。之後，透過與日本神話學家與宗教學者，故大林太良、吉田敦彥、鎌田東二、湯淺泰雄，以及作家田邊聖子等人對談，我得到了許多知識與啟發。雖然我在本書內文中已經提及，但還是要在這裡正式向他們致謝。

我還曾經在NHK電視講座中，詳細講述過日本神話的整體面貌（市民大學「日本人的心」一九八三年；人間大學「現代人與日本神話」一九九三年）。透過觀眾的反響，我確認一般大眾也能清楚地理解我的想法。但那時候，我並沒有把它寫成書的念頭。或許我自己身為日本人的種種體驗，以及我我從國內外神話學發展所得到的知識，終究必須累積到今日，才得以造就我執筆的時機吧！我認為，以「中空結構」作為主要概念來分析日本歷史，以及現代日本的各種組織和日本人的生存方式，將會產生極有趣的結果。如果有各領域的專家願意嘗試投入研究，就太令人高興了。我自己或許也會繼續往這方面努力看看。

有一件令人遺憾的事，那就是本書出版的時候，岩波書店的大塚信一社長已經退休了。一方面也是因為文化廳的工作繁忙，我撰稿的時間拖得比預料的長。無法依照原訂時程在大塚社長任期內的五月出版，我內心因此感到非常愧疚。

從一九七一年拙著《情結》的出版以來，大塚信一先生一直擔任我的編輯，他和我已經是長年的老友了。第一次認識大塚先生的情景，至今我仍記憶猶新。當他表示希望與我「見上一面」時，我還覺得納悶，沒想到是要我為「岩波新書」撰寫其中一冊，令我又驚又喜。因為當時的我壓根沒想過會發生這種事。還記得《情結》中提到了史蒂文生（Robert Lewis Balfour Stevensen）的《變身怪醫》（*Strange Case of Dr. Jekyll and Mr. Hyde*）大受歡迎，「半年內賣出六萬本」。讀到這一段，大塚先生跟我說：「你的書應該也可以賣到六萬本左右喔！」

讓我嚇了一跳（事實上果然如此）。

從那之後，我在岩波書店出版了許多著作，都與大塚先生直接或間接有關。其中『昔話と日本人の心』（《日本人的傳說與心靈》，一九八二年）一書，更是在大塚先生強烈建議與支援下完成的。眼前這本書，在某種意義下可以說是它的續篇，我非常高興能夠由同一家出版社負責發行。雖然大塚社長的退休令人遺憾，但新社長山口昭男先生也和大塚先生一樣，是我多年來一起工作的夥伴。想到自己還能以相同的合作方式進行寫作，而且這樣的合作還會延續下去，就讓我覺得十分欣慰，想必大塚先生應該和我有同樣的想法吧！

本書的完成，受到岩波書店編輯部樋口良澄、上田麻里、杉田守康三位特別的幫助與照顧，筆者謹在此致上誠摯的謝意。我感覺自己的使命似乎在此告一段落，讓我鬆了口氣。接下來我該往哪裡走呢？就順其自然吧！現在我只想暫時放空，好好發個呆。

二〇〇三年六月

河合隼雄

註釋

1 譯註：「老人力」是日本藝術家、作家赤瀬川原平，於一九九七年提倡的概念，用意是要將一般人對於「衰老」的負面看法，轉換成正面的思考。赤瀬川原平認為「健忘、講話一直重複、嘆氣等等現象，一向被視為癡呆、麻痹、衰老的徵兆，大家避之惟恐不及」。而老人力就是「潛藏在這些現象中的力量」。河合隼雄說他「越來越充沛的老人力也發揮了作用」，其實是以委婉的方式述說自己的衰老。

〔解說〕

日本神話中三元論的思想

中澤新一（人類學家）

二次大戰時，河合隼雄還是個中學生。老師強迫他們接受日本神話，使他產生了強烈的反感。當時學校教導的日本神話裡，眾神的世界充滿了父權式的威權主義；教育只強制學生接受，完全不希望他們理解。再加上神話敘事的特徵原本就是非理性的，少年時期的河合會抗拒並排斥這樣的日本神話，也是理所當然。不過，後來河合隼雄留學瑞士的榮格心理學研究所，接觸到榮格派研究者們對世界各地神話的研究，很驚訝地發現了未受到意識形態扭曲的日本神話真面目。尤其他發現日本神話世界中的主神「天照大神」一方面會全副武裝地進行戰鬥，同時卻也會溫柔地栽種植物、紡紗縫衣。男性與女性的兩種不同面向，共存於這位女神的內在。於是河合明白，日本神話講的並不是男性的支配，而是男女之間取得平衡的重要性。

日本神話中天照大神的形象，讓河合聯想到希臘神話的女神「雅典娜」，人類多采多姿的神話世界瞬間浮現他面前。他感覺到日本神話在其野性的風格中充滿了豐富的思想，比起世界各地任何其他地區的神話毫不遜色。於是河合隼雄向榮格研究所提出以天照大神為主題的論文，並且獲得極高的評價。對於過去那個厭惡神話的少年來說，這是意想不到的轉變。從此神話的研究便成為河合隼雄學問的中心主題之一。

近代僵化的意識形態，總是利用政治神話來鞏固自己的權威。但在未開化社會與古代社會中真正被傳述的神話，卻呈現出了完全相反的特性。真正的神話並不認為世界是由單一價值觀形成的；在多數的價值觀與意義在對立與鬥爭的同時，也費盡力氣地要保持均衡，這才是神話想要呈現的世界的真相。不管是哪一篇神話，都有許多型態相似、但內容不同的「版本（version）」，不會只有單一的、絕對的說法。當河合隼雄認識到這才是「活生生的神話」真正的樣貌，他覺得自己大開眼界，同時他也在《古事記》與《日本書紀》中所收錄的日本神話裡，發現許多這種自然神話的特徵。事實上在日本神話裡，父性原理與母性原理的關係並不是彼此對立的。不僅如此，各位神明在每一次的事件中都會改變自己的立場，有時候遵循父性原理行動，有時候則偏向母性原理，以兩種原理彼此交錯的方式來保持整體的均衡。關於這一點，河合這樣說：

日本神話並不以某種單一的原理來統整所有故事，也不試圖統合彼此相對立的不同原理；而是在對立發生之前，混合、連結異種的存在，希望能保持微妙的平衡。在日本神話中，最重要的是「和諧感」這一點。（本書第四章結尾）

河合隼雄之所以這樣說，並不是基於他個人以和諧為重的世界觀；事實上這是大多數新石器時代神話共通的特徵。現實世界充滿了難以和解的矛盾——神話很清楚這一點，並且以之為前提。

特別是「生」與「死」矛盾之大，是不可能和解的。而神話讓故事的主人翁在保持生者資格的狀況下，到「死」的領域旅行後再回到這個世界；試圖經由這樣的安排，讓兩個領域之間產生溝通，以均衡取代對立。透過思考的力量，讓現實世界中無法解決的矛盾，得以「在對立發生之前，保持微妙的平衡」。在各種勢力之間創造出均衡，使感覺與思考取得和諧的狀態。美洲原住民的神話，亞洲與大洋洲的神話，全都具備這樣的特徵。

大多數這種新石器時代神話的特徵，都完整地被保留在日本神話之中。這個事實讓河合隼雄深受感動。《古事記》自不待言，甚至在相傳至藤原不比等（編按：日本飛鳥時代與奈良時代初期的公卿，生於齊明天皇五年〔西元六五九年〕，被認為是日本貴族藤原氏的始祖），卒於養老九年〔西元七二〇年〕）為了其政治意圖所編纂的《日本書紀》中，都保留了這種神話的和諧感。即使在律令體制已經確立的奈良時代[1]，對於這從繩文彌生時代所流傳下來的新石器時代神話，政治家們還是不敢輕忽怠慢。

這件事代表了什麼意義呢？我認為在日本人的內心深處，一直保留了新石器時代神話的思維，直到現在依然如此。那是一種平衡感，促使日本人追求和諧、避免對立，而不得不去靈活思考。因此，當心理治療師在治療面對人格危機的患者時，不應該試圖「以某種單一的原理來統合一切」，或是「統合彼此對立的不同原理」。我們不能聽任各種矛盾發展，直到成為原理上的對立，而是必須在發生之前就防範對立的發生，我們應該運用神話的智慧，使相互矛盾的各種力量取得均衡與和諧。也就是說，心理治療師必須以新石器時代神話創作者的方式，面對「日本人的心」。因此，神話可以說是——特別對日本人而言——心理學上的基本原則。

「二元論」（dualism）適切地表現出原理的對立。藉由這種思考方式，我們可以定義出種種具有二元性的要素，比方「光明」與「黑暗」，「善」與「惡」，「男」與「女」，再讓它們彼此對立相剋。而為了形成「統一」或「統合」，對立的兩種要素必須彼此抗衡；抗衡的結果將為個人人格或為社會共同體帶來秩序與安定。

但是，對於重視和諧與平衡的思維來說，二元論所帶來的是破壞。新石器時代的神話思想家們很清楚這一點；因此他們不採取二元論，而是採取「三元論」（triad）來建構他們的世界。他們用第三要素的存在聯結起對立的兩種要素，形成微妙的均衡；目的是創造和諧，而不是統一。事實上新石器時代的社會結構、空間構成與宗教體系，幾乎都來自三元論的思考。

河合隼雄「發現」日本神話的構成其實也是如此，這可以說是他藉由本書所提出的最大的貢獻。他並不是因為研讀了杜美季勒（Georges Dumézil，法國神話學者）之流外國神話學者的研究成果，而啟發了他這種想法。那是他以心理治療師的身分，接觸大量日本人的心靈並深入其內在想法，以這些經驗為基礎一再重讀《古事記》與《日本書紀》之後，而親身獲得的體認。

不論《古事記》或《日本書紀》，三元論一開始就出現在日本神話當中。在創造宇宙的時候，出現了「天之御中主神」、「高御產巢日神」、「神產巢日神」三位神。他們被稱為「獨身神」，只留下了「三元組」結構這個抽象原理，就從現象世界消失了。

接下來具有重大意義的神明是「天照大神」、「月讀命」、「須佐之男」這三位。他們是

「伊邪那岐」從冥界回來後，用水清洗身上的汙穢時，在「清淨」與「汙穢」混合中所誕生的神明，是掌管現象世界的「三貴子」。其中不知道為什麼只有「月讀命」從一開始就銷聲匿跡，「天照大神」與「須佐之男」這對姐弟則領導了世界的發展，扮演了舉足輕重的角色。

其他還有許多神明以不同型態的三元論組合登場。象徵大和王權的「聖物」（regalia）由三件寶物組成；關於神功皇后的半神話、半歷史的故事，也清楚地是以三元論的形式所組成。日本神話與環太平洋圈大多數地區的文化一樣，都是透過三元論的思考方式，來認識世界。

還有一件重要的事，那就是大多數日本神話「三元組」中的第三位神明，與其他兩者比起來，存在感就像空氣一樣稀薄。檯面上的兩位神明經常在彼此「對抗」，有時鬥爭、有時和解，在故事中非常活躍。然而這第三位神明的存在，卻刻意避開積極的參與，彷彿努力讓自己不採取任何有意義的行動一般。由活躍的兩位神明與另一位不活躍的神明所構成的三元組結構，究竟代表了什麼意義呢？

李維史陀之流的神話學者認為，這個不活潑的第三者是調停另外二元對立的「仲裁者」（mediator）。舉例來說，當A國與B國處於對立狀態時，往來兩國經商的商人，就可以扮演仲裁者的角色，居中調停兩國的對立情況。為了不讓雙方之間的對立發展成毀滅性的戰爭，商人可以居中在兩國交界處建立「市場」；或者扮演媒人為兩國間牽線搭橋促成重要的聯姻。這種時候，仲裁者必須同時具備對立雙方的性質。因此，神話中經常把扮演「仲裁者」的第三位神明描寫為「trickster」。在這種情況下，第三位神明不但不會「不活潑」，而會被描寫為精力過人的角色。

河合隼雄把三元論中的第三項要素，視為「無」。第三要素存在於相互對立的二元背後包容著這兩者，沒有可見的形體。第三要素不參與現象世界，但是透過這樣的存在方式，第三項要素連接了彼此對立的兩者，成為化解衝突的緩衝劑；因此它看起來就像位居整體的中心。但是這位居中心的存在，既不參與也不媒合現象世界；本身並不具有任何意義，但也不賦予其他要素意義。換句話說，位居中心的是空虛的「無」。

河合隼雄獨特的「中空結構論」，就從這裡誕生。這樣的結構成為我們理解日本人心靈與日本文化本質的「關鍵」，從日語的表達方式到天皇象徵性的存在，日本文化與生活的所有面向、所有細節，我們都可以看到這種中空結構的存在，它建構出了「日本」這一整個結構體。歷史上最早把這樣的結構表現為一種思想的，就是被記載於《古事記》與《日本書紀》當中的日本神話。而被呈現在日本神話中的這種結構，如今我們仍可以在現代日本人的心中發現。

在這層意義之下，我們可以說，日本文化保存了新石器時代所創造的神話思維，並以這樣的思維作為形成自我人格的重要結構原理。於是在日本文化中，並存著最先進的科學技術與新石器時代的神話思想。河合隼雄在講述神話的同時，始終持續思考這樣不可思議的現象。

註釋

1　譯註：藤原不比等（659-720）飛鳥時代到奈良時代初期，大和朝廷的朝臣。

發刊詞

「故事與日本人的心」選輯

岩波現代文庫最早發行的河合隼雄選輯，是包含《榮格心理學入門》（『ユング心理学入門』）與《佛教與心理治療藝術》（『ユング心理学と仏教』）等等在內的「心理治療」系列。對於以心理治療為專業的河合隼雄來說，這樣的選擇應該是非常適合的。接下來的「孩子與幻想」系列，也考慮到河合隼雄最主要的工作與孩子有關，同時，「幻想」也是榮格心理學中重要的概念。然而在從事心理治療工作的基礎上，河合隼雄達到了自己思想的根本，而這根本的關鍵字就是「故事」。因此，該系列收錄了《日本人的傳說與心靈》和《神話與日本人的心》等主要著作。

在心理治療中，治療師傾聽患者所敘述的故事。但是河合隼雄之所以重視「故事」，其意義不止於此；因為河合隼雄在心理治療中最關心的，是存在於個人內在的 realization 之傾向。這裡刻意使用了 realization 這個英文字，是因為它同時具有「實現某種事物」與「知道、理解某種事物」雙方面的意義。而就像故事有其劇情，能在「理解的同時逐漸實現」的，就是「故事」，不

是別的。正因為如此，故事非常重要。故事究竟是什麼？在河合隼雄人生的最後，他和小川洋子對談的標題「活著，就是創造自己的故事」（生きるとは、自分の物語を作ること），如實地呈現了這個問題。

故事在河合隼雄的人生中，具有重要的意義。首先，河合隼雄從小生長在豐富的大自然環境之中，但他很喜歡看書，特別是故事書。有趣的是，他喜歡閱讀故事，卻對所謂的文學感到格格不入。雖然小時候、年輕的時候，吸引他的都是西方的故事，這套選輯卻如標題「物語與日本人的心」所示，主要探討的是日本的故事。戰爭的經驗，使他厭惡日本的故事與神話，但後來他之所以不得不面對它們，和他經由夢等等分析自身的經驗有關。在日本從事心理治療工作的經驗，迫使他認識到日本故事的重要性——對日本人的心來說，日本的故事就像來自遠古的歷史沉積。這樣的認識，促使他完成了許多關於日本故事的著作。

這套選輯中的《日本人的傳說與心靈〈典藏版〉》，是透過民間故事分析日本人心靈的作品。在那之前，河合隼雄一直扮演的，是將西方的榮格心理學介紹給日本的角色。一九八二年他以這部作品，首次向世界提出自己獨創一格的心理學，不但得到大佛次郎獎，更可以說讓河合隼雄超越了心理學的領域，獲得了屹立不搖的名聲。和這本書比肩的是《神話與日本人的心》。這部作品的原型是他一九六五年取得榮格派分析家資格時，以英文撰寫的論文；經過將近四十年的醞釀發酵，再加上「中空結構論」與「蛭子神論」[1]，於二〇〇三年，七十五歲的時候執筆而成。以某種意義來說，這是他集大成的作品。

關注故事的過程中，河合隼雄注意到中世，特別是中世的物語文學，對日本人心靈的重要性，於是他開始致力在這方面。《源氏物語與日本人》以及探討《宇津保物語》、《落窪物語》等中世物語文學的《活在故事裡：現在即是過去，過去即是現在》，就出自這樣的脈絡。

相對地，《民間故事啟示錄》（『昔話と現代』）與《神話心理學》（『神話の心理学』）則把焦點放在故事的現代性。收錄在「心理治療」系列中的《生與死的接點》（『生と死の接点』），因為篇幅的關係，將第二部分的〈民間故事與現代〉獨立出來，再加上探討「片子」[2]的故事（河合隼雄認為它承繼了姪子神的傳說）的一章做為壓卷，就構成了《民間故事啟示錄》一書。《神話心理學》原本連載於雜誌《思考者》（『考える人』），如原先的標題「眾神的處方箋」所示，聚焦在人類心靈的理解，以之解讀各式各樣的神話。

這個選輯，幾乎網羅了河合隼雄關於故事的大部分作品。未能收錄在這個系列的重要作品，大概還有《換身物語、男與女》、《解讀日本人的心：走入夢、神話、故事的深層》（『日本人の心を解く：夢・神話・物語の深層へ』，岩波現代全書）、《故事的智慧》（『おはなしの智慧』，朝日新聞出版）等等，還希望讀者能夠互相參照閱讀。

藉著這個出版的機會，我要向同意出讓版權的小學館、講談社、大和書房，以及當時負責這幾本書的猪俣久子女士、古屋信吾先生致謝。還有在百忙之中慨允為各書撰寫解說的各位、擔任企劃、校閱的岩波書店的中西澤子女士，以及前總編輯佐藤司先生，致上深厚的謝意。

（林暉鈞譯）

二〇一六年四月吉日

河合俊雄

註釋

1 譯註：根據《古事記》記載，「蛭子神」（ヒルコ）是創造日本的神祇伊邪那岐、伊邪那美之間所生的第一個孩子。因為身體畸形殘缺，被放在蘆葦編成的船上，丟棄到海上漂流。

2 譯註：「片子」是日本各地自古相傳的民間故事中，鬼與人類之間生下來的、半人半鬼的孩子。片子從鬼島回到日本後，生活困難，在大多數故事的結局中，最後自殺了。

〔附錄〕

延伸閱讀

- 《日本人的傳說與心靈【典藏版】》（2019），河合隼雄，心靈工坊。
- 《活在故事裡：現在即過去，過去即現在》（2019），河合隼雄，心靈工坊。
- 《民間故事啟示錄：解讀現代人的心理課題》（2018），河合隼雄，心靈工坊。
- 《神話心理學：來自眾神的處方箋》（2018），河合隼雄，心靈工坊。
- 《源氏物語與日本人：女性覺醒的故事》（2018），河合隼雄，心靈工坊。
- 《童話中的陰影與邪惡：從榮格觀點探索童話世界》（2018），瑪麗-路薏絲・馮・法蘭茲（Marie-Louise von Franz），心靈工坊。
- 《公主走進黑森林：榮格取向的童話分析》（2017），呂旭亞，心靈工坊。
- 《閱讀奇幻文學：喚醒內心的奇想世界》（2017），河合隼雄，心靈工坊。
- 《故事裡的不可思議：體驗兒童文學的神奇魔力》（2016），河合隼雄，心靈工坊。
- 《解讀童話：從榮格觀點探索童話世界》（2016），瑪麗-路薏絲・馮・法蘭茲（Marie-Louise von Franz），心靈工坊。

- 《當村上春樹遇見榮格：從《1Q84》的夢物語談起》（2014），河合隼雄，心靈工坊。
- 《高山寺的夢僧：明惠法師的夢境探索之旅》（2013），河合隼雄，心靈工坊。
- 《榮格解夢書：夢的理論與解析》（2006），詹姆斯・霍爾博士（James A. Hall, M.D.），心靈工坊。
- 《古事記》（2018），太安萬侶，商周出版。
- 《埃及神話故事【修訂新版】》（2018），黃晨淳，好讀。
- 《中國神話故事【新裝圖文版】》（2018），黃晨淳、廖彥博，好讀。
- 《印度神話故事【新版】》（2018），黃晨淳，好讀。
- 《北歐神話故事【新版】》（2017），白蓮欣、凱特琳，好讀。
- 《童話心理學：從榮格心理學看格林童話裡的真實人性》（2017），河合隼雄，遠流。
- 《日本神話故事》（2017），洪維揚，好讀。
- 《一本就懂日本史》（2016），洪維揚，好讀。
- 《希臘羅馬神話：永恆的諸神、英雄、愛情與冒險故事》（2015），伊迪絲・漢彌敦（Edith Hamilton），漫遊者文化。
- 《神話的力量》（2015），喬瑟夫・坎柏（Joseph Campbell），立緒。
- 《圖解日本神話》（2014），山北篤，奇幻基地。

故事・知識・權力【敘事治療的力量】（全新修訂版）

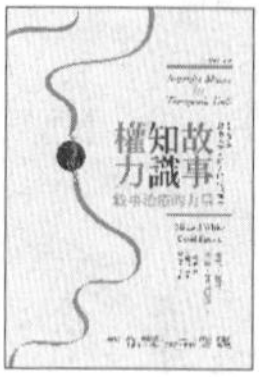

作者：麥克・懷特、大衛・艾普斯頓　審閱：吳熙琄　譯者：廖世德　校訂：曾立芳　定價：360元

一九八〇年代，兩位年輕家族治療師懷特與艾普斯頓，嘗試以嶄新思維和手法，克服傳統心理治療的僵化侷限，整理出這名為「敘事治療」的新療法的理論基礎與實作經驗，寫出本書。

敘事治療三幕劇

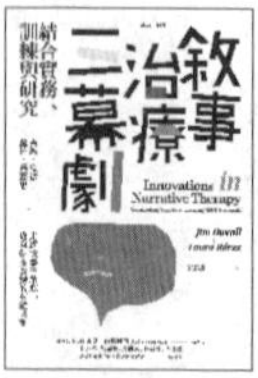

【結合實務、訓練與研究】

作者：吉姆・度法、蘿拉・蓓蕊思　譯者：黃素菲　定價：450 元

本書起始為加拿大社會工作者度法與蓓蕊思的研究計畫，他們深受敘事治療大師麥克・懷特啟發，延續其敘事治療理念，並融合後現代思潮，提出許多大膽而創新的觀點。

醞釀中的變革

【社會建構的邀請與實踐】

作者：肯尼斯・格根　譯者：許婧　定價：450元

作者站在後現代文化的立場，逐一解構現代文化的核心信念，正反映當代社會的劇烈變革，以及社會科學研究方法論的重大轉向。這本書為我們引進心理學的後現代視野，邀請我們創造一個前景更為光明的世界。

關係的存有

【超越自我・超越社群】

作者：肯尼斯・格根　譯者：宋文里　定價：800 元

主流觀念認為，主體是自我指向的行動智者，但本書對這個啟蒙時代以降的個人主義傳統提出異議，認為我們必須超越將「個體人」視為知識起點的理論傳統，重新認識「關係」的優先性：從本質上來說，關係才是知識建構的場所。

故事・解構・再建構

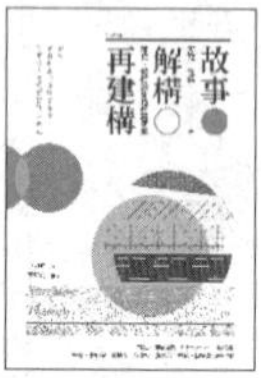

【麥克・懷特敘事治療精選集】

作者：麥克・懷特　譯者：徐曉珮　審閱：吳熙琄　定價：450元

敘事治療最重要的奠基者，麥克・懷特過世後，長年的工作夥伴雪莉・懷特邀請世界各地的敘事治療師推薦心目中懷特最具啟發性的文章，悉心挑選、編輯，集結成本書。

敘事治療的精神與實踐

作者：黃素菲　定價：560 元

本書作者黃素菲教授以15年來深耕敘事心理學研究、教學及實務的經驗，爬梳敘事治療大師們的核心思想，並輔以圖表對照、華人案例及東方佛道思想，說明敘事治療的核心世界觀，讓奠基於西方後現代哲學的敘事理論讀來舉重若輕。

翻轉與重建

【心理治療與社會建構】

作者：席拉・邁可納米、肯尼斯・格根
譯者：宋文里　定價：580 元

對「社會建構」的反思，使心理治療既有的概念疆域得以不斷消解、重建。本書收錄多篇挑戰傳統知識框架之作，一同看見語言體系如何引導和限制現實、思索文化中的故事如何影響人們對生活的解釋。

開放對話・期待對話

【尊重他者當下的他異性】

作者：亞科・賽科羅、湯姆・艾瑞克・昂吉爾　譯者：宋文里　定價：400 元

來自心理學與社會科學領域的兩位芬蘭學者，分別以他們人際工作中長期累積經驗，探討對話的各種可能性及貫徹對話作法的不同方式。這讓本書展開了一個對話精神的世界，邀請我們虔心等候、接待當下在場的他者。

重讀佛洛伊德

作者：佛洛伊德　選文、翻譯、評註：宋文里　定價：420 元

本書選文呈現《佛洛伊德全集》本身「未完成式」的反覆思想鍛鍊過程。本書的精選翻譯不僅帶給我們閱讀佛洛伊德文本的全新經驗，透過宋文里教授的評註與提示，更帶出「未完成式」中可能的「未思」之義，啟發我們思索當代可以如何回應佛洛伊德思想所拋出的重大問題。的醫療難題。

生命轉化的技藝學

作者—余德慧　定價—450 元

本書由余德慧教授在慈濟大學宗教與人文研究所開設之「宗教與自我轉化」的課程紀錄整理而成。藉由《流浪者之歌》、《生命告別之旅》、《凝視太陽》等不同語境文本的閱讀，余教授帶領讀者深入探討改變的機轉如何可能，並反思、觀照我們一己生命脈絡中的種種轉化機緣。

宗教療癒與身體人文空間

作者：余德慧　定價：480元

本書探討並分析不同的修行實踐，包括靜坐、覺照、舞動、夢瑜伽等種種宗教修行的法門，而以最靠近身體的精神層面「身體的人文空間」的觀點去研究各種修行之道的「操作平台」。這本書是余德慧教授畢生對於宗教療癒的體會及思索，呈現其獨特的後現代視域修行觀。

宗教療癒與生命超越經驗

作者：余德慧　定價：360元

余德慧教授對於「療癒」的思索，從早期的詮釋現象心理學，到後來的身體轉向，研究思路幾經轉折，最終是通過法國後現代哲學家德勒茲「純粹內在性」的思想洗禮，發展出獨特的宗教療癒論述。其宗教療癒與生命超越路線，解除教門的教義視野，穿越不同認識論界線，以無目的之目的，激發讀者在解疆域後的遊牧活動，尋找自身的修行療癒之道。

沙灘上的療癒者【一個家族治療師的蛻變與轉化】

作者：吳就君　定價：320元

《沙灘上的療癒者》是吳就君回首一生助人歷程的真情記錄。全書分為三部分，第一部呈現一位助人工作者不斷反思和蛻變的心路歷程。第二部強調助人工作最重要的核心：與人接觸、一致性、自我實踐。第三部提出家族治療師的全相視野：重視過程、看見系統、同時具備橫向與縱向的發展史觀。

輕舟已過萬重山【四分之三世紀的生命及思想】

作者：李明亮　定價：450元

既是醫生、也是學者，更是推動國家重要醫療政策的官員，走過四分之三個世紀，李明亮卻說自己始終是自由主義的信徒。本書不僅描述了他的成長境遇、人生體悟、教育思想與生命觀念，更侃侃道來他從最初最愛的哲學出發，朝向醫學、生物學、化學，再進入物理、數學，終歸又回到哲學的歷程，淡泊明志中可見其謙沖真性情。

瘋狂與存在【反精神醫學的傳奇名醫R.D. Laing】

作者：安德烈．連恩　譯者：連芯　定價：420元

集反精神醫學的前衛名醫、叛逆的人道主義者、抽大麻的新時代心靈導師、愛搞怪的瑜伽修士、失職的父親、生活混亂的惡漢與酒鬼於一身，R.D. Laing被譽為繼佛洛伊德、榮格之後最有名的心理醫生，他的反叛意識和人道主義觀點，深深影響了一整個世代的年輕治療師。

品德深度心理學

作者：約翰．畢比　譯者：魯宓
定價：280元

完善的品德，經得住時間的考驗，也是一種持續而專注的快樂。當個人的品德在醫病關係中發展時，病患與治療師也能在過程中分享與互動。這也是所有深度心理治療的基礎。

大地上的受苦者

作者：弗朗茲．法農
譯者：楊碧川　定價：400元

弗朗茲·法農認為種族主義並非偶發事件，而是一種宰制的文化體系，這種體系也在殖民地運作。若是不看清統治文化所帶來的壓迫效應與奴役現象，那麼對於種族主義的抗爭便是徒然。

心靈工坊 PsyGarden
Master 068

神話與日本人的心

神話と日本人の心

作者—河合隼雄　編者—河合俊雄
譯者—林暉鈞

出版者—心靈工坊文化事業股份有限公司
發行人—王浩威　總編輯—王桂花
特約編輯—王聰霖　責任編輯—饒美君
封面設計—羅文岑　內頁排版—李宜芝
通訊地址—10684台北市大安區信義路四段53巷8號2樓
郵政劃撥—19546215　戶名—心靈工坊文化事業股份有限公司
電話—02）2702-9186　傳真—02）2702-9286
Email—service@psygarden.com.tw　網址—www.psygarden.com.tw

製版・印刷—中茂分色製版印刷股份有限公司
總經銷—大和書報圖書股份有限公司
電話—02）8990-2588　傳真—02）2290-1658
通訊地址—248新北市新莊區五工五路二號
初版一刷—2019年10月　ISBN—978-986-357-163-6　定價—550元

"MONOGATARI TO NIHONJIN NO KOKORO" KOREKUSHON
III: SHINWA TO NIHONJIN NO KOKORO
by Hayao Kawai, edited by Toshio Kawai

with commentary by Shinichi Nakazawa
Originally published in 2016 by Iwanami Shoten, Publishers, Tokyo.
This complex Chinese edition published 2019
by PsyGarden Publishing Co, Taipei
by arrangement with Iwanami Shoten, Publishers, Tokyo

國家圖書館出版品預行編目資料

神話與日本人的心 / 河合隼雄著 ; 林暉鈞譯. -- 初版. -- 臺北市 : 心靈工坊文化, 2019.10
面 ;　公分. -- (Master ; 68)
譯自 : 神話と日本人の心

ISBN 978-986-357-163-6(平裝)

1.神話　2.心理學

280.14　108016605

心靈工坊 PsyGarden 書香家族 讀友卡

感謝您購買心靈工坊的叢書，爲了加強對您的服務，請您詳填本卡，
直接投入郵筒（免貼郵票）或傳眞，我們會珍視您的意見，
並提供您最新的活動訊息，共同以書會友，追求身心靈的創意與成長。

書系編號－MA068　　書名－神話與日本人的心

姓名　　是否已加入書香家族？□是 □現在加入

電話（公司）　（住家）　手機

E-mail　生日　年　月　日

地址 □□□

服務機構／就讀學校　職稱

您的性別－□1.女 □2.男 □3.其他

婚姻狀況－□1.未婚 □2.已婚 □3.離婚 □4.不婚 □5.同志 □6.喪偶 □7.分居

請問您如何得知這本書？

□1.書店 □2.報章雜誌 □3.廣播電視 □4.親友推介 □5.心靈工坊書訊 □6.廣告DM □7.心靈工坊網站 □8.其他網路媒體 □9.其他

您購買本書的方式？

□1.書店 □2.劃撥郵購 □3.團體訂購 □4.網路訂購 □5.其他

您對本書的意見？

封面設計	□ 1.須再改進	□ 2.尚可	□ 3.滿意	□ 4.非常滿意
版面編排	□ 1.須再改進	□ 2.尚可	□ 3.滿意	□ 4.非常滿意
內容	□ 1.須再改進	□ 2.尚可	□ 3.滿意	□ 4.非常滿意
文筆／翻譯	□ 1.須再改進	□ 2.尚可	□ 3.滿意	□ 4.非常滿意
價格	□ 1.須再改進	□ 2.尚可	□ 3.滿意	□ 4.非常滿意

您對我們有何建議？

□ 本人＿＿＿＿（請簽名）同意提供真實姓名/E-mail/地址/電話/年齡/等資料，以作為心靈工坊聯絡/寄貨/加入會員/行銷/會員折扣/等用途，詳細內容請參閱：http://shop.psygarden.com.tw/member_register.asp。

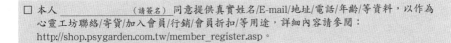

廣　告　回　信
台北郵局登記證
台北廣字第1143號
免　貼　郵　票

心靈工坊 PsyGarden

台北市106信義路四段53巷8號2樓

讀者服務組　收

免　貼　郵　票

（對折線）

加入心靈工坊書香家族會員
共享知識的盛宴，成長的喜悅

請寄回這張回函卡（免貼郵票），
您就成為心靈工坊的書香家族會員，您將可以——

⊙隨時收到新書出版和活動訊息

⊙獲得各項回饋和優惠方案